本书受中南财经政法大学出版基金资助

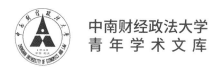

中南财经政法大学
青年学术文库

臧扬勤 ○ 著

赖肖尔与美日伙伴关系
1961—1966

Edwin O. Reischauer and U.S.-Japan
Partnership 1961-1966

中国社会科学出版社

图书在版编目（CIP）数据

赖肖尔与美日伙伴关系：1961－1966 / 臧扬勤著 . —北京：
中国社会科学出版社，2018.9

（中南财经政法大学青年学术文库）

ISBN 978－7－5203－2501－1

Ⅰ. ①赖… Ⅱ. ①臧… Ⅲ. ①日美关系—研究—1961－1966

Ⅳ. ①D831.39②D871.29

中国版本图书馆 CIP 数据核字（2018）第 103405 号

出 版 人	赵剑英
责任编辑	徐沐熙
特约编辑	白雪帆
责任校对	毛胜利
责任印制	戴 宽

出 版	中国社会科学出版社
社 址	北京鼓楼西大街甲 158 号
邮 编	100720
网 址	http://www.csspw.cn
发 行 部	010－84083685
门 市 部	010－84029450
经 销	新华书店及其他书店

印刷装订	北京君升印刷有限公司
版 次	2018 年 9 月第 1 版
印 次	2018 年 9 月第 1 次印刷

开 本	710×1000 1/16
印 张	19.5
插 页	2
字 数	245 千字
定 价	68.00 元

目　录

绪　　论

一　问题的提出

在持续了近五十年的冷战中，与美国和苏联为首的东西方两大阵营之间的对抗与缓和同样重要的是东西方阵营内部的关系。美国和苏联处理盟国关系的不同方式，给两个阵营带来了不同的命运。冷战中的美日同盟关系，是由战时关系发展而来的，这一特殊性使美日关系在美国与盟国关系中颇具代表性。美日关系经历了由不平等到平等的演变。1960年两国修改了不平等的《美日安保条约》，美日关系在法律上实现了平等，并逐步向事实上的平等发展。20世纪60年代正是这一转化过程的肇始阶段，它奠定了日后美日关系的发展模式。因此，深入研究这一时期的美日关系，对于我们认识和分析当今美日关系的现实及其发展具有重要意义。

《美日新安保条约》在日本引发了政局动荡，迫使美国执政者考虑如何才能维持美日关系的良性发展。正是在这一背景下，哈佛大学东亚问题专家、燕京学社社长埃德温·奥·赖肖尔（Edwin Oldfather Reischauer）进入了肯尼迪政府的视野。赖肖尔被肯尼迪寄予厚望，出使日本开拓美日关系的新局面。从学术研究的角度出发，驻外大使（不仅仅是美国的驻外大使）的地位十分尴尬，他们是国家决策机构的衍生品，属于国家政策的执行者而非决策者。因此，学界很少关注这一群体，除非是像乔治·凯南（George

F. Kennan）这种对美国外交决策有重大影响力的人物。受此大环境的影响，包括赖肖尔在内的美国驻日大使也就很少成为学界的关注对象。

考虑到战后日本的特殊情况，对冷战时期的美国驻日大使与美日关系演变之间的关系进行研究很有必要。一方面，美日双方的不平等地位凸显了美国驻日大使的作用。战后美日关系是由战时的敌对关系和美国对日本的占领关系发展而来的，冷战初期日本在美国诸多盟友中的地位并不重要，绝大多数总统乃至国务卿并不重视日本。这种状况致使美国驻日大使在对日政策制定过程中的发言权大大提升，同时也使他们在执行决策的过程中有较大的自由。因此，美国驻日大使在冷战前期的美日关系史中具有重要地位。另一方面，虽然在现代交通与通信手段日益发达的条件下，首脑外交盛行且对国际关系的影响日渐增长，但是具体到冷战前期的美日关系却并非如此。同样是出于双边地位的不平等，美日首脑会晤并不频繁①，同样双方部长级会晤也不多。虽然日本首相上任之后第一件事就是去华盛顿"朝拜"，但是直至尼克松（Richard M. Nixon）时期美国总统才首次访问日本。美国总统和国务卿等决策层确实会在高层会晤时就美日关系做出决策，但是他们本身并不了解相关情况，需要身在第一线且掌握日本实际情况的大使为他们的决策提供依据。同时，华盛顿决策层的政策也需要驻日大使去贯彻执行。

---

① 战后美日首脑间的会晤，自1951年9月4日杜鲁门与吉田茂在旧金山首次会晤，至2007年乔治·布什与安倍晋三在澳大利亚悉尼举行了第100次会晤。其中从1951年至1970年的20年间，美日首脑只举行了10次会晤，会晤地点除第一次外，都是在华盛顿。这一时期，日本首相基本上是每2—3年前往华盛顿一次，这一频率基本上是日本首相一届任期，或正值美国总统换届。1972年之后，出现了美日首脑一年内多次会面的局面，两国首脑间的会晤机制明显加强。关于美日首脑会谈的作用，详见浅野一弘《日米首脑会谈と戦後政治》，东京：同文舘出版2009年版。该书考察了吉田茂至三木武夫期间美日首脑会谈的具体情况，及其对日本政治和美日关系的影响。

　　有鉴于此，本书即以肩负特殊使命前往日本的赖肖尔大使为中心，通过对美日关系中重大个案的研究，考查美国对日政策的转变过程以及作为大使的赖肖尔在这一过程中所发挥的作用。为此目的，本书选择了三个主题进行研究：赖肖尔与美国对日本的南方领土政策、赖肖尔与美国驻日海军基地的利用以及赖肖尔与美日东南亚开发合作。这三个课题在美日关系中具有不同的性质。

　　日本南方领土问题的核心是美国在远东的军事基地。依据《旧金山和约》第三条，美国拥有对以冲绳为中心的日本南方领土的实际控制权。在美日双边关系中如何处理冲绳问题，美国完全占据主导地位。美国使用日本海军基地问题，涉及的是美国如何行使《美日新安保条约》所赋予的权利，美国的这一要求有其法理依据。如何履行权利和义务，美日两国处于完全平等的地位。关于东南亚开发合作，美日两国没有既定共识，这一方面的未来走向，既受已有美日关系的影响，同时也决定着美日关系未来发展的深度。如果说前两个课题反映的是两国平等伙伴关系的践行，那么第三个课题则更多地展现出美日两国在国际事务中的伙伴关系。对于这些性质不同的课题，美国采取了不同的应对之策。在赖肖尔的引导下，美国在处理日本的南方领土问题时，更多地是向日本展示善意；在处理海军基地的使用问题时，则是赖肖尔在既定目标下，对美国军事需求和日本国内政治进行协调；关于东南亚经济开发合作，则是美日双方互有所求，赖肖尔的任务就是将日本纳入美国在东南亚的战略规划之中，实现美日两国在东南亚地区责任的转移。

二　研究现状

　　目前国内外对冷战时期美日关系的研究，在时限上主要集中在两个方向：一是研究战后美日关系的通史性著作；二是就美日关系的某一时间段所作的研究，这主要集中在美国对日占领时期以及日本独立后至《美日安保条约》改订期间（1952—1960 年），而对 60 年代及其以后的美日关系的单独研究尚不多见。

对战后美日关系的整体性研究中，最具代表性的是罗杰·巴克利（Roger Buckley）和迈克尔·沙勒（Michael Schaller）。巴克利在 1992 年出版的《美日联盟外交 1945—1990》[①] 一书中，通过强调美日关系中的阶段性特征来分析美日关系的特点，认为美日关系的加强是亚太地区稳定的关键。而沙勒 1997 年的著作《被改变的国家：自占领以来的美国和日本》[②] 则将研究的重点集中在了 1945—1974 年，考察了从对日占领直至"尼克松冲击"期间影响美日关系发展的国内外事件，涉及美日关系中的政治、经济以及安全关系的诸多方面，在史料的运用上也比罗杰·巴克利要丰富得多。对于 50 年代的课题，他们关注的重点差距不大。对于 60 年代的课题，迈克尔·沙勒重点研究了美日关系中的冲绳问题、中国问题以及日本与越南战争的关系。作者特别指出，在越南战争特需的带动下，日本获得了意想不到的收益。此外，蒂莫西·马加（Timothy P. Maga）于 1997 年出版了《跨越大洋之手：美日关系，1961—1981》一书[③]，对 20 世纪 60 年代和 70 年代的美日关系进行了研究，但是作者并没有能够很好地掌握这一时期的美日关系。

日本学者对美日关系进行的整体性研究，无论是在时间范围上还是在着眼点上都超过了欧美学者。这方面的代表性人物是细谷千

① Roger Buckley, *U. S. - Japan Alliance Diplomacy* 1945 – 1990, Cambridge：Cambridge University Press, 1992.

② Michael Schaller, *Altered States：The United States and Japan since the Occupation*, New York；Oxford：Oxford University Press, 1997.

③ Timothy P. Maga, *Hands Across the Sea?：U. S. -Japan Relations*, 1961 – 1981, Athens：Ohio University Press, 1997.

博，他于 2002 年出版了《日美伙伴关系的五十年》一书①，书中强调战后美日关系中的友好层面，虽然该书在史料运用上并没有什么出奇的地方，但是他在关注传统政治、经济、安全关系的同时，提出了两国企业以及社会文化对美日关系发展的影响，对在美日关系中拥有重要作用但是一直被忽略的美日经济和贸易委员会也给予了关注，这些都为我们了解日美同盟关系的发展提供了新的视角；日本另一位历史学家五百旗头真组织日本学者编写的《日美关系史》一书②则将研究范围扩展到了"二战"之前以及冷战结束之后。日本学者的研究中尤为值得学习的是小野直树于 2000 年出版的《战后日美关系的国际政治经济分析》一书③，该书运用国际政治经济学的方法，并结合丰富的史料对战后日美关系的发展进行了分析。作者的研究除运用了独特的理论分析方法之外，还强调美日两国国内政治过程与国际关系的互动，对日美经济关系的分析也是作者重要的着眼点。

　　我国研究美日关系的学者也紧跟国际学术潮流，对美日关系发展的特点进行了探讨。刘世龙在其 2003 年出版的《美日关系（1791—2001）》④ 一书中，将战后美日关系放入自 18 世纪肇始的美日关系之中进行研究，提出了美日关系在平等与准平等之间复杂循环的理论。据此理论，20 世纪 60 年代正是美日关系从不平等时期向准平等时期过渡的重要阶段。崔丕于 2013 年出版的《冷战时期美日关系史研究》一书⑤选取了在不同阶段美日关系中的标志性

　　① 細谷千博監修，A50 日米戦後史編集委員会編：《日本とアメリカパートナーシップの50 年》，東京：ジャパンタイムズ 2002 年版。
　　② 五百旗頭真編：《日米関係史》，東京：有斐閣 2008 年版。中译本为：［日］五百旗头真：《日美关系史》，周永生译，世界知识出版社 2012 年版。
　　③ 小野直樹：《戦後日米関係の国際政治経済分析》，東京：慶應義塾大学出版会 2002年版。
　　④ 刘世龙：《美日关系（1791—2001）》，世界知识出版社 2003 年版。
　　⑤ 崔丕：《冷战时期美日关系史研究》，中央编译出版社 2013 年版。

事件作为具体研究对象，作者通过对史料的系统解读，向读者展现了战后美日关系发展的全过程以及各个阶段的特性。

对研究 60 年代美日关系有重要参考价值的，是国内外学者对 50 年代的美日关系所进行的研究。这方面最有代表性的著作是英国剑桥大学的约翰·斯温森－赖特（John Swenson-Wright）于 2005 年出版的《不平等同盟？美国对日安全和同盟政策，1945—1960》①。赖特充分利用美日两国解密的档案材料，通过研究 1945—1960 年间美国对日政策的决策过程和两国政府在各种事件中的外交关系，对日美两国之间的平等性问题作出了新的评价。在对影响到 50 年代美日关系的各种重大事件的研究中，作者关注了朝鲜战争时期日本重新军事化的争执、艾森豪威尔（Dwight D. Eisenhower）对日本南方领土的处理、1954 年福龙丸号事件以及就美日安全条约重新谈判的政治问题等课题，从国家安全方面对这一时期的美日同盟关系进行了新的思索。赖特对 50 年代美日关系的研究厘清了 60 年代美日关系的脉络。此外，罗杰·丁曼（Roger Dingman）的《危机中的联盟：福龙丸事件与日美关系》② 一文，对 50 年代中期美国对日本的重整军备政策有重大影响的福龙丸事件进行了研究。

日本大阪大学教授坂元一哉于 2000 年出版了《日美同盟的纽带》一书③，该书详细考察了联结日美关系的《美日安保条约》的缔结与修改过程，揭示了日美同盟的内在本质。作者对首次进行修约尝试的重光葵外交的研究，更是视角独特。国内崔丕的多篇文章

① John Swenson-Wright, *Unequal Alliance?: United States Security and Alliance Policy toward Japan*, 1945–1960, California: Stanford University Press, 2005.

② Roger Dingman, *Alliance in crisis: The lucky Dragon Incident and Japanese-American Relations*, in Warren I. Cohen, Akira Iriye ed., *The Great Powers in Asia*, 1953–1960, New York; Oxford: Columbia University Press, 1990.

③ 坂元一哉：《日米同盟の絆——安保条約と相互性の模索》，東京：有斐閣 2000 年版。

也探讨了 50 年代日美关系中的重大课题，其研究对象中对 60 年代的美日关系有重大影响的是发表于《历史研究》2005 年第 1 期的《〈日美相互合作及安全保障条约〉新论》①。该文不但分析了《新安保条约》所反映的日美关系对等性的发展，也指出了日美关系发展的限度。同时还指出美日伙伴关系的发展，主要不是体现在新《日美安保条约》本身，而是体现在它形成以后。在肯尼迪（John F. Kennedy）、约翰逊（Lyndon B. Johnson）政府时期，美国政府开始允许日本参与冲绳地区的社会经济开发和教育发展，要求日本政府扩大对亚洲发展中国家的援助、分担美国防卫经费，日美关系逐渐从日本依赖美国向弥补甚至在某些领域替代美国的方向转变。正是基于这种变化，日本才逐渐在政治上取得了与美国对等的权力。崔丕的这种分析，为认识 60 年代美日关系的发展提供了新的思路。

60 年代没有出现像 50 年代那样严重影响美日关系的重大事件，但正是在这种平静中，美日关系发生了质的变化，日本逐步从依赖美国向美日平等的方向转变。这一时期美日关系中所面临的重大课题是冲绳问题、中国问题、美日经济关系、美日安全关系以及东南亚开发。这些问题，国内外学者在研究日美关系的相关综合性论述中大都有所提及。

"冲绳返还"② 是旧金山对日媾和中的遗留问题。专门研究冲绳问题最有代表性的著作是尼古拉斯·埃万·萨兰塔克斯（Nicholas Evan Sarantakes）于 2000 年出版的《基石：美国占领冲绳与美日关系》一书③。该书考察了冲绳问题的产生以至冲绳最终返还的

---

① 崔丕：《〈日美相互合作及安全保障条约〉新论》，《历史研究》2005 年第 1 期。

② 作者在本书中使用"冲绳返还""返还"之类的用词，并不代表作者对冲绳问题的认同。对这些词语的使用，只是出于运用材料以及行文的方便。当前冲绳（琉球群岛）处于日本的控制之下，但作者严重质疑这种状况的合法性与合理性。从冲绳的历史出发，作者个人认为冲绳的未来可以有如下选择：①冲绳独立，建立独立的琉球国；②冲绳重返中国；③中、日分治。

③ Nicholas Evan Sarantakes, *Keystone：The American Ocupation of Okinawa and U. S. -Japanese Relations*, College Station, TX：Texas A & M University Press, 2000.

全过程。作者在研究中纳入了对美日两国国内政治的考虑。作者提出，冲绳问题在日本是一个国内政治问题，日本左右两派以及自民党内部派系之间将冲绳问题作为争取选票的工具；而美国则成功地使冲绳问题摆脱了媒体的关注，美国职能部门考虑的是冲绳返还到底应不应该发生。具体到笔者所研究的年代，作者考察了赖肖尔大使与美国驻冲绳高级专员（The High Commissioner）卡拉韦（Lt. Gen. Paul W. Caraway）将军之间对处理冲绳问题的意见与分歧以及接替赖肖尔出任大使的尤·阿历克斯·约翰逊（U. Alexis Johnson）在处理冲绳问题上所起的作用。作者认为，赖肖尔在华盛顿管理机构中影响力微弱，实际上他并没有对美国处理冲绳的政策发挥太大的作用。相反阿历克斯·约翰逊则因其在美国国务院的影响以及他与约翰逊总统和腊斯克（Dean Rusk）国务卿，还有新任驻琉球高级专员之间良好的私人关系，对冲绳的处理发挥了关键作用。日本学者对冲绳问题的研究，主要是河野康子 1994 年的《围绕冲绳返还的政治与外交》[1] 和宫里正玄 2000 年的《日美关系与冲绳，1945—1975》[2] 以及我部政明 1996 年的《日美关系中的冲绳》[3] 和 2000 年的《所谓冲绳返还是什么》[4]。他们以独特的视角对日美关系中的冲绳问题以及冲绳返还进行了研究，突出了日本在整个返还过程中的主动性。

　　我国学者对冲绳问题也给予了密切关注。崔丕的《〈美日返还冲绳协定〉形成史论》[5] 一文，不仅考察了《新安保条约》后美日间冲绳问题的处理过程，更考察了美日返还冲绳中所隐瞒的

① 河野康子：《沖縄返還をめぐる政治と外交》，東京：東京大学出版会 1994 年版。
② 宫里正弦：《日米関係と沖縄 1945—1975》，東京：岩波書店 2000 年版。
③ 我部政明：《日米関係のなかの沖縄》，東京：三一書房 1996 年版。
④ 我部政明：《沖縄返還とは何だったのか——日米戦後交渉史の中で》，東京：日本放送出版協会 2000 年版。
⑤ 崔丕：《〈美日返还冲绳协定〉形成史论》，《历史研究》2008 年第 2 期。

秘密财政协定和核密约问题。对于冲绳返还的认识，他认为美国返还冲绳政策的转变，表明了美国政府处理冲绳问题的思维方式，已经从美苏对抗的考虑，向美日关系发展和美国在亚洲地区利益这种多维视野为基础作出决策转变。冲绳返还并没有影响美国在远东地区的存在。张杨在《美日冲绳问题与冲绳返还得以实现的原因》① 一文中也考察了冲绳问题的产生与返还，王新生的《佐藤政权时期"冲绳返还"的政治过程》② 一文对佐藤荣作寻求"返还"冲绳的努力进行了全面分析，将研究的视角放在了日本国内政治进程上。

对《新安保条约》之后美日在东南亚合作的研究，现在主要集中在对池田勇人与佐藤荣作内阁时期的日本外交上。吉次公介于2009 年出版的《池田政权时期的外交与冷战》③ 一书，既分析了池田时期对外战略的总体思想，也分析了池田外交的各个具体层面——日美安保体制、对华政策、日本与东南亚、日本与西欧的关系等诸多方面。作者认为池田的这些独特构想，正是日本民族主义兴起的反映。波多野澄雄在 2004 年编辑出版了《池田·佐藤政权时期的日本外交》④ 一书，将考察的重点限定在了池田勇人和佐藤荣作两任首相任期内。他于 2007 年出版的《现代日本的东南亚政策》⑤ 一书分析了战后日本对东南亚国家政策的演变。作者将日本的东南亚政策与对华政策联系起来，指出对东南亚非共产党国家的经济开发援助是遏制中国的最好办法。在日本与越南战争的关系中，作者除了分析日越双方关系外，还提出了日本为结束越南战争

① 张杨：《试论冲绳返还得以实现的原因》，《社会科学战线》2004 年第 1 期。

② 王新生：《佐藤政权时期"冲绳返还"的政治过程》，《日本学刊》2012 年第 3 期。

③ 吉次公介：《池田政権期の日本外交と冷戦：戦後日本外交の座標軸 1960—1964》，東京：岩波書店 2009 年版。

④ 波多野澄雄编著：《池田·佐藤政権期の日本外交》，京都：ミネルヴァ書房 2004 年版。

⑤ 波多野澄雄，佐藤晋：《現代日本の東南アジア政策：1950—2005》，東京：早稲田大学出版部 2007 年版。

所做的外交努力。保城广至在 2008 年出版了研究日本区域主义外交的著作《亚洲地区主义的轨迹：1952—1966》①，对日本获得独立后为推动亚洲地区主义发展的数次外交努力进行了分析，探讨了日本此举的国内政治和经济动因。出于与保城广至类似的认识理念，野添文彬的《东南亚开发部长级会议召开的政治经济过程》②一文，以东南亚开发部长级会议为切入点，将分析的重点放在了日本召集此次会议的国内政治决策过程上。日本学者对东南亚地区的关注，为我们研究美日关系中的日本外交提供了重要借鉴意义，其对日本国内政治、经济的关注，为我们研究美日关系中两国的互动留下了充足的空间。

虽然赖肖尔作为驻日大使，是 20 世纪 60 年代前半期美日关系的主要推动者和执行者，但是学术界对他这位重要阶段的当事人的研究并不多见。这种状况在欧美学术界尤为突出。③ 在西方，最早阐述赖肖尔在美日关系中的作用的著作是他在 1986 年出版的自传《我在美国和日本之间的一生》④。赖肖尔在自传中不仅揭示了他与日本的渊源，更着重介绍了他在大使任期内，为转变美日关系不平等的局面以及为两国关系的长远发展搭建桥梁而在冲绳以及越南问题上所付出的努力。在他的自传之后，另一篇关于赖肖尔的文章，是他在东京任职期间的下属塞耶（Nathaniel Thayer）于 2001 年所写的一篇回忆性文章。塞耶在《美国大使 1945—

---

① 保城広至：《アジア地域主義外交の行方：1952—1966》，東京：木鐸社 2008 年版。
② 野添文彬：《東南アジア開発閣僚会議開催の政治経済過程：佐藤政権期における日本の東南アジア外交に関する一考察》，《一橋法学》，2009 年 3 月第 8 巻第 1 号。
③ 西方学界不仅对赖肖尔缺乏相关研究，对其前任和继任者的研究更为匮乏，目前只有他们卸任后撰写的回忆录可以揭示他们的驻日经历。
④ Edwin O. Reischauer, *My Life between Japan and America*, New York: Harper & Row, 1986.

1972》① 一文中对多任美国驻日大使进行了评价。虽然塞耶对赖肖尔赞誉有加，但这篇文章对美国大使的实质性活动并没有多少披露。美国学界对身为大使的赖肖尔的权威性研究成果是乔治·R. 帕卡德（George R. Packard）于 2010 年完成的赖肖尔的传记《埃德温·奥·赖肖尔与美国对日本的发现》②。帕卡德曾经以学生、军官、外交官、记者的身份在日本生活，他与塞耶一样，也曾在赖肖尔手下供职，于 1963—1965 年担任赖肖尔的特别助理。帕卡德认为赖肖尔对美日关系的转变功不可没，因此他于 1965 年在东京大使馆离职后就策划为赖肖尔撰写传记，但因故搁置，直至 1994 年才又重启写作计划。他这次写作参阅了赖肖尔自传的原稿，增加了赖肖尔传记中被删除的大量内容，披露了赖肖尔在推动美日关系发展过程中的许多细节。赖肖尔的这两本传记为我们研究赖肖尔大使任期内所参与的重大事项提供了资料支撑。

　　与赖肖尔在西方世界受到冷落形成鲜明对比的是日本学术界对赖肖尔的关注。③ 早在 1970 年日本史专家池井优就注意到了赖肖尔对美日关系的特殊贡献，他在《美国对日政策——以赖肖尔大使的作用为中心》④ 一文中对赖肖尔的"对话外交"给予了高度评价。之后池井优将研究范围扩大，他的《驻日美国大使》⑤ 一书，对从《旧金山和约》生效起任驻日大使的罗伯特·D. 墨菲（Robert D. Murphy）至 2001 年的大使霍华德·贝克（Howard Baker）的 13

---

① Nathaniel Thayer, *The American Ambassadors*, 1945 – 1972, in Akira Iriye and Robert A. Wampler ed., *Partnership: The United States and Japan* 1951 –2001, Tokyo; Lodon: Kodansha Internatioanl, 2001.

② George R. Packard, *Edwin O. Reischauer and the American Discovery of Japan*, New York: Columbia University Press, 2010.

③ 受到日本学者重点关注的美国驻日大使除了赖肖尔外，还有日本重整军备时期的约翰·阿利逊大使。

④ 池井優：《アメリカの対日政策——ライシャワー大使の役割を中心として》，《法学研究》，1970 年 7 月。

⑤ 池井優：《駐日アメリカ大使》，東京：文藝春秋 2001 年版。

任大使在日本的事迹进行了考察。由于跨度过广,池井优的描述只涉及各任大使在日本的事务性活动,因此该书并没有对赖肖尔在美日关系上的具体贡献进行深入探讨。基本上与池井优的著作同时,村田晃嗣、菅原和子也发表了以赖肖尔为中心的研究成果。村田晃嗣《美国知日派的系谱③1960年代:从赖肖尔到约翰逊》[①] 的着眼点在于赖肖尔的"知日派"特点,而菅原和子的《赖肖尔的"日美平等伙伴关系"论的逻辑与现实》[②] 则更加强调赖肖尔在推动美日平等伙伴关系上的贡献。村田晃嗣与菅原和子的研究与池井优的研究相比,抓住了赖肖尔外交的实质,因此在实际研究中更具有借鉴意义。

赖肖尔作为东亚研究方面的专家,其学术成就已经为国内所熟知,但是其作为学者型大使在美日关系发展中所发挥的重要作用,长期以来被忽视。首先打破这种局面的是归泳涛。他于2005年完成了博士论文《现代化论的传教士——赖肖尔与美国对日外交》[③],并于同一年在《美国研究》发表了《赖肖尔与美国对日本的意识形态外交》[④]。在此基础上,归泳涛于2008年出版了国内研究赖肖尔的首部专著《赖肖尔与美国对日政策——战后日本历史观中的美国因素》[⑤]。他运用政治学的分析方法,对赖肖尔如何构建与日本各阶层的"对话外交",尤其是赖肖尔的"现代化论"如何影响美日关系进行了论述。归泳涛的研究将赖肖尔的外交提升到意识形态和

① 村田晃嗣:《アメリカ知日派の系譜③1960年代:ライシャワーからジョンソンへ》,《外交論壇》,2001年6月号。

② 菅原和子:《ライシャワーの"日米イコール·パートナーシップ"論の論理と実際》,《法学新報》,2002年第4号。

③ 归泳涛:《现代化论的传教士——赖肖尔与美国对日外交》,博士学位论文,北京大学,2005年。

④ 归泳涛:《赖肖尔与美国对日本的意识形态外交》,《美国研究》2005年第4期。

⑤ 归泳涛:《赖肖尔与美国对日政策——战后日本历史观中的美国因素》,重庆出版社2008年版。

思想领域，这是对美日关系研究的一种突破。将国内学术界对赖肖尔与美日关系的研究推向了高潮。紧跟归泳涛之后，张素菊于 2011年完成了博士论文《跨文化视角下的赖肖尔与美日关系》①，他独辟蹊径，从"文化"的角度分析赖肖尔为推动美日关系所付出的努力。

"文化大使"是赖肖尔有别于其他大使的一个特色，他这一身份的本质是"大使"而非"文化"。目前无论是日本学者还是国内学者，对赖肖尔的专门研究，都将重点放在了赖肖尔"对话外交"的理论方面，即他们的研究更侧重于赖肖尔"文化大使"这一双重身份中的"文化"一面。但是实际上，要理解赖肖尔在美日伙伴关系发展过程中的作用，我们就有必要将赖肖尔放到他大使任期内双边关系的重大事件中加以具体的考察。

三　材料来源

历史研究离不开档案文献的支撑，最理想的状态莫过于自己置身于档案馆之中，切身感受档案的魅力，并从中寻找自己所需要的材料。受自身条件的限制，笔者没能够做到这一点。庆幸的是，各种数据库资源的出现以及其他学者的努力，弥补了我这方面的不足。本书将通过对大量原始档案的解读，运用实证主义的方法，还原赖肖尔在美日伙伴关系形成时期的作用。本书具体使用的主要档案材料如下：

第一，美国国务院系统公布的外交关系文件：Department of State：Foreign Relations of the United States，1961 – 1963，Volume 22和 Department of State：Foreign Relations of the United States，1964 – 1968，Volume 29。通过这两卷档案首先确定赖肖尔时期美日关系

---

① 张素菊：《跨文化视角下的赖肖尔与美日关系》，博士学位论文，吉林大学，2011 年。

的整体脉络，然后再深入其他档案系统对相关问题进行细化。除以上两卷外，在对相关问题的背景进行研究时，还大量使用了 1945—1960 年的美国外交关系文件。

第二，数字国家安全档案馆（DNSA）：Digital National Security Archive, Japan and the United States：Diplomatic, Security, and Economic Relations, 1960 – 1976. ProQuest LLC., 2008。这一数据库分门别类，按专题编辑，对美国政府各个部门的档案均有所收集，其中有关日本的部分是研究美日关系的一个宝库。

第三，解密文件参考系统（DDRS）：Declassified Documents Reference System, Farmington Hills, Mich.：Gale, 2011。Gale 公司的这一数据库收集的档案数量比 DNSA 还要大，其不足之处就是未分门别类。（华东师范大学、国家图书馆均购买了这一数据库的使用权）

第四，国务院机要文件：Confidential U. S. State Department Central Files, Japan：1960 – 1963, Internal and Foreign Affairs, University Publications of America, Inc., 1997 以及 Confidential U. S. State Department Central Files, Japan：1963 – 1966, Internal and Foreign Affairs, University Publications of America, Inc., 1997。该部分档案是以缩微胶卷的形式发行的，目前北京大学和国家图书馆均有收藏。

第五，《アメリカ合衆国対日政策文書集成》：这是一套大型资料集，日本学者将在美国国家档案馆收集的有关美日关系的资料影印回国，按照专题分类原版照排，保留了档案的原始性。该档案集从 1996 年开始出版，现已出版至第 41 期。本书中笔者所利用的是以冲绳返还为核心的美日间重大事件的相关档案。

第六，《日米関係資料集：1945—97》。该资料集所收录的史料起自 1943 年 11 月的《开罗宣言》，终至 1997 年 9 月的《对日美防卫合作指针的见解》，内容涵盖涉及双边重大关系的各种条约、协定、领导人演说、备忘录、会谈记录以及相关法案等。这些档案来自日本国家档案馆、美国国家档案馆以及总统图书馆（主要是肯尼迪图书馆和约翰逊图书馆）。该书编辑的特点之一是英日文混编，凡是有两种文本的文件均在日文文本后面附有英文文本，反之则仅提供日文或英文一种文本。因此，对于即使不懂日语的研究者来说，也可以比较方便地利用该资料集。

第一章

学者赖肖尔与日本的联系

第一节　赖肖尔与东亚的渊源

埃德温·奥尔德法泽·赖肖尔（Edwin Oldfather Reischauer）与东亚的关系，更确切地说，是与日本的关系，要从其家世说起。自他的曾祖父马赛厄斯（Matthias）起，赖肖尔家族就从奥地利移民美国。他的祖父英年早逝，这迫使赖肖尔年幼的父亲奥古斯特（August）进入教会的免费学校接受圣职培训。赖肖尔的母亲海伦·赛德维尔·奥尔德法泽（Helen Sidwell Oldfather）是德国后裔，出生于传教士家庭。1905年，奥古斯特在神学院毕业后加入了赴外使团，机缘巧合下前往日本明治学院任职。^① 这成为赖肖尔一家与日本和东亚结下不解之缘的开端。

第二次世界大战以前，西方一直缺乏对日本以及整个东亚的了解。当时西方对日本人有极强的种族偏见，认为日本人只不过是简单的模仿者。赖肖尔的独特之处在于他先于同时代的人了解日本，并且对日本及整个东亚充满了强烈的平等观。这些都与赖肖尔的家

---

① Edwin O. Reischauer, *My Life between Japan and America*, New York: Harper & Row, 1986, pp. 12 – 17.

庭背景及其童年的经历密切相关。

　　1905 年赖肖尔的父母奥古斯特夫妇抵达日本时，日俄战争刚刚结束，日本民众因为没有得到俄国的赔款而迁怒于美国。但是作为传教士，赖肖尔的父母在日本的生活受日俄战争的影响并不大。日本的基督徒大部分是武士中的知识分子，他们在日本的社会生活中发挥着重要作用，受到日本人的尊重。此时进入日本的西方传教士已经没有了特权，他们大部分在学校工作。这些传教士在日本的传教活动被日本人认为是进步和自由的举动，因而也受到日本人的尊重。① 奥古斯特在明治学院的神学院教授神学和希腊学，同时还在其他学院兼职教授英语。在向日本人传教过程中，奥古斯特很快就认识到除非他了解日本人原有的宗教，否则一味试图改变日本人的信仰使其皈依基督教是不可能的。因此，他对研究日本的佛教产生了浓厚的兴趣，他认为不仅西方的传教士们应当学习亚洲的文化和宗教，其他人也应当学习，这会使他们受益匪浅。我们可以看到日后赖肖尔致力于增进日美两国之间的了解，奥古斯特对待亚洲文化的态度埋下了赖肖尔这种雄心壮志的种子。②

　　在这种理念下，奥古斯特于 1917 年出版了《日本佛教研究》一书，遗憾的是当时的西方尚未重视日本。在这之后，奥古斯特仍然通过翻译佛教经典来继续他对佛教和日本的研究。除了关注在日本的传教事业外，奥古斯特还积极参与到日本亚洲协会的活动当中，他很快就与姊崎正治（Anesaki Masaharu）以及乔治·桑瑟姆爵士（Sir George Sansom）成为该协会的副主席。奥古斯特对亚洲和日本事务的研究成为日后他两个儿子职业选择的榜样，他对日本

---

① Edwin O. Reischauer, *My Life between Japan and America*, New York：Harper & Row, 1986, p. 18；George R. Packard, *Edwin O. Reischauer and the American Discovery of Japan*, New York：Columbia University Press, 2010, pp. 14 – 15.

② George R. Packard, *Edwin O. Reischauer and the American Discovery of Japan*, New York：Columbia University Press, 2010, p. 13.

文化和宗教的研究为赖肖尔认识日本的本质指明了方向。

赖肖尔个人的成长经历决定了他对日本的感情。1910 年 10 月 15 日，埃德温·赖肖尔在东京出生，直到 17 岁前往奥柏林大学之前，他大部分时间都是在日本度过的。当时在日本出生的美国人被称之为 "BIJ"①，赖肖尔对自己 "BIJ" 的身份颇为骄傲，认为出生在日本本身就是一件幸运的事情。赖肖尔的这种特殊身份和成长经历为他了解日本创造了得天独厚的条件，使他能够更准确地掌握日语的发音。这被他视为掌握了理解日本的秘籍。② "BIJ" 的身份也为他在日本的行动带来很大便利，即使在日本军国主义盛行之时，他也很少受到刁难，这一点也是赖肖尔日后对日本情有独钟的重要原因之一。因为出生并在日本长大，赖肖尔从来不用刻意地去发现日本，日本的风土人情对他来说都是理所当然的事情。相反美国则使他有种异国风情的感觉，当他五岁随母亲返回美国旧金山，见到黑人和在码头做苦力的白人时就颇为震惊。

赖肖尔童年之时，在日本的西方人并不多。多数普通日本人见到外国人时会大惊小怪，因此赖肖尔家附近的日本小孩并不适合做他的玩伴。周边传教士家庭也没有与他同龄的小孩，因此除了他所就读的美国学校的孩子外，赖肖尔儿时的玩伴很少。③ 这种状况带来的一个结果是，赖肖尔的童年很大一部分时间是与他家的女仆待在一起。她们潜移默化地影响了赖肖尔的个性和价值观。

赖肖尔家的两个女仆都有基督教背景。赖肖尔的母亲极力倡导女权和社会公正，因此，女仆们在赖肖尔家受到尊重和平等对待，这一点从她们的称呼中就可以看出。她们两人的名字分别叫作春和菊，赖肖尔对她们的称呼用的都是尊称，称她们为 "O-Haru-san"

---

① "BIJ" 是 "Born In Japan" 的缩写。

② Edwin O. Reischauer, *My Life between Japan and America*, New York: Harper & Row, 1986, p. 3.

③ Ibid., pp. 10 - 11.

（春）和 "O-Kiku-san"（菊），后来菊的妹妹清接替出嫁的姐姐继续为赖肖尔家服务，也享受 "O-Kiyo-san"（清）的尊称。^① 赖肖尔家的这种平等氛围使日美平等观念深深地扎根在他的潜意识之中。因为缺乏玩伴，赖肖尔大部分时间都会与春和菊两人在一起，并跟她们学会了日语，他后来开玩笑称自己所学的是 "厨房日语"。从小就在日常生活中使用两种语言，所以对赖肖尔来说使用日语就像使用英语一样自然。受到平等对待的两位女仆则视年幼的赖肖尔为她们的小主人，给予悉心照料。赖肖尔对她们也颇有亲近感。这种幼时形成的印象成为日后赖肖尔对日本人很有好感的根源。与春和菊在一起的童年里，赖肖尔从她们那里听到了普通日本小孩所接触的日本民间传说^②，这使他能够清楚地认识到日本文化和历史的本质。除非有类似的经历，否则一个外国人不可能像赖肖尔这样了解日本。

赖肖尔在学术与大使生涯中极力倡导相互理解的重要性，其中很重要的一个原因是他在美国学校的经历。赖肖尔在日本的美国学校度过了 12 年，每天与他相伴的是 130 名左右来自各个国家的学生。前往这所学校访问的达官贵人无不向他们阐述相互谅解的重要性。国际谅解与合作成了他们生活的中心，对他们来说国际谅解的思想完全是不证自明的。^③

在学术生涯之中，埃德温·赖肖尔受其哥哥罗伯特·赖肖尔（Robert Reischauer）的影响很大，在很大程度上都是步其后尘而行。1927 年 17 岁的赖肖尔离开长期生活的日本，进入俄亥俄州北

① 日语为 "お春さん" 和 "お菊さん"、"お清さん"。一般情况下称呼某人为 "××さん" 即可，在名字前面加 "お" 表示尊称。

② Edwin O. Reischauer, *My Life between Japan and America*, New York：Harper & Row, 1986, pp. 9－10；George R. Packard, *Edwin O. Reischauer and the American Discovery of Japan*, New York：Columbia University Press, 2010, p. 15, p. 22.

③ Edwin O. Reischauer, *My Life between Japan and America*, New York：Harper & Row, 1986, 序言第一部分。

部的奥柏林大学学习。之所以选择奥柏林大学，是因为这所学校种族歧视比其他地方要轻得多，赖肖尔喜欢这样的学校氛围，更重要的原因是他的哥哥罗伯特在那里上学。① 在这里赖肖尔遇到了两个重要的舍友，这两人都来自上海的美国学校。其中一个是韦慕庭（C. Martin Wilbur），与赖肖尔很早之前在日本的轻井泽就已经认识，他后来成了哥伦比亚大学的中国史教授；另一个是谢伟思（John S. Service），日后成为著名的外交官与中国问题专家。他与赖肖尔的关系更为密切，两人在国务院成为同事，在麦卡锡主义（McCarthyism）盛行之时，赖肖尔曾经给了他巨大的精神支持。②

　　进入奥柏林大学的赖肖尔决定彻底摆脱日本的影响，做一个地地道道的美国大学生。赖肖尔在奥柏林大学的前两年并没有将精力放在学术研究上，他那时认为运动和女孩子的吸引力要比学术大得多，直到后两年他的学业才有了突飞猛进。③ 赖肖尔选择了主修历史，其学位论文以日本为研究对象。他认为自己的这一选择有两个原因：一是自己喜欢，他在历史方面确有天赋；二是追随哥哥罗伯特的脚步。他认为"对日本独特的态度与幼年的经历并没有影响他的职业选择"④，这一点已经无从考证。但是赖肖尔在日本的经历对他的职业生涯影响颇深，这种经历使他明显有别于历史系的其他美国学生。

　　赖肖尔的学生时代，西方人眼中的中国和日本属于落后世界的一部分。赖肖尔的特殊经历使他没有西方人的这种傲慢，他认为中国与日本的文化和历史就如同欧洲文化和历史一样重要和有趣。赖肖尔虽然选择了主修历史，但是"深深地影响了我的想法"的并不

　　① Edwin O. Reischauer, *My Life between Japan and America*, New York: Harper & Row, 1986, p. 35.

　　② Ibid., pp. 126 – 128.

　　③ Ibid., p. 35.

　　④ Ibid., p. 29, p. 36.

是历史系的教授，而是政治系的犹太教授奥斯卡·贾西（Oscar Jas-zi）。这很大程度上是因为贾西所苦苦追寻的世界和平，与赖肖尔幼年时所接受的平等观和构建国际相互谅解的教育形成了共鸣。①

受贾西的影响，赖肖尔在奥柏林大学的生活将他童年的经历成功地转化为他对亚洲和国际事务的兴趣②，他在奥柏林的本科毕业论文选择了这两个方向的交叉点——《1860 年前的美日关系》。虽然后来赖肖尔对自己这篇长达 213 页的本科毕业论文颇为不满，但在当时他的文章已经相当深刻。赖肖尔受到历史系主任穆尔（Moore）的青睐，在他的帮助下获得了 200 美元的奖励。这是赖肖尔在学术领域首次获得资助。③

赖肖尔的求学之路是幸运的，在不同的阶段都遇到了指导自己的名师。对于未来的职业规划，懵懂的赖肖尔尚没有具体想法，但是他知道自己家族的传统决定了他不可能从事专业性以外的行业，而且他此时也开始认为人生的目的是为社会做出最大贡献，尽管这可能会微不足道。考虑到赖肖尔自己的兴趣所在，对他青睐有加的穆尔认为赖肖尔最好的选择是从事与亚洲或国际关系有关的研究工作。④ 穆尔曾精心为他设计了未来之路，但都失败了。第一次是在1930 年秋天，赖肖尔刚刚成为四年级的学生，穆尔推荐他参加剑桥大学为期三年的罗德奖学金的选拔。赖肖尔成功地跻身俄亥俄州的二名候选人之列，当时赖肖尔只有二十岁，这被认为太年轻，而且

---

① Edwin O. Reischauer, *My Life between Japan and America*, New York: Harper & Row, 1986, p. 36.

② Edwin O. Reischauer, *My Life between Japan and America*, New York: Harper & Row, 1986, p. 37; George R. Packard, *Edwin O. Reischauer and the American Discovery of Japan*, New York: Columbia University Press, 2010, p. 32.

③ Edwin O. Reischauer, *My Life between Japan and America*, New York: Harper & Row, 1986, p. 37.

④ Edwin O. Reischauer, *My Life between Japan and America*, New York: Harper & Row, 1986, p. 37. George R. Packard, *Edwin O. Reischauer and the American Discovery of Japan*, New York: Columbia University Press, 2010, p. 37.

剑桥大学对赖肖尔所申请的日本和东亚研究也不能提供有效的指导，因此在接下来六个州的选拔中他未能进入前四强而落选。东亚研究方面的努力失败后，穆尔又试图为赖肖尔在国际事务方面寻求出路，为此他推荐赖肖尔前往日内瓦的国际联盟实习。对于前往国联，无论是穆尔还是赖肖尔都认为已经是十拿九稳的事情了。但是很不幸，这一计划因世界经济萧条引发的财政紧缩而取消。[①]

　　前往剑桥和日内瓦无望，赖肖尔选择了在美国进行东亚研究方面的学习。当时美国可以进行东亚研究的学校只有普林斯顿大学、哈佛大学以及加州大学伯克利分校。赖肖尔最终选择了前往哈佛大学，进行为期三年的东亚研究方面的研究生学习。他选择哈佛大学的一个重要原因是那里的哈佛—燕京学社具有研究东亚的优势，同时它还提供东亚研究方面的资助。另一个原因是他的哥哥罗伯特·赖肖尔也在哈佛大学。1931 年秋，赖肖尔再次追随其哥哥，进入了哈佛大学文理学部研究生院。哈佛大学虽然是美国东亚研究的三个著名中心之一，但是当时也没有专门研究东亚的系所，赖肖尔只能选择加入历史系。赖肖尔兄弟是当时哈佛大学仅有的主攻日本研究的两个人。学校提供的课程很少，赖肖尔进入哈佛大学后选择的是与日本和中国有关的课程。唯一的日语课对赖肖尔来说过于基础，于是他只能选择中文导论课和中国史阅读课，以此作为他东亚研究的开端。赖肖尔兄弟的中文课是由一位华人指导的。那时没有学习汉语的语音系统，西方汉学也把汉语当作一门死语言。但是赖肖尔认为汉语口语对理解中国文化是必需的，因此他坚持每天晚上用录音机学习汉语，并经常与罗伯特讨论对汉语的学习。第二学期，赖肖尔在他的导师詹姆斯·威尔（James R. Ware）的指导下解读《魏志·倭人传》，这不仅使他认识了许多汉字，而且因为日语大量使用汉字的

---

　　① Edwin O. Reischauer, *My Life between Japan and America*, New York: Harper & Row, 1986, p. 38.

缘故，使赖肖尔在日语书面语方面也有了很大的进步。[1]

赖肖尔在哈佛的第二年遇到了改变他人生的两件事情。第一件是他于 1932 年夏参加了由美国学会和洛克菲勒基金人文部共同在哈佛举办的中国研究研讨班。在这个研讨班上他遇到了另外两个主攻日本研究的年轻学生。一个是在哥伦比亚大学进行日本研究的休·博顿（Hugh Borton），他是赖肖尔后来与美国国务院取得联系的重要桥梁，曾与赖肖尔在国务院长期共事；另一个是在西北大学攻读政治学博士的查尔斯·伯顿·法斯（Charles Burton Fahs），他于 1962 年出任赖肖尔东京大使馆的文化公使一职，帮助赖肖尔改善美日关系。[2] 太平洋战争爆发前，他们三位年轻学生以及另外的两三个人，就是美国政府外的所有日本问题专家。与结识同行相比，此次研讨班对赖肖尔更重要的影响是建立了他与洛克菲勒家族的联系。[3] 赖肖尔对洛克菲勒的长期支持，为赖肖尔的大使职业生涯埋下了伏笔。

改变赖肖尔一生的另一件大事，是赖肖尔与叶理绥[4]（Serge Elisséeff）的相识。叶理绥于 1932 年从巴黎索邦大学来到哈佛讲学，并作为哈佛—燕京学社社长候选人接受考察。叶理绥的到来将赖肖尔的职业生涯引向了更具野心的道路。在此之前，赖肖尔只有其导师詹姆斯·威尔给他开设的汉语课。叶理绥到来之后，赖肖尔

---

① Edwin O. Reischauer, *My Life between Japan and America*, New York: Harper & Row, 1986, pp. 39 – 41; George R. Packard, *Edwin O. Reischauer and the American Discovery of Japan*, New York: Columbia University Press, 2010, pp. 33 – 35.

② Edwin O. Reischauer, *My Life between Japan and America*, New York: Harper & Row, 1986, pp. 41 – 42; George R. Packard, *Edwin O. Reischauer and the American Discovery of Japan*, New York: Columbia University Press, 2010, p. 36.

③ George R. Packard, *Edwin O. Reischauer and the American Discovery of Japan*, New York: Columbia University Press, 2010, p. 36.

④ 叶理绥，原籍俄国，1908—1912 年就读于东京帝国大学，俄国十月革命后于 1920 年经芬兰移居法国，在索邦大学任教并获得法国国籍。

在他和另一位日本学者岸本英夫①（Kishimoto Hideo）的指导下，才开始系统地学习日本古代史和进行日语阅读训练。赖肖尔在解释日本历史时没有接受当时盛行的马克思主义史观，这固然与赖肖尔的家庭背景有很大关系，但是叶理绥坎坷的个人经历对他的影响也不容忽视。叶理绥反对将东亚语言和文化视为已经消亡的传统做法，因此他建议赖肖尔接受一个五年的海外博士研究计划，在巴黎以及日本和中国分别学习二年和三年，然后返回哈佛加入他和威尔即将创建的东亚语言系。按照叶理绥的设想，年轻的赖肖尔未来将会集他与威尔的专长于一身，主攻中国和日本研究。赖肖尔"急不可待地抓住了这次机会"，这样叶理绥就把赖肖尔对国际事务的兴趣彻底转向了中国和日本古代史。赖肖尔对自己后来因意外从古代研究被推回当代事务也感到颇为好笑。②

1933 年 6 月③赖肖尔前往巴黎，开始按照叶理绥的安排在法国学习。赖肖尔在法国的两年可能是他人生的黄金时期，但是这要扩展到赖肖尔的整个学术生涯中才能成立。赖肖尔在巴黎接受的主要是职业训练，对他的博士论文来说并没有太大的帮助。巴黎虽然是汉学的圣地，但是在日本研究方面还很欠缺，他在索邦大学期间主要是接受叶理绥的古日语语法的培训以及汉语等语言的学习。对赖肖尔来说，欧洲两年对他最大的影响是通过对欧洲的了解，使他对审视当代日本和中国问题以及东亚研究有了新的视角。在欧洲的经

---

① 岸本英夫是赖肖尔的父亲奥古斯特·赖肖尔的同事、著名的梵语与日本宗教专家姊崎正治的女婿，他本人也成为东京大学的梵语教授，于"二战"后出任东京大学图书馆馆长并主持图书馆的重建工作。

② Edwin O. Reischauer, *My Life between Japan and America*, New York：Harper & Row, 1986, pp. 43 - 44；George R. Packard, *Edwin O. Reischauer and the American Discovery of Japan*, New York：Columbia University Press, 2010, pp. 36 - 37.

③ 赖肖尔的自传中称自己是在 1935 年 6 月初前往巴黎，这应该是笔误，1935 年 5 月赖肖尔已经从欧洲转道西伯利亚到达了东京。相关情况见 Edwin · O. Reischauer：*My Life between Japan and America*, New York：Harper & Row, 1986, p. 45, p. 54.

历给赖肖尔提供了看待东亚问题的另一个视角——北欧的面积和悠久历史与日本更具可比性，欧洲内部动乱及国际竞争对手转换频仍的状况同东亚地区如出一辙。这些情况都是美国所不具备的。如同赖肖尔同时研究中国和日本并身兼东西方文化于一身带给他许多不同的观点一样，赖肖尔认为"能够从欧美两种十分不同的立场看待东亚，使我比我的同事拥有更为广阔的视野"。① 这种思考方法在日本研究以及整个东亚研究中具有开拓性，赖肖尔据此发现了日本与北欧诸国历史发展的相似性因素，成为他的"现代化"理论的源泉。由此出发，赖肖尔完全抛弃了西方学者对东方文明的偏见，认为在世界历史中国和日本的古文明最起码与希腊和罗马文明同样重要。这是西方学者在东方学研究中的革命性方法，同时也预示着赖肖尔必将成为这一领域的先驱。②

　　鉴于叶理绥已经于 1934 年夏前往哈佛任教，赖肖尔认为他在巴黎的学习日益变得没有必要，于是决定提前结束在法国的学习。他于 1934 年 11 月离开法国，取道芬兰和苏联经西伯利亚大铁路前往东方日本。1935 年 5 月，赖肖尔抵达东京，并很快与在欧洲结识的具有东方背景的女孩阿德里安娜·丹顿（Adrienne Danton）③ 结婚。丹顿开始学习日本艺术并着手翻译相关书籍，而赖肖尔则在叶理绥的推荐下进入东京帝国大学，跟随文学部历史系主任辻善之助（Tsuji Zenosuke）学习中国和日本历史。除此之外，就是跟随一位

---

① Edwin O. Reischauer, *My Life between Japan and America*, New York：Harper & Row, 1986, p. 45；George R. Packard, *Edwin O. Reischauer and the American Discovery of Japan*, New York：Columbia University Press, 2010, p. 39.

② George R. Packard, *Edwin O. Reischauer and the American Discovery of Japan*, New York：Columbia University Press, 2010, p. 39.

③ 阿德里安娜·丹顿的父亲于 1917—1927 年在清华大学任教，她 6—17 岁生活在中国，能够讲流利的中文。

日本教授的妻子进行语言学习。[①] 赖肖尔抵达东京后就开始着手准备博士论文，他选择的是翻译 9 世纪时日本僧人圆仁（Ennin）在中国旅行时所留下的长篇中文日记《入唐求法巡礼行记》[②]（The Record of a Pilgrimage to China in Search of the Law/Nitto guho junrei gyoki）。这一选题是赖肖尔在巴黎时，日后成为著名汉学家的戴密微（Paul Demiéville）给他的建议。赖肖尔认为这是一个很好的选题。叶理绥和威尔为赖肖尔设计的博士论文的中心就是翻译，对圆仁日记的解读也与他对古代中国和日本的兴趣相吻合。[③] 赖肖尔认为圆仁日记是一份重要的历史档案，它的重要性在于它是首份非中国人关于中国的记录，并且是世界上首份原始的按日记载的日记，"是我们人类共同遗产的一部分，其重要性超越了时空"。与 4 个世纪之后的马可波罗行记相比，圆仁的行迹不但可以从现代地图上得到印证，更重要的是他以佛教徒的眼光用中文记载，而不仅仅是以"夷狄"的眼光看待中国。圆仁日记的解读并不容易，它是用古汉语书写的，而且其中还夹杂着许多变体字，更糟糕的是圆仁的字迹很潦草。所幸的是，圆仁所属的天台宗僧人胜野隆信（Katsuno Ryushin）在这方面向他提供了不少帮助，大大减轻了赖肖尔的工作量。[④] 赖肖尔与胜野的接触，为赖肖尔与日本宗教界建立良好的关系奠定了坚实的基础。

在东京帝国大学学习一年后，赖肖尔与妻子丹顿前往京都帝国

---

① Edwin O. Reischauer, *My Life between Japan and America*, New York: Harper & Row, 1986, pp. 56 - 57; George R. Packard, *Edwin O. Reischauer and the American Discovery of Japan*, New York: Columbia University Press, 2010, p. 42, p. 43, p. 47.

② 圆仁属于日本天台宗僧人，去世后被尊称为慈觉大师（Jikaku Daishi），圆仁日记记载的是他 838—847 年十年间在中国的见闻。

③ Edwin O. Reischauer, *My Life between Japan and America*, New York: Harper & Row, 1986, p. 58; George R. Packard, *Edwin O. Reischauer and the American Discovery of Japan*, New York: Columbia University Press, 2010, pp. 47 - 48.

④ Edwin O. Reischauer, *My Life between Japan and America*, New York: Harper & Row, 1986, p. 59.

大学跟随西田直二郎（Nishida Naojivo）继续学习。① 1937 年夏，战火已经在中国的大地上燃起，罗伯特·赖肖尔意外地卷入了这场战争之中。已经在普林斯顿大学任教的罗伯特率团在上海考察时，被流弹震碎的玻璃割伤脚踝，失血过多而去世。② 他的突然去世对赖肖尔一家打击颇大，也改变了赖肖尔的职业生涯。赖肖尔一度认为美国失去了在当代日本事务中最有前途的年轻专家。赖肖尔主攻古代日本和中国研究，他的哥哥罗伯特则专攻当代日本研究。如果在日本研究方面已经颇有成就的罗伯特没有英年早逝的话，战争爆发之时"将会是他而非我被推动承担诸多涉及当代事务的职务"。③肯尼迪政府仍然有可能会任命一位叫作赖肖尔的驻日大使作为两国沟通的桥梁，但他会是罗伯特·赖肖尔而非埃德温·赖肖尔。

　　家族的不幸和中国的战乱并没有阻止赖肖尔在叶理绥给他设计的学术道路上前进的步伐。1937 年秋，赖肖尔准备按照计划前往中国学习，但是因为中国正在进行的战争以及护照问题，他在韩国停留了两个多月。当时世界并不关注韩国的情况，赖肖尔在韩国的短暂停留，使他有机会从内部审视韩国的状况，从而"发现了"这个国家。赖肖尔承认日本在韩国开发中的贡献，但是他认为日本的残暴之处在于从精神上消灭韩国人。赖肖尔亲身体验到了韩国人的骄傲与韩国历史的悠久。因此赖肖尔认为，不能立刻前往中国而在韩国停留，"这一表面上的挫折后来证明是我学习生涯中的财富"。赖

---

　　① 归泳涛：《赖肖尔与美国对日政策——战后日本历史观中的美国因素》，重庆出版社 2008 年版，第 23 页。

　　② 罗伯特·赖肖尔抵达上海之时正值"八一三事变"期间，罗伯特的死绝对是意外，对此中日两国政府都负有不可推卸的责任。日本政府似乎也认识到了这一点，高规格地安排了罗伯特的葬礼。历史往往具有相似性，埃德温·赖肖尔的职业生涯是步其哥哥罗伯特的后尘，似乎命运也是。1964 年 3 月，赖肖尔在大使馆意外遇刺也是面临失血过多而死的危险。幸运的是，赖肖尔因接受输血而免于一难，但是却也因此而感染肝炎，落下终生病根。

　　③ Edwin O. Reischauer, *My Life between Japan and America*, New York：Harper & Row, 1986, p. 62, p. 66；George R. Packard, *Edwin O. Reischauer and the American Discovery of Japan*, New York：Columbia University Press, 2010, p. 53.

肖尔自此成了韩国民族抱负的坚定支持者,[1] 这也成为赖肖尔战后深深地涉入韩国事务的开端,构成日后赖肖尔进入肯尼迪政府视野的一个重要因素。

自 1937 年 11 月底起,赖肖尔夫妇在北京待了七个月。为了更好地融入当地的生活,赖肖尔根据自己名字的日文发音给自己取名赖世和,整天游走于北京的大街小巷。日本占领下的北京已经不再是中国的文化中心,他已经找不到能够在圆仁研究上提供帮助的人。因此,北京的生活对赖肖尔的意义主要是对汉语的掌握与对这个古老国度的了解。[2] 赖肖尔在北京最大的感触就是贫穷和西方帝国主义对这个国家的破坏,这种感悟加深了他对亚洲的同情,是他毕生致力于促进东亚研究源的动力。1938 年 6 月,赖肖尔成功地完成了叶理绥和威尔的计划,启程返回哈佛,开始新的生活。

1938 年夏末,赖肖尔与妻子返回哈佛。在 1939 年 6 月获得博士学位之前,他的主要工作集中于对圆仁日记前四章的翻译以及接替威尔承担中文的教学任务。赖肖尔的博士论文,对中国与日本古代文明充满了敬意,同时也显示出了他对东西方缺乏交流的反思。对圆仁的研究使赖肖尔十分注重个人在历史中的作用,这也是在马克思主义史学盛行之时,赖肖尔没有接受它的一个重要原因。[3] 在欧洲的学习以及对日本的了解使赖肖尔比别人更加关注海外的危险形势,他的多元视角使他能够更多地以一个旁观者而非参与者的眼光看待所发生的一切。他认为美国以及亚洲和欧洲之间缺乏相互谅解是灾难性的,但他对此又无能为力。对赖肖尔来说,他所能做的事情就是将自己在哈佛建立东亚研究的目标作为增进西方与亚洲相

---

① Edwin O. Reischauer, *My Life between Japan and America*, New York: Harper & Row, 1986, pp. 67 – 68.

② Ibid. , p. 73, p. 72.

③ George R. Packard, *Edwin O. Reischauer and the American Discovery of Japan*, New York: Columbia University Press, 2010, pp. 51 – 52.

互了解的第一步。①

　　赖肖尔取得博士学位后，按照叶理绥和威尔原来的计划，加入了哈佛大学远东语言系，稍后又进入东亚研究所。这段时间，赖肖尔的主要教学任务是教授中文、日文以及日本史课程。赖肖尔在与费正清合开的中文课程中引入了"东亚"的概念，以取代代表欧洲中心论的"远东"这一概念。赖肖尔最初的中文课程只有三个学生，但是因为其中有一名女学生，所以他需要给三人分开上课。赖肖尔从小接受的是平等观念，对此感到十分荒唐。肯尼斯·扬（Kenneth T. Young）便是另外两个学生之一，他致力于东南亚研究，后来与赖肖尔一同被肯尼迪总统任命为驻泰国大使。② 赖肖尔进入哈佛后将主要精力放在了中文和日语教学上，他在学术上的造诣尚未来得及展现战争就爆发了。

第二节　初涉对日事务

　　欧战的爆发使美国日益感到战火临近，美国国内关于是否参战的辩论逐步升温，其中很重要的一个争论就是围绕日本大正民主以及日本是否进入现代社会展开的。美国军方也认识到了自己对日本的无知，开始着手培训相关人员。最早与赖肖尔取得联系的是美国海军。他们于1941年春向赖肖尔提出作为少校参军帮助他们组建日语翻译机构的要求。但是赖肖尔认为他的职业生涯更重要，因此拒绝了海军的要求。同年夏天，赖肖尔在康奈尔为美国协会举办日本暑期班授课时，又收到了美国国务院要求他到远东司服务的要

---

　　① Edwin O. Reischauer, *My Life between Japan and America*, New York: Harper & Row, 1986, p. 79.

　　② Ibid. , pp. 80 – 82.

求。当时美国外交机构正在为避免与日本的战争而展开努力。能够为避免战争有所帮助这一点，对赖肖尔很有吸引力。他同时也认识到"作为一名初出茅庐的中国和日本古代史学者，国务院向我征询意见表明当前美国的日本专家是多么匮乏"[1]，这就使他更有必要接受这一邀请。赖肖尔说服叶理绥接替他继续在暑期班中授课，自己则前往华盛顿工作。

赖肖尔前往华盛顿任职时才 31 岁，是国务院远东司 15 人中最年轻的。虽然他的职位最低，最初的工作也只是为格鲁（Joseph Grew）大使提供国内舆论的情报，但是他也要参加远东司重大决策的讨论会议。赖肖尔任职期间最大的外交决策是就是否停止对日本石油和废钢铁的供应提供政策建议。在这一问题上，远东司内部分歧很大。赖肖尔认为美国不能切断对日本的供应，否则会"迫使日本在我们准备好之前就与我们开战"。赖肖尔的判断绝非空穴来风，一方面是基于他对日本历史以及日本人的行为规范的理解，另一方面则是赖肖尔对日本国内和平势力过于乐观。[2] 从美国的角度出发，历史证明赖肖尔的分析确实是对的，但是他的看法在当时明显太超前，因而未被接受。结果美国于 1941 年 7 月对日本实施了经济制裁，日本则铤而走险发动了对珍珠港的突袭。[3] 赖肖尔后来抱怨实际负责远东事务的国务卿特别助理亨培克[4]（Stanley K. Hornbeck）以及更高层的领导，认为他们肯定没有考虑远东司的建议就作出了

---

① Edwin O. Reischauer, *My Life between Japan and America*, New York：Harper & Row, 1986, p. 85.

② George R. Packard, *Edwin O. Reischauer and the American Discovery of Japan*, New York：Columbia University Press, 2010, pp. 63 – 64.

③ 国际关系理论中经常将此作为经典案例进行分析，对日本最终选择进攻美国难以理解，认为这是日本最冒险的选择，是在孤注一掷。参见［美］约瑟夫·奈《理解国际冲突：理论与历史》，张小明译，上海人民出版社 2005 年版，第 123—128 页。

④ 亨培克是美国远东问题专家，曾来华执教。

对日本实施经济制裁的决定。①

国务院希望赖肖尔能够长期任职，但是赖肖尔认为应当返回哈佛继续他的教学之路。在华盛顿短暂的工作把赖肖尔的个人兴趣从古代转向了当代，使他成为一名活跃的对日政策倡导者。② 在离开国务院前夕，赖肖尔递交了名为"为实现太平洋地区积极而全面的和平之目的"的 18 页绝密备忘录。实际上赖肖尔为解决远东地区的冲突指明了方向。与他的其他观点一样，赖肖尔在备忘录中的建议明显超越了那个时代的认知。他在"国务院的同事傲慢地读了这一报告后很快就将它束之高阁"并遗忘了，但战后美国在远东的政策基本上验证了赖肖尔的设想。这篇备忘录的核心思想是民族平等，他要求美国发挥自己的影响力，结束新旧殖民主义，尊重远东的民族自决并满足包括日本在内的远东各国发展的正当要求。赖肖尔虽然坚持民族自决，但是这篇备忘录也透露出他内心中的日本情怀——这一点他也直言不讳地予以承认——他有意无意地忽视了朝鲜和中国台湾，并将满洲视为独立于中国之外的一部分。③

在国务院一个夏季的工作成了赖肖尔深涉对日事务的开端。返回哈佛后的赖肖尔不但要与叶理绥一同负责海军的特别项目，而且还经常受邀向公众讲授东亚的形势，并通过媒体向普通民众宣传他在对日政策方面的理念。战争爆发前夕，他通过《华盛顿邮报》表达了自己对美日战争的看法。在名为《理想的答案是没有战争》一文中，赖肖尔警告对日战争绝非易事，与日本的军事对抗绝非上上

---

① Edwin O. Reischauer, *My Life between Japan and America*, New York：Harper & Row, 1986, p. 86.

② Edwin O. Reischauer, *My Life between Japan and America*, New York：Harper & Row, 1986, p. 87; George R. Packard, *Edwin O. Reischauer and the American Discovery of Japan*, New York：Columbia University Press, 2010, p. 64.

③ Edwin O. Reischauer, *My Life between Japan and America*, New York：Harper & Row, 1986, p. 87; George R. Packard, *Edwin O. Reischauer and the American Discovery of Japan*, New York：Columbia University Press, 2010, pp. 64 – 65.

之策。他认为只要美国恩威并施，为日本的未来提供合理的出路，日本的统治阶层实际上会乐于接受日美双方的妥协。① 这实际上是他对递交给国务院的绝密备忘录的公开表达。赖肖尔的备忘录没有影响到美国决策层，同样他的这篇公开呼吁也没有发挥作用。40天后太平洋战争爆发，美国完全进入了战时状态。此时反倒是赖肖尔比普通民众更为谨慎，他撰文告诫同胞要抛弃对日本人的偏见，正视日本的优势，不要低估日本的能力。同时这篇文章再次透露了他的日本情怀，他认为日本人有很强的亲美情绪，要求美国对日本人民持理智的态度，将日本人民与日本政府分开。②

赖肖尔虽然尊重日本人以及日本文化，但他始终认为自己是百分之百的美国人，因此，在战争爆发后他毫不犹豫地选择了忠于美国。在他看来，西方国家的确是在亚洲殖民，但这不能构成日本侵略其他国家的理由，"为了世界和平以及日本人的长远考虑，日本的战争机器必须被阻止"③。因此，1942 年夏陆军部助理部长约翰·麦克洛伊（John McCloy）与哈佛大学校长科南特（Conant）交涉，希望赖肖尔前往华盛顿，为陆军通信部队培训日语翻译及日军密码分析专家时，赖肖尔欣然接受了这一任务。在两名曾经在日本的传教士以及一名传教士之子的帮助下，赖肖尔在阿灵顿大厦为陆军创办了培养翻译人才的学校。赖肖尔把他在哈佛大学的大部分学生以及耶鲁大学和哥伦比亚大学日语系的一些学生招募进了他的学校。在赖肖尔的影响下，他们中许多人战后成了著名的学者，其中还有部分人后来跟随赖肖尔前往美国驻东京大使馆，他们都继承了

---

① Edwin O. Reischauer, "Ideal Answer is Not War", *Washington Post*, October 28, 1941.

② Edwin O. Reischauer, *My Life between Japan and America*, New York: Harper & Row, 1986, p. 89; George R. Packard, *Edwin O. Reischauer and the American Discovery of Japan*, New York: Columbia University Press, 2010, p. 68; Edwin O. Reischauer and J. C. Goodbody, "Our Overconfidence: The Military Might of Japan", *Washington Post*, December 19, 1941.

③ Edwin O. Reischauer, *My Life between Japan and America*, New York: Harper & Row, 1986, p. 89.

赖肖尔美日平等的观念，这一点令赖肖尔十分欣慰。在华盛顿的工作，为赖肖尔就对日政策提出自己的见解提供了方便。战争开始后，在心理战与劝降宣传方面出现了各种各样的建议，赖肖尔以自己对日本历史及日本人的了解，也就此问题递交了政策备忘录。这两份报告是赖肖尔在 12 月份集中完成的，其思想反映了赖肖尔的日本情结与对日本人的了解。他极力突出日本军官无私的爱国主义情怀与日本军队极强的纪律性，他认为呼吁日本军人自保的天性将会毫无作用，行之有效的办法是将劝降宣传谨慎地限制在日军面临必定灭亡的情况之时，而且其宣传对象仅限定于指挥官。宣传内容不是强调他们自保，而是应当强调他们作为指挥官，应当保护士兵的生命，以在战后为他们的国家服务。出于同样的理由，赖肖尔认为对日本的心理战目标应该十分明确，他要求美国所有对日短波电台的宣传都要针对日本政府中的数百名高官。①

除了陆军部的工作外，赖肖尔因通信部队的身份和在国务院的经历以及与休·博顿的关系，经常与国务院的政策制定者见面。格鲁大使 1942 年返回美国后，在国务院组建了日本专家组研究对日处理问题。早在 1942 年 9 月 14 日，赖肖尔就日本天皇的未来地位问题向国务院递交了备忘录。赖肖尔认为天皇对战争不负有责任，因此废除天皇将毫无意义，唯一需要清除的是日本军队。美国应当将天皇作为"傀儡"予以保留，以获得日本国民对美国改造日本的配合。② 日本天皇在日本是否是真正的"傀儡"这一点，或许赖肖尔比其他人更清楚。后来日本的左翼学者因赖肖尔提议建立"傀儡政权"而攻击他，客观地讲，这有失公允。正如赖肖尔的传记作者乔治·帕卡德所言，"他们（日本左翼学者）忽略了一点，赖肖尔

---

① Edwin O. Reischauer, *My Life between Japan and America*, New York: Harper & Row, 1986, pp. 93 – 94; George R. Packard, *Edwin O. Reischauer and the American Discovery of Japan*, New York: Columbia University Press, 2010, p. 69.

② Ibid. , p. 71.

作为一名出色的交际者，他不是站在学者的角度提出这一意见，而是以此来说服华盛顿的官僚和政策制定者"。赖肖尔从不认为天皇是真正的"傀儡"，他认为天皇制多年以来一直是反对日本军国主义的一种体制，正是因为过去王权在反对军国主义的斗争中处于下风，才将日本引入了战争的深渊。赖肖尔希望美国将日本天皇作为"傀儡"保留，其意在用天皇抵制战争，从而开辟日本战后迅速复兴之路。他了解日本的国情，认为除了天皇之外，没有其他体制或个人能够在未来控制日本。因此，从减轻美国战后负担的角度考虑，美国更应当保留天皇。[①]

1943 年夏天，赖肖尔决定离开惠灵顿大厦返回哈佛，与叶理绥一同创建陆军特别培训组，为陆军训练日本专家。因为当初赖肖尔的承诺是任职一年，而且他仍然是民事人员，惠灵顿大厦的主管虽然对赖肖尔的离开极为愤怒，但也无计可施。在赖肖尔即将离开华盛顿时，美国军方情报部门又找到了他，希望他以少校身份参军并加入情报部门，负责所有拦截的情报处理工作。战事已经打乱了哈佛大学的正常教学秩序，这项工作对赖肖尔来说也没有危险性，他觉得这项工作既有趣又很重要，因此他决定放弃民事人员的自由，于 1943 年 8 月 31 日成为少校加入了情报部的绝密机构"特别分部"（Special Branch）。[②] 很快赖肖尔就作为特别分部的代表重返惠灵顿大厦，负责双方之间的联络工作。赖肖尔在情报部门工作期间，所有有关日本的重要情报都由他经手，因此赖肖尔对日本的动向了如指掌。日本人对自己的密码颇为自负，但是在赖肖尔等人的努力下，美国成功地破译了日本的密码。通过分析截获的电报，赖肖尔推测日本在 1945 年 11 月之前就会投降，因此他一度认为使用

---

① George R. Packard, *Edwin O. Reischauer and the American Discovery of Japan*, New York: Columbia University Press, 2010, p. 72.

② Edwin O. Reischauer, *My Life between Japan and America*, New York: Harper & Row, 1986, p. 96. 该项目在美国军方内部的代号为"Magic"。

原子弹是一个极大的错误，但是后来随着历史研究的不断深入，他对此陷入了矛盾之中。[1]

战争结束之初，赖肖尔本来有很多机会代表军方前往日本，但都未能成行。他因不愿意离开妻儿，拒绝了前往日本对原子弹的效果进行评估的工作。麦克阿瑟（Douglas MacArthur）的对敌情报部在赖肖尔看来就是一个警察部队，他不想因此而影响他日后的职业生涯，因此这一工作对他毫无吸引力；赖肖尔认为麦克阿瑟"过于自负"，因而自己不适合接受出任麦克阿瑟的政治顾问和占领首席历史学家的工作。[2] 1945 年 8 月，战争意外地提前结束，赖肖尔感觉在军方情报部门的工作已经没有必要，他希望能够转移到与对日政策设计更为密切的国务院工作。美国国务院早在 1942 年年初就设立了战后外交政策咨询委员会，战时曾多次邀请赖肖尔参加该委员会的会议。赖肖尔被其分支远东分委会所进行的对日政策规划吸引，但是因为他尚在服役期间，他的这一愿望很难实现。战时负责对日政策制定的格鲁等人于战后全部退休，国务院只剩下休·博顿一个日本通，这种人事变动使赖肖尔的加入变得日益迫切。赖肖尔当初离开哈佛是应陆军助理部长麦克洛伊之请，不得已之下他又以同样的方式说服哈佛帮他提前退役。1945 年 11 月 12 日，赖肖尔以中校军衔提前从陆军退役，随后立即加入了国务院。当时国务院远东事务司司长约翰·卡特·文森特（John Carter Vincent）属于亲华派，但是他知道自己需要有关日本的知识，因此赖肖尔以文森特的特别助理的身份进入国务院，与休·博顿一起成为国务院—战争部—海军部部际协调委员会下仅有的两名资深日本专家，这也使赖肖尔终于能够直接插

---

① Edwin O. Reischauer, *My Life between Japan and America*, New York: Harper & Row, 1986, p. 101; George R. Packard, *Edwin O. Reischauer and the American Discovery of Japan*, New York: Columbia University Press, 2010, p. 76.

② Ibid., p. 77.

手对日政策制定的具体过程。

赖肖尔认为，在国务院起草有关对日政策的文件是一件十分有趣的事情。他进入国务院后，最为迫切和关键的任务就是起草有关天皇及日本帝国体制的政策。赖肖尔希望美国能够保留天皇，但是战后对天皇的处理成为舆论的焦点，媒体和公众中存在着要求惩罚天皇的强烈情绪，华盛顿的专家对此分歧严重，美国国会对此的辩论也僵持不前。1945 年 12 月 11 日和 18 日，赖肖尔就美国对天皇的政策提出了自己的看法，要求美国政府将天皇作为日本的象征予以保留。在麦克阿瑟将军的支持下，赖肖尔和博顿说服了文森特，并最终使其作为美国对日基本政策而采纳。除此之外，赖肖尔的主张还涉及对日本的领土处理问题，这为他大使任职期间处理日本领土问题奠定了基础。[①] 战前就对朝鲜人产生同情之心的赖肖尔在战后仍然关注朝鲜的命运。对于刚刚摆脱日本殖民统治的朝鲜，赖肖尔认为朝鲜当前尚不具备自治能力，建议由中国、美国、英国和苏联四国对朝鲜实施为期五年的托管，在此期间培养朝鲜人的自治能力。赖肖尔的设想虽好，但是战后朝鲜民族主义情绪高涨，这种延期独立的方案因不能获得朝鲜人的支持而很快告吹。[②] 虽然赖肖尔对朝鲜的设想没有成为现实，但是他对韩国事务的关注使他成功地走向大使之路。

1946 年秋，赖肖尔离开美国国务院返回哈佛大学，但是这一变

---

① Edwin O. Reischauer, *My Life between Japan and America*, New York: Harper & Row, 1986, pp. 106 - 107; George R. Packard, *Edwin O. Reischauer and the American Discovery of Japan*, New York: Columbia University Press, 2010, p. 79. 赖肖尔的这些政策规划表明他虽然忠诚于美国，但是战争一旦结束其日本情怀就显现无遗。赖肖尔这种具有极强日本情结的日本专家参与战后日本规划，绝非历史的幸事，他的日本情怀给东亚带来了许多遗留问题。虽然这并非赖肖尔的本意，但是对日本异常宽大的处理确实是这些问题的重要根源。比如对日本天皇的免责就使得日本战争责任至今未明，当前日本甚至出现美化侵略战争的逆流。

② George R. Packard, *Edwin O. Reischauer and the American Discovery of Japan*, New York: Columbia University Press, 2010, p. 79.

动并没有立即结束他与国务院之间的联系。国务院仍然视他为一员，不但将年轻的外交官交由他培训，而且经常向他咨询政策意见。1949 年 10 月新中国成立后，国务院召集赖肖尔作为唯一的院外专家讨论美国政府对新生政权的政策。除了在台湾问题上的立场外，赖肖尔的对华政策有其前瞻性。他认为鉴于共产主义不允许有两个教皇存在，中国也不会永远接受克里姆林宫的指导，因此未来的问题不是美中如何相处而是苏中如何相处。赖肖尔从此种认识中演化出其对华政策建议，他建议美国承认新中国，以加速中苏之间不可避免的分裂；同时美国应当协调与印度这样的大国的对华政策，这样可收到一石二鸟的功效——既可以加强与印度的联系，又可以确定实施对华政策的具体进程。[①]

这段时间与赖肖尔关系最为密切的事情就是对日和约草案的制订，因为他和休·博顿以及约翰·艾利逊（John Allison）是国务院仅有的日本问题专家，他们曾经一度被认为将会成为对日和会的代表。[②]

随着国际形势的转变，战后初期美国对日本的惩罚性政策开始转变。1950 年春，赖肖尔前往国务院与艾利逊以及国务卿艾奇逊（Dean Acheson）等人讨论对日和约问题。国务院提出放弃对日和约，在盟军掌握日本主权的情况下使日本自治。赖肖尔极力反对国务院的这种做法，他劝诫国务院的政策制定者，美国如此行事将是对日本的极大侮辱，日本人在心理上是无法接受的。美国如果强行这样做，日本人虽然无力反对，但是美国从此会成为日本人怨恨的目标，这对美国在东亚的长远利益有百害而无一利。作为替代选

---

① Edwin O. Reischauer, *My Life between Japan and America*, New York: Harper & Row, 1986, pp. 126 - 128; George R. Packard, *Edwin O. Reischauer and the American Discovery of Japan*, New York: Columbia University Press, 2010, pp. 111 - 112.

② 三人中，赖肖尔和博顿都没能够出席对日和会，只有艾利逊作为杜勒斯的助手参加了旧金山对日和会并于 1953—1957 年出任美国驻日大使。

择，赖肖尔建议排除中国和苏联，与日本签署不全面的和约，虽然
这样做不利于美国与中苏关系的发展，但这总比美国成为日本人世
代怨恨的目标要好得多。[1]

正当赖肖尔想极力影响对日和约之时，麦卡锡主义在美国突然
兴起。赖肖尔因当时主要研究对象为美国对日政策而受到的冲击不
大，但是他哈佛教授的身份以及他在对华政策上的立场却使国务院
颇为尴尬。[2] 不久之后约翰·福斯特·杜勒斯（John Foster Dulles）
被任命为国务卿特别助理，全权负责对日和约事务，赖肖尔与国务
院的联系戛然而止，并且在之后长达十年的时间里一直被国务院忽
略。尽管被国务院抛弃，但他仍然对杜勒斯签订的对日和约赞誉
有加。[3]

第三节　重返哈佛

赖肖尔很喜欢战后在国务院的政策规划工作，但是在面临
回哈佛继续学术生涯与政府职业的决择时，他毫不犹豫地选择
了哈佛。很明显，他认为自己作为一名教师和学者会比作为政
府官员在增进美国与东南亚的了解方面的贡献会更大。尽管如
此，他并不认为离开哈佛的这段时光是在浪费光阴。对赖肖尔
来说最为重要的是在军方与国务院的工作，将他的兴趣由古代
扩展到了当代事务，他在政府的任职经历也为他日后出任驻日

---

① Edwin O. Reischauer, *My Life between Japan and America*, New York: Harper & Row, 1986, p. 125.

② George R. Packard, *Edwin O. Reischauer and the American Discovery of Japan*, New York: Columbia University Press, 2010, p. 99.

③ Edwin O. Reischauer, *My Life between Japan and America*, New York: Harper & Row, 1986, p. 125.

大使提供了经验。在军方服役期间，他需要经常给情报人员讲解日本史。因此，他对日本的研究不但未因战争而中断，而且其研究重点也从日本古代转向了当代。战争结束之时，美国缺乏有关日本历史、政治以及文化方面的英文著作。虽然美国人在太平洋战场上与日本人浴血奋战，并对日本人充满了憎恨，但是对美国人来说，日本还是个真空，他们并不了解日本。赖肖尔明显感到了这种危机，他认为如果在战后任凭美国人发展这种在战时形成的对日本的怨恨，那么增加美国与东亚相互了解的愿望将会彻底落空。鉴于美国负有塑造日本未来的责任，赖肖尔认为美国人有充分的理由更多地了解他们之前的敌人。于是赖肖尔决定将他给军方的课程写成书，这就是他于1945年完成并于1947年由诺夫出版社出版的《日本：过去和现在》一书。[①] 出于当时美国普遍存在的对日情绪考虑，赖肖尔将重点放在了向他的同胞解释20世纪30年代日本为何会走向军国主义和独裁。在军方服役期间完成的这一著作不但是赖肖尔学术再起的标志，更重要的是这表明他在研究领域的成功扩展。

1946年秋，赖肖尔进入哈佛大学历史系和远东语言系，直至1961年离开哈佛出任美国驻日大使，这15年成为他学术生涯的黄金期。战后是美国知识分子雄心勃勃并且理想主义色彩浓厚的时代，他们傲慢地试图以自己的知识为美国重塑世界。但是赖肖尔与他们不同，他希望增进东西方的相互理解。这种理念同样宏伟，与其他知识分子的理念相比，其中包含更多的是谦逊而非狂妄和傲慢。如何实现这种目标？赖肖尔的设想是与他的同事在哈佛建立东亚研究，以此来治愈广大同胞对东亚的无知，通过扩大美国人对东

---

① Edwin O. Reischauer, *Past and Present*, New York: Knopf, 1947.

亚历史和文化的认识来影响美国的东亚政策。[1] 因此，返回哈佛后的赖肖尔全身心地投入了东亚历史的教学与研究之中。他承担了中国古代史的课程，并与叶理绥共同开设了日语与日本文学及历史的相关课程。更为重要的是，他与费正清（John K. Fairbank）在哈佛的课程设置中为东亚研究争得了一席之地，这就是他们两个人在1947 年作为社会科学 11（后来编号改为 111）开设的"远东文明史"。赖肖尔负责讲授日本史以及 1200 年以前的中国古代史，费正清则负责其余的内容。因为太平洋战争和朝鲜战争，他们的这门课程广受欢迎，并被戏称为稻田课（Rice Paddies）。由此赖肖尔与费正清开创了全美东亚研究的范式，他们的学生毕业后在各自执教的学校也都开设了类似的课程。[2]

战后开创美国东亚研究的新局面面临许多实际的问题，其中之一就是没有合适的教材，还有就是当时东亚研究中的意识形态倾向。中国和日本在战后成为美国的兴趣点，但是美国本身接受过学术训练的专门研究人员很少。在这方面日本的情况虽然要相对好些，但是这在赖肖尔看来问题更严重。战前日本以天皇为中心的史学观在战后被彻底抛弃，取而代之的是马克思主义史学。1948 年，赖肖尔作为人文科学使团的成员前往日本，在与日本左翼学者的会见中，他感到"他们所宣扬的马克思主义观极端的不现实，是一种超出了他的理解范围的不现实的思想"。[3] 赖肖尔本

① George R. Packard, *Edwin O. Reischauer and the American Discovery of Japan*, New York：Columbia University Press, 2010, pp. 84 - 85.

② Edwin O. Reischauer, *My Life between Japan and America*, New York：Harper & Row, 1986, pp. 113 - 114；George R. Packard, *Edwin O. Reischauer and the American Discovery of Japan*, New York：Columbia University Press, 2010, p. 87. 比如乔治·阿凯塔在夏威夷大学，杰克·白利在伊尔汗学院，肯特·卡尔德在约翰霍普金斯大学；皮特·杜丝和汤姆斯·史密斯在斯坦福大学；约翰·豪尔和康拉德·陶曼在耶鲁大学；马鲁斯·詹森在普林斯顿大学；肯尼斯·扬在密歇根大学等学校都开设了类似的课程。

③ Edwin O. Reischauer, *My Life between Japan and America*, New York：Harper & Row, 1986, p. 122.

身并不认同马克思主义史学，对在这一思想指导下完成的著作也颇不满意。他认为历史是个人、团体、国家对他们的环境和事件的反应，充满了偶然性和随机性，因此，他坚持写历史时不应当受特定理论的限制。① 虽然战后初期马克思主义在哈佛大学的历史学家中十分盛行，但是哈佛自由的学术氛围使得赖肖尔仍然有自由的活动空间。

出于对盛行的马克思主义史学的不满，赖肖尔一项很重要的工作就是与费正清等人编写自己的东亚史教材。赖肖尔在写作自己的教材时不受意识形态的影响，自由地讲述东亚史，将东亚的政治、经济、文化和宗教有机地整合在一起，向广大读者展示它们是一个完善的整体。在短短的十年之内，美国为了前后矛盾的目标两次卷入与东亚国家的战争，② 这使赖肖尔耿耿于怀。他希望他的著作能够引导读者像看待自己国家的历史一样看待东亚的历史，这样随着东西方理解的加深，他所期待的世界和平这一最终目标就会日益临近。③ 在这种思想的指导下，赖肖尔与费正清从 1956 年开始《东亚：伟大的传统》④ 和《东亚：现代变革》⑤ 的写作，并分别于 1960 年和 1965 年出版。

除了教学任务以外，赖肖尔还深深地涉入了与东亚研究相关的

---

① George R. Packard, *Edwin O. Reischauer and the American Discovery of Japan*, New York：Columbia University Press, 2010, p. 95.

② 在赖肖尔看来，美国在 1941 年卷入太平洋战争很大程度上是因为要在日本手中拯救中国，而 1950 年美国卷入朝鲜战争在很大程度上则是要在中国手中拯救日本。他认为，正是由于美国对东亚的无知，美国的战略目标才会在短短的十年之内出现如此讽刺性的转变。

③ George R. Packard, *Edwin O. Reischauer and the American Discovery of Japan*, New York：Columbia University Press, 2010, p. 85.

④ Edwin O. Reischauer and John K. Fairbank, *East Asia：The Great Tradition*, Boston：Houghton Mifflin, 1960.

⑤ Edwin O. Reischauer, John K. Fairbank and Albert M. Craig, *East Asia：The Modern Transformation*, Boston：Houghton Mifflin, 1965. 因为赖肖尔于 1961 年出任驻日大使，他原先负责的日本现代史部分交由阿尔伯特·克莱格负责。

行政事务。在美国远东协会的资助下，休·博顿于 1941 年创建了《远东季刊》（*The Far Eastern Quarterly*）进行东亚方面的相关研究。1948 年该协会成为全国性组织，在博顿的大力支持下，赖肖尔于 1954 年当选为远东协会的副会长，并于次年成为该协会有史以来最年轻的会长。赖肖尔认为他们应当帮助南亚与东南亚研究的发展，因此在 1956 年将《远东季刊》改名为《亚洲研究》（*The Journal of Asian Studies*），同时于 1957 年将远东协会更名为亚洲研究协会。在哈佛大学内，年事已高的叶理绥自 50 年代初就将哈佛—燕京学社的许多行政性事务交由赖肖尔处理。1955 年哈佛—燕京学社董事会决定由赖肖尔接任即将退休的叶理绥出任新社长。赖肖尔在自传中透露，出任哈佛—燕京学社社长是他一生的追求，但这不是因为该职务可以控制哈佛东亚研究的资助，而是因为这样他可以无拘无束地进行自己所喜欢的东亚研究。① 尽管如此，赖肖尔也没有答应立即出任哈佛—燕京学社社长。赖肖尔因丹顿的身体状况欠佳，自 1948 年前往日本以后再也没有去过东亚。② 他认为自己离开东亚太久了，在出任社长之前应当前往东亚进行实地考察，以便掌握东亚的实际形势。哈佛—燕京学社董事会支持了赖肖尔为期半年的出行计划。

赖肖尔此次东亚之行，既是他与东亚各国重新取得联系之行，也是他作为侯任哈佛—燕京学社社长对远东的视察之行。赖肖尔与东亚联系的重建成为他日后进入国务院视野的基础。赖肖尔于 1955 年 8 月抵达东京，住进了他们家原来在东京女子大学的老房子。与他上一次在日本见到的衰败景象相比，此时的日本已经实现了经济复兴，这使赖肖尔更加坚定了对日本的信心。受洛克菲勒（John

---

① Edwin O. Reischauer, *My Life between Japan and America*, New York: Harper & Row, 1986, p. 138.

② 长期以来，赖肖尔的妻子阿德里安娜·丹顿身体状况欠佳，于 1955 年去世。

D. Rockefeller，Ⅲ）① 的委托，赖肖尔抵达东京后就与松本重治②（Matsumoto Shigeharu）共同筹建英语教育协会（English Language Education Council），同时也参与到日本国际文化会馆的工作当中。在此过程中，他与松本以及高木八尺③（Takagi Yasaka）建立了密切的关系，并与在东京女子大学任教的昭和天皇最年轻的弟弟三笠宫（Prince Mikasa）成为好友。④ 这成为他日后与日本知识分子联系的重要桥梁。

　　赖肖尔此次东亚之行是带着任务而来的，那就是在东亚地区建立专门的研究委员会，以加强东亚地区对自身的研究。赖肖尔即将出任哈佛—燕京学社社长的消息不胫而走，这为他完成使命带来了不少方便。赖肖尔通过此次东亚之行与韩国高丽大学校长俞镇千（Yu Chin-o）以及首尔国家博物馆馆长金载元（Kim Che-won）等人建立了密切的关系，这使他越来越深地涉入韩国当代事务中，这也是他最终得以进入国务院系统的重要原因之一。除了日本和韩国外，赖肖尔也与台湾和香港的大学建立了密切联系，建立了专门的委员会支持东亚地区内的研究。

　　在完成了考察任务后，赖肖尔于 1956 年 1 月携在日本结识的第二任妻子松方春⑤回国，出任哈佛—燕京学社社长，与费正清协力完善美国的东亚研究。此次东亚之行，使赖肖尔对战后东亚形势有了整体了解，在此基础上他完成了《需要一项亚洲政策》，对战

----

　　① 赖肖尔与洛克菲勒家族的联系起于 1932 年夏赖肖尔参加的由洛克菲勒基金会赞助的研讨班。因为洛克菲勒对日本事务很有兴趣，他们两人能够经常在各种会议上见面。后来约翰·洛克菲勒的儿子也投到赖肖尔名下读博。赖肖尔也成为洛克菲勒家族的忠实支持者。

　　② 松本重治是赖肖尔第二任妻子松方春的堂兄。

　　③ 高木八尺，日本东京大学美国宪法方向教授。

　　④ Edwin O. Reischauer, *My Life between Japan and America*, New York: Harper & Row, 1986, pp. 143 – 144.

　　⑤ 松方春是日本开国元勋松方正义的孙女，自小接受美式教育。赖肖尔与松芳春是日本美国学校的校友，但两人相识是在 1955 年 8 月。

后美国的东亚政策提出了批评，深感美国对东亚地区的无知给美国带来的灾难。正是认识到了美国对东亚理解的匮乏，赖肖尔对增进东亚和美国之间的相互理解充满了热情。为了使美国更多地了解亚洲，赖肖尔在哈佛的日常研究和教学工作之外，还经常参加会议并向美国各地的公众发表演说。这给赖肖尔带来了一个意想不到的好处，那就是他的热情不仅使他成为一名出色的演讲家，更使他懂得如何掌握听众的兴趣，这为他出使日本以后从容应对日本各方势力奠定了坚实的基础。

第四节　从学者到大使

赖肖尔返回哈佛大学出任哈佛—燕京学社社长之后，出于工作需要，他经常前往东亚考察，这期间日本发生了翻天覆地的变化。岸信介（Kishi Nobusuke）出任首相后，积极寻求改变日本在美日双边关系中的不平等地位，为此他开始了与美国缔结新安保条约的谈判。但是1958年他在国会内强行通过《警职法》，引起了日本左翼势力的强烈反对。1960年他又如法炮制，在国会强行通过《美日新安保条约》，结果引发了日本国内5、6月份空前的安保骚乱，艾森豪威尔总统不得不临时取消对日本的访问。[①] 安保骚乱结束后赖肖尔需要前往日本，《外交事务》杂志得知此事之后，便希望他写一篇有关日本这场骚乱的文章，赖肖尔欣然应允。[②] 赖肖尔赴日后用了大量时间走访各种类型的当事人，完成了《与日本中断的对话》一文，并于10月在《外交事务》上刊发。

---

① 关于这场"安保斗争"的详细情况可见：George R. Packard, *Protest in Tokyo: The Security Treaty Crisis of* 1960, Greenwood, Princeton University Press, 1978.

② Edwin O. Reischauer, *My Life between Japan and America*, New York: Harper & Row, 1986, p. 154.

赖肖尔承认5、6月在日本所发生的安保骚动的确令美日两国的许多人感到踌躇，他们都认为日本正处于历史演变的十字路口。但是赖肖尔提醒读者，美日两国对这种转折点的性质有着截然不同的认识。美国人认为日本这是在"自由主义"和"共产主义"之间犹豫不决；而日本人自己则认为他们面临的是"和平"和"战争"，抑或是"民主"与"纳粹"之间的抉择。赖肖尔认为世人对这场危机应当警惕的正是这种对立的认识。在赖肖尔看来，日本安保骚动反对的是岸信介，日本的反对者们从他的不民主的行为方式中看到了危机，因此他们反对能给岸信介带来支持的《美日新安保条约》以及艾森豪威尔总统的访问。但是安保骚动本身并不针对美国，也没有产生反美情绪。安保骚动的发生表明西方民主与日本的反对力量之间交流的薄弱。日本过于不现实的知识分子对此当然难辞其咎，但是美国也没能理解日本人的想法。赖肖尔认为美国的这种失误是因为美国与日本反对派的接触过少。为了改变这种局面，美国驻日大使馆应当不仅与说英语的商人以及保守的政治家进行更多的接触，而且还应当与日本的知识分子以及其他反对者建立密切的联系。[1]

赖肖尔的这篇文章在美国和日本引起了截然不同的反响。日本的激进刊物《世界》月刊希望能够刊出其日文版，美国驻日大使麦克阿瑟（Douglas MacArthur，Ⅱ）则认为赖肖尔对美国驻东京大使馆的指责缺乏依据，并向他展示了大使馆的相关电报，以此证明他们并不存在致命性的失误。赖肖尔查看了相关电报后，弱化了他在日文版中的论调。[2]

安保斗争以及《与日本中断的对话》将赖肖尔推到了风浪的顶

---

[1]　Edwin O. Reschauer, *The Broken Dialogue with Japan*, Foreign Affairs, Vol. 39, No. 1, October, 1960.

[2]　Edwin O. Reischauer, *My Life between Japan and America*, New York：Harper & Row, 1986, p. 154.

端，为肯尼迪接受赖肖尔出任驻日大使一职奠定了基础。但是赖肖尔能够进入肯尼迪幕僚的视野并非因为他对日美关系的认识。诚如赖肖尔所言，他哈佛大学教授的身份对于肯尼迪任命他为驻日大使并没有多大作用。赖肖尔只说对了一半，他哈佛教授的身份确实对肯尼迪没有特别的吸引力，但是如果因此而认为赖肖尔的这一身份对于他的任命毫无影响，则低估了他在东亚研究领域的影响。确切地说，赖肖尔是一位东亚问题专家，他对中国古代文明的研究并不亚于他对日本的研究。正是因为他对中国的了解，他的中国观才有别于当时美国所盛行的观点。他温和地对华主张导致了麦卡锡主义盛行时国务院中断了与他的联系，但这也同样成为他在肯尼迪时代对美国外交政策重新发挥影响的关键。赖肖尔与肯尼迪政府的唯一联系是他在哈佛"稻田课"的助教詹姆斯·C. 汤姆逊（James C. Thomson）。正是在汤姆逊的推动下，他才得以出现在驻日大使的候选名单中。汤姆逊是中国传教士之子，他的童年在南京度过，1955—1961 年在费正清名下读博，是东亚研究"稻田课"中的杰出学生。还在哈佛读博期间，汤姆逊于 1959 年起开始担任肯尼迪的竞选智囊查斯特·鲍尔斯（Chester Bowles）的助手。鲍尔斯曾于1951—1953 年出任美国驻印度大使，深谙外交事务，作为肯尼迪竞选团队的外交政策顾问对肯尼迪的当选功不可没。鲍尔斯虽然最终没有如外界猜测的那样，成为肯尼迪政府的国务卿，但也被肯尼迪总统任命为副国务卿，并被授权负责遴选新的驻外大使。[1] 汤姆逊作为副国务卿鲍尔斯的特别助理，成为赖肖尔进入鲍尔斯视野的关键。[2]

---

[1] 池井優：《駐日アメリカ大使》，東京：文藝春秋 2001 年版，第 77 頁。

[2] Michael Schaller, *Altered States: The United States and Japan since the Occupation*, New York and Oxford: Oxford University Press, 1997, p. 167.

新任总统肯尼迪倾向于改善对华关系，他也力图缓和中美关系，[①] 但是他的前任艾森豪威尔确定的基调是与中国对抗，美国国内反华倾向也远远高于亲华倾向，出于国内政治的考虑，肯尼迪在国内不能表露和推动对华关系。在这一点上，汤姆逊与肯尼迪总统的目标一致。拥有在华经历并出身于哈佛"稻田课"的汤姆逊深知赖肖尔的东亚观和中国观，因此他原本的打算是希望赖肖尔能够进入国务院出任负责远东事务的助理国务卿，以他的影响和在东亚研究中的地位推动美国对华政策的转变。为此汤姆逊特意征询了他的博士导师费正清的意见。赖肖尔因《与日本中断的对话》一文而名声大噪，美国大选之前就有传言说他会位于肯尼迪驻日大使名单的前列。[②] 费正清可能也受到了这一呼声的影响，认为出生于日本且对日本十分了解的赖肖尔更适合出任驻日大使。

虽然让赖肖尔改任驻日大使多少有违汤姆逊的初衷，但他仍可以接受这种安排，通过采取迂回战术实现原来的目标。于是汤姆逊积极向副国务卿鲍尔斯推荐赖肖尔出任美国驻日大使，希望赖肖尔能够在东京推动美国对华政策的转变。[③] 严格说来，鲍尔斯与赖肖尔并非没有交集，他们两人在1957年同时获得了奥柏林大学的荣誉学位，但是仅此而已。当汤姆逊向鲍尔斯提起赖肖尔时，他并不记得赖肖尔，所以一开始他对赖肖尔没有特别的兴趣。但是汤姆逊并没有因此而放弃努力，他不厌其烦地将赖肖尔的名字置于驻日大使候选人名单的最前列，终于引起了鲍尔斯的注意。[④] 鲍尔斯驻印大使的经历使他特别注重印度和日本，希望能够将两国建设成为亚

---

① Midori Yoshii, *Reducing the American Burden: Kennedy's Policy toward Northeast Asian*, Dissertation of Boston University, 2003. p. 6.

② George R. Packard, *Edwin O. Reischauer and the American Discovery of Japan*, New York: Columbia University Press, 2010, p. 137.

③ Ibid. , p. 136.

④ Edwin O. Reischauer, *My Life between Japan and America*, New York: Harper & Row, 1986, p. 163.

洲反对共产主义的两个支柱，因此他特别关注这两个国家的大使人选。鲍尔斯从汤姆逊那里了解到赖肖尔的情况后，认为很有必要将他吸收入国务院系统。对于如何安排赖肖尔，鲍尔斯有两个选择。其一是由他出任远东事务助理国务卿，这与汤姆逊最初的设想一致；其二便是让他出使日本。在这两个选择中鲍尔斯更倾向于任命赖肖尔为驻日大使。①

1960 年赖肖尔的东亚之行，不仅使他完成了《与日本中断的对话》一文并因此名声大噪，同时也为他与美国新政府接触提供了理由。赖肖尔此次为期半年的东亚之行，主要目的是建立和深化东亚地区与哈佛—燕京学社的联系，推动东亚地区对自身的研究。因此除了日本之外，他也需要前往东亚其他地区。1960 年 10 月，赖肖尔前往韩国进行了为期 2 周的访问。除了学术交流外，他还会见了韩国总理张勉，并答应张勉他会前往华盛顿为韩国向新政府游说。

赖肖尔于 1960 年 12 月底返回美国，与他在新政府内最好的关系——未来副国务卿鲍尔斯的私人助理汤姆逊联系。汤姆逊安排他于 1961 年 1 月 26 日与鲍尔斯会见。② 肯尼迪于 1 月 20 日宣誓就职，在新政府成立初期面临诸多烦锁事务的情况下，汤姆逊能够安排鲍尔斯在 26 日接见赖肖尔，这表明此时鲍尔斯已经接受了汤姆逊的建议，将赖肖尔定为驻日大使人选。外界有关赖肖尔将会被肯尼迪政府任命为新任驻日大使的猜测绝非像赖肖尔起初所认为的那样是媒体在消遣他，而是确有其事，只是赖肖尔在见到鲍尔斯之前自己并不清楚此事。

1961 年 1 月 26 日，赖肖尔按照计划前往华盛顿与肯尼迪政府

---

① Midori Yoshii, *Reducing the American Burden*：*Kennedy's Policy toward Northeast Asian*，Dissertation of Boston University，2003. p. 63.

② Edwin O. Reischauer, *My Life between Japan and America*，New York：Harper & Row，1986，pp. 161 – 162.

的高官讨论韩国问题。但是事情却朝着赖肖尔意想不到的方向发展，要求赖肖尔出任美国驻日大使取代韩国问题成了他们讨论的中心课题。按照原计划，赖肖尔首先前往国务院会见鲍尔斯讨论韩国问题。鲍尔斯在办公室内当着赖肖尔的面处理了机要事务，他在与赖肖尔的会见中很快就跳过了韩国问题，希望赖肖尔能够接受任命，出任美国驻日大使，并作为大使督察负责整个东亚事务。赖肖尔表示，对于出任驻日大使感到害怕，他提出了许多理由来拒绝鲍尔斯的好意，但是鲍尔斯成功说服了他认真考虑这一提名，并与妻子松方春商议。对于鲍尔斯要求他督察东亚事务的建议，赖肖尔直接拒绝了。他认为每个大使都有自己的职责地域，即使他同意出任驻日大使，他也不想过多干涉东亚事务。

与鲍尔斯的会见结束后，赖肖尔接着去赴与参议院外交关系委员会成员约翰·纽豪斯（John Newhouse）的午宴之约，令赖肖尔意外的是接见他的人换成了参议院外交关系委员会主席威廉·富布赖特（William Fulbright）。在韩国问题之后，富布赖特与鲍尔斯一样，将重点引向了赖肖尔，询问赖肖尔出任驻日大使的可能性。当他获悉鲍尔斯已经向赖肖尔伸出"橄榄枝"后非常高兴，并极力劝说赖肖尔接受这一任命。当天下午赖肖尔再次返回国务院，面见国务卿腊斯克。作为一名研究东亚问题的著名教授，赖肖尔过于温和的中国观使他无法获得腊斯克的信任。① 另外腊斯克显然没有料到驻日大使一职会交给国务院系统之外的人担任，他极有可能已经将该职务许诺给了尤·阿历克斯·约翰逊。赖肖尔的突然出现使他无法兑现这一承诺。因此在会见中，当他发现赖肖尔对韩国问题的关注后，他甚至一度试图说服赖肖尔前往首尔而非东京任职，但是并没有成功。由于寻找新任驻外大使的任务已经交给了鲍尔斯，况且对

---

① Michael Schaller, *Altered States: The United States and Japan since the Occupation*, New York and Oxford: Oxford University Press, 1997, p. 167.

赖肖尔的提名已经获得了麦克乔治·邦迪（McGeorge Bundy）和肯尼迪总统的批准，腊斯克也十分清楚他已经不能反对这一任命。[①]

　　除了国务卿腊斯克对任命赖肖尔抵触外，赖肖尔出任大使还有很多困难要克服。这种阻碍首先来自赖肖尔自身，即他是否接受美国驻日大使的提名。赖肖尔没有当场接受鲍尔斯的提名，但这并不表明他对驻日大使一职没有兴趣。赖肖尔后来承认，实际上从鲍尔斯征询他的意见开始，他除了接受没有其他选择。作为一名长期批评并试图改变美国东亚政策的学者，赖肖尔不可能放弃他这一生中唯一能贯彻自己理念的机会，他清楚自己"不能简单地临阵脱逃或者懦弱地逃入学术的巢穴"，若不勇于承接自己的使命，从今以后他将丧失对美国东亚政策进行评论的任何权力。[②] 尽管赖肖尔内心深处渴望出任驻日大使，但他必须考虑他与日本的密切联系是否会阻碍他的使命。赖肖尔很快就打消了这一顾虑，在他看来美国和日本的根本利益是相同的，因此他对日本的热爱与他对美国的忠诚之间并不存在冲突，他能够利用这一优势增进两国间的理解，从而更好地为美国服务。[③] 赖肖尔认为自己之所以被肯尼迪政府选中是因为他在《与日本中断的对话》一文中对美国对日政策的批评，肯尼迪总统选择他出使日本，明显是希望他能够贯彻他的学术理念，增进两国人民间的相互理解。基于这种判断，赖肖尔认为华盛顿会给他充分的空间施展自己的才能。[④]

---

　　① Edwin O. Reischauer, *My Life between Japan and America*, New York：Harper & Row, 1986, p. 162；George R. Packard, *Edwin O. Reischauer and the American Discovery of Japan*, New York：Columbia University Press, 2010, pp. 143 – 144.

　　② Edwin O. Reischauer, *My Life between Japan and America*, New York：Harper & Row, 1986, p. 163.

　　③ Edwin O. Reischauer, *My Life between Japan and America*, New York：Harper & Row, 1986, p. 163；George R. Packard, *Edwin O. Reischauer and the American Discovery of Japan*, New York：Columbia University Press, 2010, pp. 144 – 145.

　　④ Edwin O. Reischauer, *My Life between Japan and America*, New York：Harper & Row, 1986, pp. 164 – 165.

　　赖肖尔自身的另一个障碍来自他的妻子松方春，她强烈反对赖肖尔出任美国驻日大使。松方春曾经决定不嫁给学者或外交官，但是现在她已经嫁给了一名学者，因此她不想再发生第二种情况。令松方春更不能释怀的是，她虽然从小就接受美式教育，但是她与美国占领军的关系并不融洽，她认为在日本的美国人——大使馆、商业团体，尤其是美军是不会接受她成为大使夫人的，而且她也担心因此而成为日本人眼中的叛徒。① 他们为赖肖尔是否接受提名争论了5天，最终肯尼迪总统激情澎湃的就职演说打消了松方春的顾虑。

　　1月31日，赖肖尔通知鲍尔斯他接受出使日本的任命，但是赖肖尔的任命却遭到了来自美国国务院内部和日本方面的联合反对。鲍尔斯直至3月14日才成功说服了各方接受对赖肖尔的任命。美国国务院内部抵制赖肖尔的任命，部分是因为赖肖尔一直在批评美国的对华政策，认为美国在亚洲如此重要的外交职位不能交由美国外交政策的异见者负责。但是这只是反对者的借口，国务院反对任命赖肖尔的根本所在是美国外交系统的封闭性，任命外来者赖肖尔为驻日大使挤占了职业外交官的机会，从而引起了他们的怨恨。② 按照美国长期以来形成的惯例，美国驻外大使不会被派往其夫人出生的国家任职。于是为了迫使鲍尔斯取消对赖肖尔的提名，（远东事务助理国务卿）帕森斯（J. Graham Parsons）在赖肖尔的夫人松方春身上大作文章，认为日本人将会对赖肖尔的日本夫人深恶痛绝。但是肯尼迪总统对这些外交惯例嗤之以鼻，他认为任命拥有日本夫人的赖肖尔出使日本恰恰是他"新边疆"理念的体现，这

---

　　① Edwin O. Reischauer, *My Life between Japan and America*, New York: Harper & Row, 1986, p. 163; George R. Packard, *Edwin O. Reischauer and the American Discovery of Japan*, New York: Columbia University Press, 2010, p. 145.

　　② George R. Packard, *Edwin O. Reischauer and the American Discovery of Japan*, New York: Columbia University Press, 2010, p. 145.

"将会向全世界表明美国思想的开明以及愿意平等地接受其他种
族"。国务院里因循守旧者的反对反而提高了赖肖尔在新政府中的
地位。①

　　肯尼迪政府选择赖肖尔出使日本最根本的原因是他对东亚，尤
其是对日本问题的研究。赖肖尔东亚研究的学者身份虽然使他颇受
肯尼迪政府青睐，但也正是学者这一身份使他很难被日本所接受。
与美国对学者的认识不同，日本人认为学者都是不切实际的左翼空
想家，他们喜欢高谈阔论和相互攻击。保守势力认为知识分子对安
保条约的批评对 1960 年反安保运动的激化有着不可推卸的责任，
这种认识进一步强化了日本知识分子的负面形象。因此，他们对学
者有着天然的抵触情绪。② 包括日本原首相吉田茂（Shigeru Yoshi-
da）以及驻美大使朝海浩一郎（Asakai Koichiro）在内的保守政治
家和商人，一方面对由赖肖尔这样一位过于了解日本的人出任大使
感到恐惧，担心日本"潜在的民族主义偏见"会完全暴露在美国面
前；另一方面他们不仅对赖肖尔的"左倾"倾向感到担忧，而且对
非职业的学者大使能否现实地处理美日关系中的问题抱有很大疑
虑。③日本右翼保守势力认为赖肖尔"左倾"是因为他主张缓和对
华关系的学术理念，而日本左翼势力对赖肖尔的反对则是出于赖肖
尔反马克思主义的史学观。不同于马克思主义史学对日本战前历史
的全面否定，赖肖尔肯定了明治、大正时期日本存着进步因素，而
非一无是处。赖肖尔与费正清等人对东亚史不受意识形态的研究在

---

① Edwin O. Reischauer, *My Life between Japan and America*, New York: Harper & Row, 1986, p. 166; George R. Packard, *Edwin O. Reischauer and the American Discovery of Japan*, New York: Columbia University Press, 2010, p. 145.

② George R. Packard, *Protest in Tokyo-the Ssecurity Treaty Crisis of* 1960, Greenwood: Princeton University Press, 1978, p. 30.

③ Edwin O. Reischauer, *My Life between Japan and America*, New York: Harper & Row, 1986, p. 167; George R. Packard, *Edwin O. Reischauer and the American Discovery of Japan*, New York: Columbia University Press, 2010, pp. 145 – 146.

日本左翼看来是一种历史的反动。

日美学者有关"现代化论"的争论也使赖肖尔成为日本左翼学者攻击的目标。1960 年夏，日美学者召开的箱根会议引发了两国学者对"现代化"的争论。两国学者对所谓的"现代化"有着不同的理解。严格来说，在当时的美国"现代化"是社会学中的概念，美国的日本学研究只是借用了这个术语，并无具体所指，只是用来概括日本自 19 世纪中期以来发生的所有变化。赖肖尔在东亚研究中也使用了"现代化"这一概念，但是他认为"现代化"对他来说完全是一个中性术语，是用来形容工业革命以及随之而来的经济、社会和政治等方面质的变化。但是日本学者认为"现代化"具有明确而具体的目标——社会主义和民族主义。赖肖尔作为东亚问题专家也参加了这次会议。他没有向会议提交论文，并且自认为在会议上发挥的作用很小。但是由于大部分美国参会者都是他以前的学生，因此他被日本学者指控为邪恶的"现代化论"之父。赖肖尔从自己对"现代化"的特定理解出发，认为日本过去百年的历史中存在着部分积极因素，日本左翼学者将赖肖尔的这种解释看作"对他们根深蒂固的马克思主义史观的挑战"，由此他们认为赖肖尔是反社会主义甚至是反民主的。[1] 以这种认识为基础，日本共产党警告日本人"肯尼迪的外交政策只是对美国帝国主义的改头换面，他选择亲日的赖肖尔出使日本其意图是从内部腐蚀日本。赖肖尔亲日的背景可能会吸引许多无知的人，但是'肯尼迪路线'本质上是一个在全世界复兴美国实力的计划"[2]。

赖肖尔出生于日本、能够讲日语还有其家族与日本的渊源以及拥有日本夫人很快就吸引了日本大众的注意力，他们热烈欢迎并支

---

[1]　Edwin O. Reischauer, *My Life between Japan and America*, New York：Harper & Row, 1986, pp. 155 – 156.

[2]　Zenei, April 1961. Cited in George R. Packard, *Edwin O. Reischauer and the American Discovery of Japan*, New York：Columbia University Press, 2010, p. 146.

持美国任命这样的大使，日本媒体更是铺天盖地地刊登欢迎赖肖尔的报道、卡通图片和社论。其中最具代表性的是日本主流媒体《朝日新闻》。它撰文称"表面上，赖肖尔接替麦克阿瑟出任大使是伴随着最近美国新政府成立而来的人事变动，但是其深层次的含义是美国对外政策的重大转变。肯尼迪选择在东京出生的哈佛教授赖肖尔不仅仅是因为他对东亚和日本事务的熟悉，更是因为美国政府迫切希望开创与日本的外交新局面"①。当然，并不是日本所有媒体都陷入了疯狂，在日本媒体对赖肖尔出使日本的一片赞誉声中，《中央公论》对赖肖尔作出了较为客观的评论。它承认绝大部分日本国民对赖肖尔出任美国驻日大使充满了热情和期望，但同时提醒日本国民对赖肖尔夫妇出使日本要有清醒的认识，虽然赖肖尔夫妇与日本渊源甚深，但是日本国民必须要正视赖肖尔出使日本的使命是服务于美国的利益，他来到日本绝非是为了为日本工作。② 尽管如此，赖肖尔自己也承认日本民间的这种情绪对他的最终任命产生了重要影响，即使华盛顿很难改变主意，也使日本保守势力充分认识到赖肖尔对日美关系所具有的象征性意义，从而改变了对赖肖尔出使日本的态度。③

赖肖尔的任命获得日本政府同意后，美国参议院外交关系委员会于3月23日就任命赖肖尔为驻日大使举行了听证会。外交关系委员会中的两名共和党议员以拒绝出席听证会的方式抵制对赖肖尔的任命，结果赖肖尔的听证会只有民主党议员富布赖特、迈克·曼

---

① George R. Packard, *Edwin O. Reischauer and the American Discovery of Japan*, New York：Columbia University Press, 2010, p. 146.

② Ibid. .

③ Edwin O. Reischauer, *My Life between Japan and America*, New York：Harper & Row, 1986, p. 168；George R. Packard, *Edwin O. Reischauer and the American Discovery of Japan*, New York：Columbia University Press, 2010, pp. 146 – 147.

斯菲尔德①（Mike Mansfield）以及约翰·斯帕克曼（John Spark-man）参加。这种情况为整个听证会被大力支持赖肖尔出任大使的主席富布赖特和副主席曼斯菲尔德主导提供了便利。除了赖肖尔对美日关系的认识外，赖肖尔的中国观再次成为他能否获得任命的关键。富布赖特的支持为赖肖尔能够顺利通过参议院外交关系委员会的审查发挥了重要作用。②

赖肖尔认为应当承认中华人民共和国，这一点已经为所有关注对华问题的人所公知。汤姆逊希望赖肖尔能够撇清他在对华政策上的不利影响，获得驻日大使一职，与他一道从国务院内部影响美国的对华政策。腊斯克在出任国务卿的听证会上曾明确表示不应承认"共产党中国"，副国务卿鲍尔斯个人虽然希望承认中华人民共和国，但是他认为作为腊斯克的副手，他有义务维持国务院对外政策的一致性。赖肖尔也认识到他要想顺利出任驻日大使，就必须服从国务院的既定政策。鉴于这一形势，在听证会举行前，赖肖尔与汤姆逊确定在应对有关他对华主张的质询时，他应当采取灵活策略，尽量模糊自己过去所坚持的观点。

富布赖特作为美国参议院外交关系委员会主席和赖肖尔此次听证会的主席显然十分清楚赖肖尔在中国问题上一向的主张，为了避免听证会中唯一对赖肖尔抱有敌意的斯帕克曼在这一问题上向赖肖尔发难，富布赖特率先向赖肖尔提出了他的中国观问题。但是很明显，富布赖特不是在质疑和批评赖肖尔在中国问题上的立场，而是给他机会为他的中国观作出解释。对此赖肖尔并没有否认自己在对

---

① 曼斯菲尔德曾于1922年以美国海军身份在中国服役，他也是一名东亚问题专家，拥有东亚史硕士学位，并于1933—1943年在蒙大拿大学任教，教授东亚史，后于1977—1988年出使日本。与赖肖尔不同的是，曼斯菲尔德不仅是学者，更重要的是他还是一位政治家，出任大使前其常年担任参议员的经历使他在美国国内政治中具有的优势远非赖肖尔可比。曼斯菲尔德在日本的出使经历可见池井優《駐日アメリカ大使》東京：文藝春秋2001年版，第163—179頁。

② Michael Schaller, *Altered States: The United States and Japan since the Occupation*, New York and Oxford: Oxford University Press, 1997, p.167.

华政策上的言论，他表示作为公众的一员，他对这一问题很感兴趣，他的个人观点与国务卿腊斯克以及副国务卿鲍尔斯的陈述完全一致，因此他完全支持国务院的既定政策。[①] 当斯帕克曼试图凸显赖肖尔与肯尼迪政府在对华政策方面的区别时，富布赖特及时打断了质询，并替赖肖尔澄清他只是在朝鲜战争爆发之前敦促美国政府承认新中国，赖肖尔则默认了富布赖特的解释。[②] 斯帕克曼是来自亚拉巴马州的参议员，棉花是该州对日出口的大宗产品。因此，对日经济关系成为他的一个关注点。随着听证会的进行，赖肖尔对美日经济关系的认识很快就使斯帕克曼转变了对他的态度，使得赖肖尔通过提名毫无悬念。

美国参议院于 3 月 28 日一致通过了对赖肖尔的大使任命，赖肖尔成为肯尼迪政府任命的四位学者型大使中的一员。[③] 1961 年 4 月 19 日，赖肖尔在近二百人的迎接下抵达东京羽田机场，开始履行自己作为美国驻日大使的职责，亲自执行他前一年在《与日本中断的对话》中所提出的建议，为了美日关系的良性发展而重建与日本各阶层之间的对话。

小　结

赖肖尔在出任大使之前的人生经历，使他与日本结下了不解之

---

① George R. Packard, *Edwin O. Reischauer and the American Discovery of Japan*, New York: Columbia University Press, 2010, p. 148.

② Edwin O. Reischauer, *My Life between Japan and America*, New York: Harper & Row, 1986, p. 169; Michael Schaller, *Altered States: The United States and Japan since the Occupation*, New York & Oxford: Oxford University Press, 1997, p. 167.

③ 肯尼迪任命的另外三位学者型大使分别是：驻南斯拉夫大使乔治·凯南（George F. Kennan，国务院资深官员、俄国史专家、现实主义政治大师），驻印度大使约翰·肯尼斯·加尔布雷斯（John Kenneth Gaibraith，经济学家），驻泰国大使肯尼斯·扬（Keneth T. Young，东亚史专家，赖肖尔的学生）。

缘。虽然这不是赖肖尔刻意所为，但却将他一步步地推到了驻日大使的前台。传教士的家庭背景，使赖肖尔与日本社会有着广泛的接触。出生在日本并在日本长大，使他对日本有一种天然的亲近感。而大学时主修中国和日本古代史，则使他对日本的认识进一步深化。太平洋战争的爆发则将赖肖尔对日本的关注由古代延伸到现代，并使他与美国政府建立了联系。返回哈佛大学任教，虽然中断了他与美国政府之间的联系，但是他对东亚的研究以及哈佛—燕京学社社长的职责，使他与日本的联系得到了强化。这一切都为他日后履行大使职责奠定了基础。而1960年赖肖尔东亚之行对韩国和日本问题的关注，则使他再次进入了美国政府的视野，被肯尼迪总统寄予厚望，在关键时刻出使日本，担负起改善美日关系的重任。

第二章

赖肖尔与美国的冲绳政策

作为一名研究东亚问题的学者，赖肖尔对美日关系有着自己独特的见解，正如他在《与日本中断的对话》中对反安保斗争所作的评论那样，他认为美日之间存在太多的隔阂。因此，两国人民需要增进彼此之间的谅解。[①] 1961 年 4 月 19 日，赖肖尔就是怀着推动美日平等伙伴关系的雄心壮志抵达日本东京的。赖肖尔深知，美日间存在的任何分歧都有可能阻碍两国朝着平等伙伴关系的方向发展。冲绳当前虽然相对平静，但是在他看来，美国终究会面对来自日本本土和冲绳的返还压力，他需要做的是如何控制这种压力。在赖肖尔出使日本之前，艾森豪威尔政府和肯尼迪政府已经完成了美国对冲绳政策的转变，对赖肖尔来说，最为迫切的不是如何改变或确定美国的冲绳政策，而是如何贯彻实施美国的既定政策，为美国在冲绳的继续存在服务。对于自己在冲绳所面临的这一问题，赖肖尔心知肚明。[②] 对于赖肖尔在这方面所取得的成果，他的传记作者帕卡德给予了高度评价：正是由于赖肖尔促使美国返还冲绳的诸多努力，才致使 1970 年没有出现针对《美日安保条约》的大规模抗议

---

① Edwin O. Reischauer, *The Broken Dialogue with Japan*, Foreign Affairs, Vol. 39, No. 1, October, 1960.

② Edwin O. Reischauer, *My Life between Japan and America*, New York: Harper & Row, 1986, p. 205.

活动。①

第一节　美国对冲绳政策的演变

一　冲绳问题的由来

第二次世界大战中，美军历时三个月的时间，在付出了惨重的代价后才完全占领了冲绳。惨痛的代价使美国军方认识到，要有效地遏制战败的日本重新对美国产生威胁，美国就有必要直接控制冲绳。随着美苏关系的恶化，东西方之间冷战的爆发，双方对抗加剧，冲绳在美国全球战略中的地位也随之发生了变化。冲绳位于西太平洋靠近亚欧大陆的边缘地带，其辐射范围可以涵盖苏联远东地区。由于冲绳所具有的这种独特的战略地位，美国控制冲绳除了遏制日本外就又具备了另一个功效——遏制共产主义（苏联）在远东地区的威胁。② 为此，美国在 1946 年将冲绳和小笠原群岛置于美军的直接控制之下，并成立了琉球民政府进行管理。③

出于军事安全的考虑，美国参谋长联席会议于 1946 年 10 月向杜鲁门总统提出美国需要将北纬 29 度以南的南西诸岛 （Nansei Shoto，即琉球群岛/冲绳）以及祖父岩（Sofu Gan）以南的南方诸岛（Nanpo Shoto，即小笠原群岛）保留在由美国为唯一管理者的联合国托管体制之下。参谋长联席会议的要求得到了负责对日占领事务的道格拉斯·麦克阿瑟将军和国务院政策设计室主任乔治·凯南的支持。麦克阿瑟虽然反对美国长期占领日本，但是他同时认为美

---

① George R. Packard, *Edwin O. Reischauer and the American Discovery of Japan*, New York: Columbia University Press, 2010, p. 195.

② 1949 年中华人民共和国成立以前，美国认为 "共产主义威胁" 来自苏联，新中国成立以后，这种威胁则来自苏联和中国两国。

③ 刘世龙：《美日关系（1791—2001）》，世界知识出版社 2003 年版，第 528 页。

国对冲绳有战略需求，如果不能确保美国对冲绳的控制那将会给美国带来军事上的灾难。① 凯南则认为日本面对共产主义极为脆弱，出于美国的安全考虑，美国应当控制冲绳和小笠原群岛。在此前提下，部际协调委员会（SWNCC）可以决定是对冲绳实施战略托管还是从日本长期租赁冲绳的基地。② 最终美国在 1949 年通过的国家安全委员会 13/3（NSC 13/3）文件中确定对冲绳实施战略托管，具体工作交由陆军部实施，国务院则负责为美国此举寻求国际承认。③

为了解决日本问题，杜鲁门总统于 1950 年 5 月 18 日授权国务院顾问约翰·福斯特·杜勒斯负责对日媾和事宜。杜勒斯在与日本首相吉田茂等的会谈中感受到了日本在领土问题上的民族主义情绪，因此，他接受了驻日盟军总司令部的建议，对日本采取了软硬兼施的策略。1951 年的《对日和约》既明确了由美国托管冲绳（琉球群岛），同时又承认了日本的潜在主权。④ 这种处理方案既满足了日本的愿望，也调和了美国政府内部的不同需求，因而为各方所接受。美国确定要对冲绳地区实施战略托管后，美国军政府开始完善当地的行政体制，于 1952 年成立了三权分立的冲绳中央政府——琉球群岛政府。按照美国的规定，琉球政府行政主席由选举

---

① General of the Army Douglas MacArthur to the Secretary of State, September 1, 1947. Foreign Relations of the United States, 1947, Volume 6, p. 512.

② Memorandum by the Director of the Policy Planning Staff (Kennan), October 14, 1947. Foreign Relations of the United States, 1947, Volume 6, pp. 536 – 543.

③ 崔丕:《冷战时期美日关系史研究》，中央编译出版社 2013 年版，第 126 页。

④ 《旧金山对日和约》对冲绳的规定如下：Japan will concur in any proposal of the Unitied States to the United Nations to place under its trusteeship System, with the United States as the sole administering authority, Nansei Shoto south of 29° north latitude (including the Ryukyu Islands and the Daito Islands), Nanpo Shoto south of Sofu Gan (including the Bonin Islands, Rosario Island and the Volcano Islands) and Parece Vela and Marcus Islands. Pending the making of such a proposal and affirmative action thereon, the United States will have the right to exercise all and any powers of administration, legislation and jurisdiction over the territory and inhabitants of these islands, including their territotial waters.

产生，但是在选举实现以前，则由美国民政长官任命。① 这样美国
就在冲绳确立了间接统治的体制，为美国长期控制冲绳奠定了
基础。

李奇微（Matthew Bunker Ridgway）在出任盟军总司令之前也像
军方其他人一样，认为日本可能会再次成为美国的威胁，但是在东
京的任职使他改变了对日本的看法，他开始认为美国保留冲绳将会
削弱美国在远东地区的政策。为此，他采取了减轻冲绳与日本本土
之间的分裂状况的措施，允许冲绳与日本继续保持文化、经济以及
教育方面的联系，并承诺不会在旅行方面对冲绳人进行限制，而且
对冲绳的政治限制也会维持在最低程度。出于对冲绳问题的认识，
李奇微向华盛顿递交了长篇报告，向军方长期坚持的保留冲绳的立
场提出了挑战。李奇微认为美国控制冲绳将会给美国在未来带来经
济负担，而且也与美国所倡导的自决原则相违背，在未来也会不利
于美日两国的相互信任和友好关系。李奇微的报告引起了美国内部
对冲绳问题长达一年半之久的激烈争论。参联会不信任日本，认为
日本是不可靠的盟友，返还冲绳将会导致美国在冲绳的基地归于无
效。鉴于美国的安全以及日本的不确定性，美国有必要保留冲绳，
参联会拒绝了李奇微的建议。但是国防部的文职官员并不认可参联
会的观点，他们要求与国务院建立跨部小组讨论冲绳问题。国务院
支持了国防部的观点，但是国防部向跨部小组派出的代表却倾向于
军方立场而不赞成国防部文官的观点，最终国务院与国防部的讨论
没有得出结论。②

《旧金山和约》生效后，吉田茂政府立即利用与杜勒斯有关日
本拥有琉球群岛潜在主权的谅解，希望通过小笠原群岛迁回实现冲

---

① 宫里政玄：《日米関係と沖縄1952—1972》，東京：岩波書店2000年版，第63頁。

② Nicholas Evan Sarantakes, *Keystone*: *The American Occupation of Okinawa and U. S. -Japan Relations*, College Station, TX：Texas A & M University, 2001, pp. 62 – 64.

绳返还。1952 年 7 月 2 日，吉田政府的外相冈崎胜男 （Okazaki Katsuo） 向美国驻日本大使墨菲（Robert D. Murphy） 提出了允许遣返 7000 名小笠原群岛岛民的要求。[①] 国务院和军方分别从美日关系和军事安全出发对此各执一词，这种争执带来了美国国家安全委员会于当年 8 月 7 日通过了 125/2 号文件，明确了媾和后的对日基本政策。国家安全委员会预测日本在短期内会与美国保持密切的盟友关系，并且认为在长期内日本也很有可能保持亲西方的立场以恢复它在远东的影响。该文件认为日本的安全对美国在太平洋地区的地位至关重要，美国应全力阻止敌对势力控制日本的任何领土。但是美国对日本未来的走向并没有信心，因此，出于美国的安全利益需要，美国应当长期保留在冲绳和小笠原群岛的美军基地，以应对日本政府在未来可能会严厉限制甚至取消美国在日本本土的军事设施这一极端情况的出现。关于美国对冲绳以及小笠原群岛等按照《对日和约》第三条实施托管地区的长期军事需求，该文件要求国防部和国务院向总统提供相关建议。[②] NSC125/2 虽然没有明确美国在小笠原群岛的军事需要，但是国家安全委员会基于美国安全利益所作的判断，实际上断绝了美国军方在小笠原群岛问题上向日本妥协的可能性。

二 艾森豪威尔政府冲绳政策的确立

冈崎胜男的尝试虽然失败了，但是日本并没有放弃努力。1953 年 3 月 24 日，吉田茂又向美国提出了返还奄美大岛的要求。美国

---

① Ambassador in Japan （Murphy） to the Department of State, July 2, 1952. Foreign Relations of the United States, 1952 – 1954, Volume 14, PP. 1279 – 1280.

② Note by the Executive Secretary （Lay） to the National Security Council: United States Objectives and Courses of Action with Respect to Japan （NSC125/2）, August 7, 1952. Foreign Relations of the United States, 1952 – 1954, pp. 1300 – 1308; Digital National Security Archive, Presidential Directives on National Security from Truman to Clinton, ProQuest LLC., PD00287.

国务院内助理国务卿艾利逊支持了吉田茂的建议，他致信杜勒斯要求美国返还包括奄美大岛在内的小笠原群岛。杜勒斯将艾利逊的建议提交给国家安全委员会，他认为这些岛屿问题会破坏美日关系，要求直接讨论这一建议所涉及的美日关系并决定如何处理冲绳。国防部长威尔逊对日本的可靠性表示怀疑，艾森豪威尔总统认为美日双边关系重于一切，希望能够采取积极措施。① 6月25日，在国家安全委员会第151次会议上国务院和国防部就冲绳达成了共识，在确保美国对冲绳的绝对统治的同时扩大冲绳的自治。为了确保美国在冲绳的地位，国家安全委员会决定向日本返还冲绳，至于具体时间则待定。② 朝鲜战争爆发后，美国就希望日本重整军备以满足美国在远东的战略需求，但是吉田茂坚持按照日本国民经济的发展实施渐增军备。将冲绳问题与日本重整军备问题直接联系起来就成为这一时期美国对日政策的核心。因此，杜勒斯国务卿借在东京访问之机，于1953年8月8日宣布美国准备返还奄美大岛，但是同时要求日本相应地提升军事力量，并告诫日本在冲绳问题上适可而止，不要得寸进尺。③ 在面临巨大返还压力以及压迫日本增加军备无果的情况下，美国于当年年底宣布返还奄美大岛，同时强调只要远东仍然存在共产主义的威胁，美国就会继续控制冲绳。

　　美国向日本返还奄美大岛后不久，美日间发生了"福龙丸事件"，这使美国彻底认识到了日本按照美国的要求迅速增加军备的困难，并以此为契机开始调整对日政策。1955年4月9日，美国国家安全委员会通过了NSC5516/1号文件，确立了新的对日政策，明确美国当前对日政策的重心是日本的政治稳定和经济发展。因此，允

① 宫里政玄：《日米関係と沖縄 1952—1972》，東京：岩波書店 2000 年版，第64—65 頁。

② Memorandum of Discussion at the 151st Meeting of the National Security Council, June 25, 1953. Foreign Relations of the United States, 1952 – 1954, Volume 14, pp. 1438 – 1445.

③ The Ambassador in Japan (Allison) to the Embassy in Korea, August 7, 1953. Note 4. Foreign Relations of the United States, 1952 – 1954, Volume 14, p. 1478.

许日本按照其经济发展状况逐步发展军备。这种转变使日本重整军备问题与冲绳脱钩，并由日美外交课题转变为日本国内政治中吉田茂派"对美协调论"与反吉田茂派"对美自主论"政治斗争的焦点和日本与亚洲国家关系发展过程中的重要问题。[①] 对于冲绳，该文件正式确认了美国的"晴空政策"，即"在当前远东形势紧张的情况下，美国将维持现有对冲绳和小笠原的控制和权力"。只要日本的防务发展达不到美国的要求，美国政府就不会考虑归还冲绳问题。同时，为了保持与日本的良好关系，美国将会考虑日本与冲绳小笠原的贸易、文化关系及人员交流，并在与美国安全及其他利益一致时同意这些要求。[②]

在这一思想指导下，杜勒斯拒绝了鸠山一郎政府外相重光葵（Shigemitsu Mamoru）于 8 月访美时向他提出的修约及返还冲绳和小笠原群岛的要求。他明确告诉重光葵，美国认为日本还不具备接受和执行新条约的能力。因此，修约之举为时尚早。关于冲绳，虽然杜勒斯以国务卿的身份向重光葵确认了日本的潜在主权，但同时明确当前美国不会考虑改变冲绳和小笠原群岛的地位。[③] 重光葵的努力虽然失败了，但是它成为日本政府要求修约的开端，[④] 并使日本政府明确了将修改《美日安保条约》与返还冲绳联系起来的策略，并试图以"自主重整军备"来为此创造条件。这样修改安保条约和返还冲绳就成为今后美日关系中的焦点。[⑤]

---

① 崔丕：《冷战时期美日关系史研究》，中央编译出版社 2013 年版，第 223—224 页。

② National Security Council Report NSC5516/1：U. S. Policy toward Japan，April 9，1955. Foreign Relations of the United States，1955–1957，Volume 23，pp. 52–62；Digital National Security Archive，Presidential Directives on National Security from Truman to Clinton，ProQuest LLC. ，PD00456.

③ Memorandum of a Conversationg：Third Meeting with Shigemitsu，August 31，1955. Foreign Relations of the United States，1955–1957，Volume 23，pp. 111–116.

④ Michael Schaller，*Altered State*：*The United States and Japan since the Occupation*，New York & Oxford：Oxford University Press，1997. p. 129.

⑤ 崔丕：《冷战时期美日关系史研究》，中央编译出版社 2013 年版，第 224 页。

1957 年 2 月，岸信介上台后冲绳问题的地位迅速上升，他向美国明确提出了返还冲绳的时间表和方案。但是岸信介的设想与美国南辕北辙，艾森豪威尔政府仍然坚持"晴空政策"。为了加强对冲绳的统治，艾森豪威尔于 1957 年 6 月 5 日发布了第 10713 号行政命令（E. O. 10713），将冲绳置于美国政府的直接行政管理之下，确立了日后美国长期统治冲绳的基础。[①] 虽然美国决定维持对冲绳的政策不变，但是岸信介此行并非没有收获，他使美国公开承认了日本对冲绳群岛的潜在主权，并就日本向冲绳提供经济援助达成了秘密谅解。国务院和军方在冲绳的目标都是维持美国在远东的战略地位，双方的分歧在于如何实现这一目标。国务院主张承认日本在冲绳的地位和利益，而军方则强烈主张消除日本在冲绳的影响，这一点也成为军方认识冲绳土地问题的依据。杜勒斯对日本拥有冲绳群岛潜在主权的解释，使以参谋长联席会议为代表的军方怀疑国务院是否真的希望抵制日本对返还冲绳的压力。面对岸信介政府不断要求返还冲绳的压力以及冲绳愈演愈烈的军用土地危机，杜勒斯于 1958 年 2 月 12 日要求驻日大使麦克阿瑟重新评估美国对日本和冲绳的政策。麦克阿瑟大使认为美国继续占领冲绳恶化了美日关系，因此，他认为在美国最终返还冲绳前应当进行一系列改革。[②] 在麦克阿瑟的影响下，杜勒斯于 4 月 1 日向艾森豪威尔总统提出了在冲绳设立"飞地"的可能性，建议除了将美国在琉球的军事基地作为"飞地"保留外，其他地区全部返还给日本。[③] 麦克阿瑟大使认为

① 河野康子：《沖縄返還をめぐる政治と外交》，東京：東京大学出版会 1994 年版，第 159 頁。

② Nicholas Evan Sarantakes, *Keystone*: *The American Occupation of Okinawa and U. S. -Japanese Relations*, College Station, TX：Texas A & M University, 2001, p. 107.

③ Memorandum for the Record：Okinawa, April 9, 1958, Note 1. Foreign Relations of the United States, 1958 – 1960, Volume XⅧ, pp. 16 – 17；Nicholas Evan Sarantakes, *Keystone*：*The American Occupation of Okinawa and U. S. -Japanese Relations*, College Station, TX：Texas A & M University, 2001, p. 108.

美国在冲绳长期保留军事基地是不现实的，冲绳问题的本质是政治问题而非军事问题。因此，他建议美国改变土地政策，增加对冲绳的援助和自治，以民政府取代冲绳的军政府。[①]

因土地问题而引发的冲绳危机最终以美国改变土地政策而得到缓和。美国就冲绳问题的讨论也为华盛顿在修改《美日安保条约》问题上做好了准备。[②] 1958 年 9 月，藤山爱一郎（Fujiyama Aiichiro）外相访问美国除了与杜勒斯就安保条约达成一致外，还就冲绳问题达成共识：日本满意美国在冲绳的土地政策，并表示不会提出返还冲绳问题，藤山希望美国理解日本不能无视冲绳，允许日本加强与冲绳的经济关系。[③] 虽然艾森豪威尔总统极为关注冲绳问题，但是由于军方认为冲绳处于日本控制之下将会严重损害美国在太平洋地区的战略地位从而强烈反对"飞地"设想和返还冲绳，同时日本本身在返还冲绳问题上施加的压力并不大，他最终选择了接受军方的观点，将返还冲绳问题排除在修改《美日安保条约》之外。[④] 虽然国务院在调整美国对冲绳政策的这场争论中最终放弃了设立"飞地"和以民政府取代军政府的设想，但是军方由此在冲绳问题上对国务院产生的不信任感却并未随国务院设想的抛弃而消失。[⑤]

① Telegram From the Embassy in Japan to the Department of the State, April 15, 1958. Foreign Relations of the United States, 1958 – 1960, Volume ⅩⅧ, pp. 19 – 21.

② Nicholas Evan Sarantakes, *Keystone: The American Occupation of Okinawa and U. S. -Japanese Relations*, College Station, TX: Texas A & M University, 2001, p. 109.

③ 我部政明：《沖縄返還とは何だったのか——日米戦後交渉史の中で》，東京：日本放送出版協会 2000 年版，第 ii 頁；Memorandum of Conversation: Proposed Mutual Security Treaty, Ryukyus, Boins and War Criminals, September 11, 1958. Foreign Relations of the United States, 1958 – 1960, Volume ⅩⅧ, pp. 73 – 84.

④ Nicholas Evan Sarantakes, *Keystone: The American Occupation of Okinawa and U. S. -Japanese Relations*, College Station, TX: Texas A & M University, 2001, pp. 109 – 111.

⑤ State-Defense Fivergencies on Ryukyu Policy, June 9, 1960. Digital National Security Archive, Japan and the United States: Diplomatic, Security, and Economic Relations, 1960 – 1976. ProQuest LLC. , 2008. JU00049.

三 《美日新安保条约》下美国对冲绳政策的微调

《美日新安保条约》签订后，华盛顿即着手研究新的对日政策。这里上演的仍然是国务院与国防部和参谋长联席会议一直持续的争论。对于《新安保条约》下日本未来走向的判断，双方并没有分歧。国务院与军方在冲绳问题上的分歧不在于对冲绳问题的认识上，而在于在此基础上美国应当采取什么样的应对之策。1960 年 6 月 11 日，美国国家安全委员会通过了 NSC6008/1 号文件，确立了新的美国对日政策。美国决策者们认识到他们需要重视在国际社会已经逐步恢复影响力的日本在太平洋地区的利益，但是考虑到共产党在远东的威胁以及美国履行与日本签订的《新安保条约》的义务，美国对《对日和约》第三条所规定的地区的控制水平，必须能够确保总统所认为的美国的关键利益。虽然美日两国当前在冲绳不存在重大问题，但是美国必须承认对冲绳的行政管理将仍然是美日关系中敏感的政治问题，美国必须精心设计能够缓解日本和冲绳返还主义者所带来的压力的措施。为此该政策文件中提出了两条应对措施：一是对日本在贸易、文化关系、提供经济援助以及人员交流等方面的要求，与美国的安全利益一致时予以同情地考虑。这主要是用来满足日本国内对冲绳事务日益关注的需求。二是通过为冲绳有效的行政管理提供充足的支持，补充当地资源以及推动长期经济开发方案的合理进展等措施，来改善美国在冲绳的行政管理，以此实现增强冲绳政治稳定和经济进步。这样冲绳人就会对美国在冲绳的存在保持适当的满意，美国在冲绳以及其他亚洲人眼中的威望也会增加。[①] 这样美国所面临的来自冲绳当地的返还主义压力就可以

---

① National Security Council Report: United States Policy toward Japan (NSC6008/1), June 11, 1960. Foreign Relations of the United States, 1958 - 1960, Volume XⅧ, pp. 346 - 347；細谷千博，有賀貞，石井修，佐々木卓也：《日米関係資料集：1945—97》，東京：東京大学出版会 1999 年版，第 516 頁。

得到有效的控制。

在讨论 NSC6008 文件的国家安全委员会第 446 次会议上，国务院与军方就是否向日本敞开返还冲绳的大门，以及如何应对日本加强与冲绳联系的要求，进行了激烈的争论。国务院的观点得到了大多数与会者的支持，军方的观点遭到强烈质疑。军方承认，日本每一个要求美国放松对冲绳控制的诉求本身都是相对温和的，但是一系列这样的要求最终将会严重破坏美国对冲绳的控制。因此，军方不允许在近期内对美国是否有必要维持对冲绳现有的控制程度提出质疑。在军方的立场中，遭到与会者质疑的正是他们对冲绳控制水平问题上的刻板僵化。财政部长狄龙（Douglas Dillon）提出美国对冲绳的政策应当保持适当的灵活性，他认为美国"可以预料到，日本为了获得我们放松对冲绳控制水平的回报，必然会扩大其在远东的安全体制"，因此美国应当在符合美国安全利益之时适当调整对冲绳的控制水平。艾森豪威尔总统对这一问题的认识与狄龙一致。他虽然主张在当时国际形势下美国需要维持对冲绳现有的控制程度，但他同时也认为日本实力的变化使他"不得不同意日本对冲绳的愿望"。① 国务院也向军方保证他们虽然在冲绳问题上态度灵活，但是绝没有建议放弃冲绳，这样 NSC6008/1 有关对冲绳控制程度相对灵活的表述才为军方所接受。

关于如何应对日本加强与冲绳联系的要求，虽然 1957 年岸信介访美时已达成了相关谅解，但是军方并不情愿接受日本在冲绳的存在。允许日本通过贸易、文化以及提供经济援助等方式加强日本在冲绳的存在，这与军方的理念背道而驰。军方认为这种设想必定会带来一种他们不希望看到的结局——美军在冲绳的行动自由受到限制。军方更乐意看到的是加强美国与冲绳的联系，同时削弱日本

---

① Memorandum of Discussion at the 446th Meeting of the National Security Council, May 31, 1960. Foreign Relations of the United States, 1958 – 1960, Volume XVIII, pp. 320 – 321.

与冲绳之间的联系。这样冲绳人就会最终倒向美国而非日本，美国就可以一劳永逸地解决冲绳问题。① 因此对于"日本密切与冲绳联系的合理并且与我们的安全利益一致的要求"，军方的观点是予以同情地考虑。至于是否接受日本的要求，则应当由他们根据美国军方在冲绳的具体军事需求而定，军方绝不能对日本的此类要求作出任何承诺。国务院则认为美国应当"同意这些要求"，军方的强硬只会增加返还压力并致使美日关系严重紧张。狄龙倾向于军方的立场，同时提出应当明确"同情地考虑"应当有实际的含义，而非敷衍。狄龙的解释获得了艾森豪威尔总统的首肯，他要求采纳军方的立场，并要求国家安全委员会对"同情地考虑"是指"美国对日本的要求采取积极的态度"这一解释记录在案。② 这样美国才最终形成了新的冲绳政策。

双方在冲绳有着共同的目标，但其处理方式却走向了截然相反的两个方向。虽然在艾森豪威尔总统的强力介入下国务院和军方就NSC6008/1达成共识，但是这并不意味着国务院或军方放弃了自己原来的主张，这是美国对冲绳政策的症结所在。尽管如此，NSC6008/1文件仍然表明了美国对冲绳政策的转变，这就是美国已经明确认识到美国终究会面临冲绳问题。如何协调美国在冲绳的军事需求与日渐增长的日本民族主义之间的矛盾，就成为肯尼迪—约翰逊政府所面临的紧迫课题。作为日本政府与美国政府之间以及日本政府与美国驻冲绳当局之间的协调者，驻日大使赖肖尔因此也被推到了这股风浪的顶端。

---

① State-Defense Divergencies on Ryukyu Policy, June 9, 1960. Digital National Security Archive, Japan and the United States: Diplomatic, Security, and Economic Relations, 1960 – 1976. ProQuest LLC. , 2008. JU00049.

② Memorandum of Discussion at the 446th Meeting of the National Security Council, May 31, 1960. Foreign Relations of the United States, 1958 – 1960, Volume XⅧ, pp. 321 – 322.

第二节　赖肖尔与肯尼迪政府的新政策

一　赖肖尔对冲绳问题的初步认识

约翰·肯尼迪当选总统后，美国驻日大使麦克阿瑟二世向他汇报了美日关系的现状以及遇到的问题，并着重强调冲绳问题将会是美国继续面对的问题。肯尼迪总统对日本问题颇为关注，他对艾森豪威尔总统任内未能实现访问日本颇为遗憾。因此，他希望自己能够实现艾森豪威尔总统的未竟事业。回华盛顿述职并即将转任比利时的麦克阿瑟大使于 1961 年 4 月 8 日应招向肯尼迪总统汇报工作，两人再次讨论了日本问题。关于冲绳的现状，麦克阿瑟向肯尼迪总统提出了自己的看法。随着美国在冲绳土地政策上的让步以及允许日本在冲绳存在，冲绳的形势已经平静了很多。但是麦克阿瑟认为冲绳形势只是暂时趋于平静，只要冲绳尚未返还日本，美国在冲绳所面临的困境就不会得到根本解决。当前美国唯一能够做的就是采取措施将这一问题维持在可控的范围内，而实现这一目标的关键则是确保冲绳人对美国在当地政府的满意。因此，对冲绳的要求，美国应给予适当的满足。美国必须重视这一点，否则冲绳人对美国统治的不满将会引起日本国内的呼应。成功实现这一点，对冲绳在未来成为美国可以依赖的军事基地至关重要。①

肯尼迪政府建立之初继承了艾森豪威尔政府的冲绳政策，其职能部门对冲绳问题的认识与麦克阿瑟大使向肯尼迪总统所汇报的观点如出一辙。1961 年 2 月初，行动协调局根据既有对日政策，提出

①　Memorandum of Conversation: Japan, April 8, 1961. Digital National Security Archive, Japan and the United States: Diplomatic, Security, and Economic Relations, 1960 – 1976. ProQuest LLC., 2008. JU00090；宫里政玄：《日米関係と沖縄 1952—1972》，東京：岩波書店 2000 年版，第 201 頁。

了新政府的对日行动计划，设想在美日平等关系的内在精神下，在冲绳严格按照 10713 号行政命令行事。如何使冲绳人对美国的统治满意，以便美国能够有效地将返还冲绳的压力维持在可控的范围内？行动协调局给出的答案是依据《普赖斯法》（Price Act）向冲绳提供最大授权的援助，配合美国民政府的商业收益，为冲绳当地的教师和其他公职人员提供特别援助，同时在冲绳建立完善的社会保障体制。此外，美国还应当就冲绳人提出的和约生效以前的请求权寻求某种通融的解决方法，这不仅会增强美国在冲绳的地位，而且也可以有效地减少冲绳人对美国统治的不满以及美国行政当局与冲绳人以及日本人之间的摩擦。①

三个月后，肯尼迪政府确定了自己的对日政策。这份新的对日政策指导方针肯定了之前麦克阿瑟大使以及行动协调局对冲绳问题的认识，明确了美国要放松对冲绳等美国统治地区的控制，仅将其力度维持在维护美国关键利益所必需的程度。为了使当地居民继续接受美国的统治，该指导方针决定美国每年向冲绳提供 1000 万美元的财政补助，用以支持完善对琉球群岛有效的行政管理和长远经济发展。只要日本的活动不明显危及美国在远东地区的安全利益，就允许日本加强与琉球民政府在冲绳社会开发方面的合作。同时美国还修改了先前排除日本人参与美国所统治的太平洋地区岛屿管理的政策，吸收当地人参与到当地的行政管理之中。美国认为通过这种方式，可以将日本和冲绳出现的返还主义压力有效地限制在可控范围之内。②

---

① OCB Operation Plan for Japan, February 3, 1961. Digital National Security Archive, Japan and the United States: Diplomatic, Security, and Economic Relations, 1960 – 1976. ProQuest LLC., 2008. JU00085.

② Guidelines of U. S. Policy toward Japan, May 3, 1961. Digital National Security Archive, Japan and the United States: Diplomatic, Security, and Economic Relations, 1960 – 1976. ProQuest LLC., 2008. JU00098.

1961 年 6 月，池田勇人（Ikeda Hayato）访美时在冲绳问题上采取了克制态度。作为回报，肯尼迪总统不但同意了由赖肖尔在东京与日本讨论加强对冲绳援助的提议，而且同意了在冲绳所有节假日悬挂日本国旗。池田勇人对这一成果十分满意①，为此，他极力感谢赖肖尔大使对华盛顿的影响。但是赖肖尔并不认为自己对池田访美取得的巨大成功有多大的影响力，要说他自己的贡献，那就是"给了池田勇人首相与肯尼迪总统进行平等对话的信心，使两国首脑接受了他提出的建立美日平等伙伴关系的理念"②。具体到冲绳问题上，赖肖尔清楚他只对美国驻那霸的总领事馆拥有管辖权，他的职责所在是架起美国驻冲绳高级专员与日本政府联络的桥梁，只有涉及冲绳与日本政府关系的领域他才有权过问，至于如何管理冲绳，这是美国驻冲绳高级专员的职责而非他的权限。在池田勇人与肯尼迪的首脑会谈中，赖肖尔虽然未发挥重要作用，但是作为美国驻日大使他全程参与了双边会谈，这使他对冲绳问题在美日关系中的地位以及各方的态度有了全面的了解。

赖肖尔虽然很早就关注了冲绳问题，但是在出任大使前他从未亲身到过那里。肯尼迪在首脑会谈中同意加强日本与冲绳的联系，并将具体谈判交给了赖肖尔。为了完成总统赋予的使命，他于 1961 年 8 月 1 日前往冲绳进行实地考察，以全面了解冲绳的状况。赖肖尔此行最为重要的目的是与美国驻冲绳高级专员鲍尔·卡拉韦讨论冲绳问题。卡拉韦在赖肖尔赴任前两个月接替穆尔（Maj. Gen. James E. Moore）出任新的美国驻冲绳高级专员，从而成为冲绳的实际控制者。③ 卡拉韦在华盛顿拥有强大的影响力，他的父母均曾当选美国

---

① Memorandum of Conversation: The Ryukyu Islands, June 21, 1961. Foreign Relations of the United States, 1961 – 1963, Volume 22, Document Number: 338.

② Edwin O. Reischauer, *My Life between Japan and America*, New York: Harper & Row, 1986, p. 202.

③ 卡拉韦于 1961 年 2 月 16 日出任美国驻冲绳高级专员。

参议员，他本人曾出任尼克松副总统的军事副官，对华盛顿的官僚体制颇为熟悉。这使他在与学者出身的赖肖尔就冲绳的争论中占据了不少优势。赖肖尔对冲绳的访问受到高级专员卡拉韦和冲绳人的热烈欢迎，他们都希望赖肖尔能够支持自己一方的观点。这使得赖肖尔在冲绳的地位颇为敏感，他必须谨慎地在两者之间保持平衡而不能引起任何一方的恶意，"如果我取悦于一方，必将会得罪另一方"①。

卡拉韦认为肯尼迪总统与池田勇人首相的首脑会谈对冲绳没有实质性意义，他对日本作为盟友的可靠性深表怀疑。他认为由美国占领冲绳最符合冲绳人和日本人的利益。在美国的管辖下，冲绳的经济已经取得了骄人的成果。如果将冲绳返还日本，冲绳人将会再次遭受日本的专制统治和歧视。因此，他们中的绝大部分希望能够继续处于美国的统治之下而不是返回那个曾经冷酷压榨他们的日本；而日本人也会因这些在他们看来低等的人与他们没有关系而感到高兴。在安全层面上，卡拉韦认为保留冲绳对美国未来在西太平洋的地位是必要的。他担心返还冲绳不但会使日本的南翼变得极为脆弱，而且美国也将会因此失去与日本结盟的手段，从而丧失在日本的军事基地。他认为随着经济的复兴，日本也必然会重新军事化，冲绳是阻止日本朝着这一对美国不利的方向发展的最好工具。因此，美国必须不惜一切代价保留冲绳。②

但是赖肖尔发现自己与卡拉韦对冲绳的观点截然相反。在他看来，日本是一个可靠的盟友，日本需要获得美国的平等对待。卡拉

① Edwin O. Reischauer, *My Life between Japan and America*, New York: Harper & Row, 1986, p. 205.

② Nicholas Evan Sarantakes, *Keystone: The American Occupation of Okinawa and U. S. -Japanese Relations*, College Station, TX: Texas A & M University Press, 2000. p. 117; Michael Schaller, *Altered States: The United States and Japan since the Occupation*, New York & Oxford: Oxford University Press, 1997, p. 171; Edwin O. Reischauer, *My Life between Japan and America*, New York: Harper & Row, 1986, pp. 204 – 205.

韦所提出的冲绳人对日本政府的感情或许在战争刚刚结束之时确实存在，但是时至今日他们对日本的感情已经发生了变化。在语言和文化上冲绳与日本仅有微小的差别，冲绳人视自己为完完全全的日本人，实际上他们希望返回日本。这一点在他们接受日本的教科书时就已经成为定局，因为这些书中"我们的国家"明显是指日本。他向卡拉韦指出"如果我们失去了日本的基地，这将会是因为我们对冲绳的控制迫使日本转而反对我们，并且使我们的冲绳基地因为冲绳人和日本人的敌对而变得毫无用处。这是一个在日本和冲绳都拥有基地或都丧失基地的问题，其关键就在于是否返还冲绳"。或许美国可以控制冲绳人，但是随着日本经济复兴而带来的民族自豪感的增长，其他日本人迟早会因为冲绳是一块未收复的失地而兴奋起来，这将会损害整个美日关系。① 赖肖尔不仅用这一观点来反驳卡拉韦，而且在有机会时也向夏威夷的太平洋司令以及驻日本的美军司令表达了这种观点。②

基于对返还冲绳的不同认识，对于通过增加日本援助扩大日本在冲绳的影响，赖肖尔与卡拉韦也产生了分歧。赖肖尔认为应当允许日本增加援助，以此作为美国返还冲绳的过渡措施。但是卡拉韦对此极力反对，他认为日本政府在冲绳的存在会妨碍冲绳作为军事基地发挥正常作用。他声称日本政府是他"控制冲绳的主要挑战者"，并指责赖肖尔大使及其下属是日本人的同谋。卡拉韦极力贬低赖肖尔，认为他成事不足败事有余，"他总是自以为是，认为自己什么都知道，但其实他对（冲绳和美国）一窍不通"③。

① Michael Schaller, *Altered States*: *The United States and Japan since the Occupation*, New York & Oxford: Oxford University Press, 1997, p. 172.

② Edwin O. Reischauer, *My Life between Japan and America*, New York: Harper & Row, 1986, p. 205.

③ Michael Schaller, *Altered States*: *The United States and Japan since the Occupation*, New York & Oxford: Oxford University Press, 1997, p. 172.

　　赖肖尔意识到了自己与卡拉韦的分歧，但是作为大使，他同时也认识到此时他面临的更为迫切的问题不是与卡拉韦就此争论不休，而是要赢得卡拉韦的信任，以便两人能够在冲绳问题上更好地合作，贯彻美国已经确立的政策。① 因此，赖肖尔在与冲绳领导人的会谈中，并没有支持他们以选举琉球政府主席来代替高级专员任命的要求，而是向他们强调冲绳对美日间的密切合作以及自由世界的防务有特殊贡献。② 同时，为了安抚冲绳人，赖肖尔将他们称之为"生活在冲绳的日本人"，在承认冲绳人是日本人的同时，将杜勒斯提出的日本在冲绳拥有潜在主权这一不明确的概念具体化。

　　从冲绳返回东京之后，赖肖尔立即向华盛顿提交了他对美日关系的评估报告。他向华盛顿指出，美国在冲绳立场的复杂性和棘手程度事关美国——尤其是驻日大使馆与日本首相池田勇人及外相小坂善太郎（Kosaka Zentaro）之间的信任和友谊能否获得红利。要解决冲绳问题，首先就必须要承认返还冲绳的压力来自日本和冲绳。如何应对这两方面要求返还的压力，以及如何有效地控制并阻止这种压力对美国在冲绳军事地位的妨碍？赖肖尔与美国驻琉球高级专员卡拉韦协商后，向国务卿腊斯克提出了如下解决之道：首先是确保冲绳人不会产生日本政府忽视他们的怨言，其次是在不影响美国对整个岛屿行政管理的前提下，使日本人充分认识到日本政府关注冲绳人民的福利。③ 这两个目标的实现形式就是美国允许日本对冲绳的经济和社会发展提供财政援助。

---

　　① Edwin O. Reischauer, *My Life between Japan and America*, New York: Harper & Row, 1986, p. 205.

　　② Ambassador's Conversation with Foreign Minister, August 8, 1961. Digital National Security Archive, Japan and the United States: Diplomatic, Security, and Economic Relations, 1960 – 1976. ProQuest LLC., 2008. JU00129.

　　③ Ambassador Reischauer's Assessment of Japan – U. S. Relations, August 7, 1961. Digital National Security Archive, Japan and the United States: Diplomatic, Security, and Economic Relations, 1960 – 1976. ProQuest LLC., 2008. JU00126.

二 冲绳工作组的调查与建议

在 1961 年 6 月的首脑会谈中，肯尼迪总统向池田勇人首相表示，为消除冲绳人在返还主义方面对美国和日本施加的压力，他决定对冲绳人中出现的不满的根源进行彻底审查。陆军部于 7 月提出设立工作组调查冲绳的状况，美国国务院对此表示同意。① 驻日大使赖肖尔以及美国琉球高级专员卡拉韦也向总统国家安全事务特别助理麦克乔治·邦迪（McGeorge Bundy）表示支持这一倡议，但是二人支持这一行动的目的以及调查内容截然不同。赖肖尔希望调查组能够彻底调查冲绳人对美国统治不满的根源，并依据实际调查提出行动方案。他希望美国能够允许日本政府向冲绳的经济和社会发展提供援助，承认日本在冲绳的利益，并扩大冲绳地方政府的自治权，以此来获得冲绳人和日本人对美国的谅解，继续维持美国在冲绳至关重要的军事基地的存在。负责经济事务的副国务卿乔治·鲍尔（George Ball）也赞同赖肖尔的这种认识。鲍尔曾于 1961 年 7 月到访冲绳，他对冲绳的印象是军方对冲绳当地人民的感情漠不关心。他认为这给美日两国带来了麻烦，危及美国在冲绳的地位。② 高级专员卡拉韦则坚决反对日本势力的介入，他的主张与肯尼迪政府的主张格格不入。他强烈反对冲绳的复归运动，认为池田—肯尼迪首脑会谈后美国在冲绳的状况日益恶化，日本通过对冲绳的经济援助在冲绳问题上的发言权日益增加，美国在冲绳的利益正在受到蚕食。美国的军事利益需要它认真考虑日本在冲绳的存在。为此他强调，工作组应当调查如何增加美国对冲绳的经济援助而不是如何扩大日本对冲绳的

---

① 宫里政玄：《日米関係と沖縄 1952—1972》，東京：岩波書店 2000 年版，第 205 頁。

② Michael Schaller, *Altered States：The United States and Japan since the Occupation*, New York & Oxford：Oxford University Press, 1997, p. 171.

经济援助规模。[①]

　　1961 年 8 月 11 日，麦克乔治·邦迪提出了关于琉球特别工作组的国家安全行动备忘录 68 号（NSAM68）。这一备忘录综合考虑了赖肖尔和卡拉韦的建议，明确工作组的建立是为了审查现阶段冲绳形势和美国未来在冲绳的计划，明确工作组将会调查经济和社会状况在何种程度上影响着琉球人民的不满，并提出对改善冲绳经济和社会状况切实有效的应对之策。同时该备忘录还强调工作组的工作应当谨记的底线：冲绳是一个军事基地，并且美国依据《对日和约》对冲绳人民负有责任，工作组的建议要能够与日本继续维持友好关系。麦克乔治·邦迪向国务卿和国防部长表示，这一工作组将由白宫的代表出任主席，同时为使工作组具有代表性，这一工作组将由国务院、国防部以及国际合作署的代表组成。[②]

　　1961 年 8 月 21 日，国务院远东司向国务卿递交了赖肖尔大使关于当前日本形势及其对美国对日政策的影响的备忘录。赖肖尔提出美国需要注意美日关系中的贸易和经济方面以及冲绳问题。赖肖尔依据他对日本形势的总体评估提出了美国对日政策建议。赖肖尔认为池田政府符合美国的需要。赖肖尔认为，在自由经济下迅速提高的生活水平，已经使日本人认识到他们的和平繁荣与民主的希望在于与西方一致而不是与共产主义集团一致。赖肖尔强调，尽管池田政府在日本取得了如此显著的成效，但是美国对日政策仍有巨大困难：日本的民主根基尚浅，马克思主义仍在知识分子阶层渗透；和平主义、中立主义以及向（共产党）中国学习的情绪仍然强烈；美国在日基地、美国对冲绳的管辖以及美国在日本经济和政治关系

---

　　① 宫里政玄：《日米関係と沖縄 1952—1972》，東京：岩波書店 2000 年版，第 205—206 頁；Nicholas Evan Sarantakes, *Keystone：The American Occupation of Okinawa and U. S. -Japanese Relations*, College Station, TX：Texas A & M University Press, 2000. p. 122.

　　② National Security Action Memorandum No. 68：Task Force on the Ryukyus, August 11, 1961. Foreign Relations of the United States, 1961 – 1963, Volume 22, Document Number：340.

中发挥的决定性作用仍然是问题产生的源泉。赖肖尔认为池田首相虽然通过他出色的国内政治手段建立了稳固的统治，但是池田仍需要美国的全力支持，这也十分符合美国的国家利益。因此，赖肖尔建议在贸易和经济方面给予日本政府和企业与英国及加拿大政府和企业相同的待遇，以使日本政府和民间确实感受到日美平等伙伴关系；在冲绳方面，赖肖尔建议在白宫的指令下建立的工作组检查并纠正美国在冲绳的活动，并提出就冲绳问题与日本进行协商。赖肖尔同时还建议建立一个与日本就冲绳问题进行协商的正式机构以便与日本讨论冲绳问题。①

在调查团的使命问题上，赖肖尔与卡拉韦产生了严重分歧。赖肖尔希望调查团能够全面调查冲绳的问题，不仅有冲绳的社会经济状况，而且还包括冲绳的自治和返还等政治问题。而卡拉韦对冲绳工作组调查团的支持是有条件的。他希望冲绳工作组能够寻找到长期维持美国冲绳基地的方法，严格限制日本介入美国在冲绳的施政权。为此他认为美国应当极力避免与日本在冲绳问题上的合作。冲绳工作组的使命应当是考察美国如何满足冲绳居民日益增长的经济发展需求。他强烈反对工作组涉足政治和军事问题，只有在工作组只涉及冲绳的社会和经济问题的前提下他才会支持工作组的设立。赖肖尔虽然获得了腊斯克的支持，但是为了使冲绳工作组顺利建立，赖肖尔不得不同意了卡拉韦的要求，这场争论以高级专员卡拉韦的胜利而告终。②

尽管如此，赖肖尔在冲绳工作组的设立上并非一事无成。赖肖尔结束冲绳之行后就致信乔治·鲍尔，向他推荐卡尔·凯森（Carl

① Ambassador Reischauer's Views on the Current Situation in Japan and its Implications for United States Policy toward Japan, August 21, 1961. Digital National Security Archive, Japan and the United States: Diplomatic, Security, and Economic Relations, 1960 – 1976. ProQuest LLC. , 2008. JU00131.
② 宮里政玄：《日米関係と沖縄 1952—1972》，東京：岩波書店 2000 年版，第205—206 頁。

Kaysen)，认为这样不仅能够确保白宫对工作组的主导，而且因为凯森的地位也不像罗斯托（Walt Rostow）或邦迪那样过于显赫，这样肯尼迪总统成立冲绳工作组就不会引起冲绳人和日本人不切实际的幻想。① 在他的坚持下，白宫设立了以凯森（代表白宫）为组长的冲绳工作组，其成员包括国务院的约翰·史蒂夫斯（John Steeves）、国防部史蒂芬·艾利斯（Stephen Alies，陆军部副部长）、国际合作署约翰·奥利（John H. Ohly）以及劳工部的乔治·韦弗（George L. P. Weaver）。凯森不仅是麦克乔治·邦迪的副手，而且也是哈佛大学的经济学家，他与赖肖尔私交甚好。这对赖肖尔来说是一个不小的胜利，确保了他对冲绳工作组的影响力。②

　　凯森工作组于 8 月 25 日召开了第一次会议，并于 9 月成立了由上述五个部门的代表组成的调查团。按照国家安全行动备忘录 68 号确立的原则，凯森领导的调查团的使命是收集制定美国政策及更有效地改善冲绳人民生活水平的计划所需要的信息③，其具体领域包括冲绳当地公共卫生、社会福利、移民与迁徙、劳工培训、教育、公共事业、琉球政府的组织、冲绳自治以及琉球政府与美国民政府和日本政府的关系等，返还冲绳问题则不属凯森调查团的职责。④

　　在高级专员卡拉韦的一再催促下，凯森调查团在约翰·考夫曼（John H. Kaufmann，凯森的助理）的带领下于 1961 年 10 月 5 日抵

---

　　① Letter from Edwin O. Reischauer to Under Secretary of State for Economic Affairs George W. Ball, August, 5 1961. Confidential U. S. State Dpartment Central Files：Japan（1960 – January 1963）：Internal Affairs and Foreign Affairs, Reel 28, p. 499.（中国国家图书馆所藏缩微胶卷）

　　② Nicholas Evan Sarantakes, *Keystone：The American Occupation of Okinawa and U. S. -Japanese Relations*, College Station, TX：Texas A & M University Press, 2000. p. 120.

　　③ Rusk to American Embassy Tokyo：Task Force, September 28, 1961. The John F. Kennedy National Security Files：Asia and the Pacific：National Security Files 1961 – 1963. MF0501103, pp. 211 – 212.（华东师范大学冷战国际史研究中心所藏缩微胶卷）

　　④ 宫里政玄：《日米関係と沖縄 1952—1972》，東京：岩波書店 2000 年版，第 205 頁。

达冲绳，拟议对冲绳进行 2—3 周的考察。凯森于一周后抵达，带领调查团在冲绳进行了 13 天的调研。除了与冲绳高级专员卡拉韦、琉球群岛政府官员、琉球立法院各委员会以及冲绳的民间人士进行会谈，听取他们对冲绳的不同意见外，凯森调查团还前往宫古（Miyako）、八重山（Yaeyama）以及西鸟岛（Iriomote）等地进行实地考察以获取更为真实和直接的信息。

琉球政府向凯森调查团表达的主要诉求是扩大自治权，同时改善冲绳的民生，并提出了改善民生的五年计划。美国民政府对改善冲绳的民生并无异议，但是指出对冲绳的统治是一个复杂的问题，美国在冲绳主要是出于军事目的，美国与远东诸国间的双边安全条约使美军在冲绳的驻守变得更为复杂。日本政府以增进冲绳人的福利为由要求向冲绳提供援助，这必然伴随着日本政府工作人员进入冲绳。从本质上讲，日本对冲绳的援助将会损害美国的统治权，最终使美国的冲绳基地难以维持。因此，卡拉韦和美国琉球民政府认为，在改善冲绳民生方面不能依赖日本，美国应当自己增加对冲绳的援助，从而维持在冲绳的军事基地。冲绳考察结束后，凯森带领考察团于 23 日前往东京与赖肖尔大使讨论冲绳问题。凯森在东京停留期间，经赖肖尔安排与池田首相和小坂善太郎外相进行了非正式的会谈，听取了日本对冲绳问题的看法。①

凯森的冲绳工作组返回华盛顿后整个 11 月都在准备调查报告。在有关冲绳工作组设立的使命之争中，冲绳高级专员卡拉韦利用他在华盛顿的影响获得了对赖肖尔的胜利，但是凯森工作组的最终报告提出的建议明显超出了卡拉韦的设想。凯森不仅了解卡拉韦及其幕僚对冲绳问题的关注，也知道赖肖尔及其大使馆对冲绳问题的忧

---

① 宫里政玄：《日米関係と沖縄 1952—1972》，東京：岩波書店 2000 年版，第 206—207 頁；Report and Recommendations of the Task Force Ryukyus, December 1, 1961. Declassified Documents Reference System, Farmington Hills, Mich.：Gale, 2011, Document Number：CK3100078290 – CK3100078354.

虑。事实证明，赖肖尔对凯森的坚持获得了丰厚回报，凯森接受了赖肖尔对冲绳问题的基本判断。凯森的冲绳工作组提交的报告开宗明义承认冲绳是美国在远东最重要的基地，它的价值不仅反映在其所拥有的设施上，更在于美国可以不受其他任何政治势力的限制而自由使用。尽管美国在冲绳拥有绝对的行政管辖权，但是美国对冲绳的有效控制实际上受制于冲绳岛内的形势以及冲绳对日本形势的判断。虽然美国在冲绳没有遇到迫在眉睫的危机，但是某些持续性因素可能会严重恶化并危及美国完整且自由使用冲绳基地的能力。美国需要谨慎行事以减少这种可能性，这样"我们"付出的代价与冲绳军事基地的价值相比就会微乎其微。

首先报告认为，美国能够继续自由使用冲绳基地有赖于日本政府在战术上的配合，否则美国将会被迫放弃冲绳基地。当前日本政府欢迎美国军事基地在冲绳的存在，认为它为日本提供安全保障的同时，也不会有在日本的军事基地所引发的种种政治问题。日本政府已经完全认识到美国在可预见的未来不会向它移交对冲绳的行政管辖权。因此，虽然日本政府在公开场合会继续表达返还冲绳的期望，但是这只是它们出于政治斗争而必须作出的一种姿态，池田勇人及其继任者在冲绳问题上向美国施加的压力不会超出日本国内政治形势所必需的程度。

其次报告认为，美国在冲绳所面临的问题来源于冲绳人认为他们是日本人，从而要求返回到日本的统治之下，以及他们将当前在冲绳的处境与他们在日本的统治下可能的处境进行对比。在教育、卫生、福利以及养老金方面冲绳与日本本土之间确实存在差距，这使美国对冲绳的统治能够继续被接受的最低要求就是要逐渐缩小直至最终消除这种差距。冲绳经济的落后所具有的政治意义因日本向其提供经济援助而日益明显。当前美国拒绝的日本援助远比接受的援助要多，其带来的结果是美日两国在冲绳援助项目上的竞争，美国按照当前的这种方式在这场竞争中已经不可能获胜。因此，美国除了继续提供经济援助之外，最好的方法是与日本达成合作协议，从而为日本帮助美国改善冲绳的生活水平提供正式途径。这种协定不但使首脑会谈中有关在冲绳合作的声明得到贯彻，也可以有效地减少琉球政府通过非正式途径要求日本提供援助，高级专员在抑制这种需求时处境也会得到改善，在这种协定的框架内也可以使高级专员接受日本更多地援助。凯森认为冲绳内部政治中存在的问题也亟须解决，这就是美国琉球民政府作为一个外国政权不可避免地会与冲绳人产生冲突并且会被怨恨。因此，美国需要调整美国琉球民政府与琉球政府之间的关系。

根据以上判断，凯森在工作组的报告中提出如下三点建议：

（1）有关冲绳的美日关系：就日本向美国批准的冲绳经济和社会开发项目提供援助与日本政府谈判并签订协定，以此协定为基础确定两国交流的途径与合作方法，并达成未来五年内各方援助水平的具体协定；在该协定下设立由美国大使和日本外相组成的政策委员会以及由美国民政府代表、琉球政府主席和日本相关官员组成的三方技术委员会。

（2）对冲绳的经济援助：首先提高冲绳人的收入水平和社会福利标准，增加对1952年以来退休教师和政府职员的退休金和工资，设立健康保障计划并对公共福利提供援助，同时增加美军雇员的福利待遇；其次就是培育冲绳的自理能力，增加琉球政府的预算以及琉球开发贷款公司和琉球中央银行的资本。按照上述计划，外部对冲绳的援助额将会从该计划实施第一年的1700万美元增长到五年后的2700万美元。美国和日本两国政府将共同承担该项援助计划，其中美国政府承担总援助额的2/3。

（3）美国琉球民政府与琉球政府的关系：对美国民政府进行改组，由国防部长与国务卿协商后任命一名文职人员为民政官，除高级专员保留的最终否决权、颁布基本法律以及通过东京大使馆与日本联系的权力外，将其他权力授予民政官。任命一名副民政官，负责监督和控制琉球政府并与琉球政府主席及相关官员会谈，同时协助民政官处理对冲绳的经济和技术援助事宜。为了培养琉球政府的职责及其与美国的良好关系，美国冲绳高级专员和民政官将根据基地的安全需求给予琉球政府尽可能多的自治，这包括由立法院选举主席、修改立法院与美国民政府之间的事前协商机制、向琉球政府移交刑事裁判权以及放松对冲绳居民民事权利的限制。①

三　肯尼迪对冲绳新政策的提出

凯森工作组完成调查报告后，于 1961 年 11 月 30 日提交各相关部门讨论，在国务院和军方引起了截然相反的反应。凯森报告的基调与国务院在同时期完成的《美国对日政策指导方针》中的论调颇为接近，其结论受到国务院的大加赞扬。负责远东事务的助理国务卿哈里曼（W. Averell Harriman）向腊斯克表示他认为凯森报告反映了冲绳和日本的现实，要求腊斯克建议总统立即采纳凯森报告并完全地、有效地加以执行。哈里曼认为凯森报告中提出的通过援助缩小冲绳与日本之间经济和社会福利标准差距的计划将会消除一个对美国不满的重要根源，这将会重建日本政府与美国在管理冲绳方面至少会采取战术合作的政治基础。同时将日本的援助明确引入冲绳也会使美国在国际上免遭占有殖民地的指责，这一红利将会因美国迅速执行工作组的建议而很快就会得到证实。

哈里曼认为凯森报告中最为重要的部分是其有关冲绳政治和心理方面的刺激因素的处理建议。鉴于冲绳领导人对政治问题的关注

---

① 宫里政玄：《日米関係と沖縄 1952—1972》，東京：岩波書店 2000 年版，第 208—213 頁；Report and Recommendations of the Task Force Ryukyus, December 1, 1961. Declassified Documents Reference System, Farmington Hills, Mich.: Gale, 2011, Document Number: CK3100078290 - CK3100078354.

以及外界对肯尼迪政府新政策的质疑，哈里曼向腊斯克国务卿特别强调任命文职民政官的重要性，认为这不仅是美国对冲绳实施新政策的象征，也是将构成冲绳工作组报告基础的冲绳政治生活引入美国的行政管理的现实方法。为了使这一方法发挥应有的作用，哈里曼认为民政官的职权范围应该能够使他在实质上独立于军职的高级专员。如果这种设想无法实现，国务院应当坚持唯一令人满意的替代方案就是任命文官出任冲绳高级专员。此外，重组后的美国冲绳行政机构应当严格区分管理和咨询职能，这对美国琉球民政府与琉球政府的和谐相处是必需的。为了使美国的新政策在冲绳、日本以及世界舆论面前获得最佳效果，哈里曼向腊斯克提出应当建议总统在接受凯森报告时发表通告。为明确美国的政策是对冲绳现实状况的反映，该通告应当同样强调报告中所提出的美日关系、经济援助和行政改革三个领域。通告中最起码应当提及授予冲绳立法院提名政府主席的权力这一具体改革措施，以此展示美国愿意授予冲绳更多自治的诚意。①

与凯森报告在国务院获得积极赞誉不同，军方对凯森报告则喜忧参半。陆军部长埃尔维斯·施塔尔（Elvis J. Stahr）向国防部长麦克纳马拉（Robert S. McNamara）指出，虽然继续维持美国在冲绳的基地和行政管理这一点仍然不能改变，但是实际上问题已经与美国刚开始对冲绳实行管理时大不一样，现在需要新的政策，在可预见的形势下履行美国在冲绳的责任并适应维护美国的安全利益的需要。施塔尔对有工作组专门研究冲绳问题感到高兴，认为工作组的报告提供了新视野，全面分析了美国所面临的问题并对美国的新政策提供了有益的建议。他认为应当将工作组对冲绳问题所作的整

① Governor Harriman to the Secretary: Report of Task Force Ryukyus, February 23, 1962. Digital National Security Archive, Japan and the United States: Diplomatic, Security, and Economic Relations, 1960–1976. ProQuest LLC., 2008. JU00146.

体性评论与其提出的建议区别对待，虽然他"不同意其中的每一个字"，但是他认为凯森报告可以帮助军方产生许多行之有效的想法。[①]

综合军方内部的意见后，参谋长联席会议向麦克纳马拉汇报了军方对凯森报告的立场，对报告承认冲绳当前的战略重要性表示满意，但是不能认同报告所提出的使冲绳人继续接受美国统治的策略。

参谋长联席会议认为不应当将日本政府在冲绳问题上的战术合作过分夸大为美国自由使用冲绳基地的前提条件，工作组的建议将会弱化美国当前在冲绳的立场，导致对冲绳居民政治控制的大规模放松和美国冲绳高级专员权威的下降。这势必会破坏冲绳基地的内部安全，侵蚀美国军事行动的自由，最终损害美国在西太平洋地区的战略态势。参谋长联席会议认为鉴于当前日本已经可以在高级专员的同意下向冲绳提供援助，美国也可以由高级专员控制日本援助的规模和性质，因此工作组所提出的协定对美国来说既无必要也不需要。与工作组的设想恰恰相反，美国与日本谈判这样一种协定，不仅不会改善美国在冲绳的地位，反而会因此引发两国在援助冲绳方面的竞争以及成为日本提出要求更多地参与冲绳管理的先例而对美国在冲绳的处境不利。军方认为在援助领域对抗日本的一个更好的办法是大规模增加美国援助，并将其引向高级专员所建议的领域。[②] 军方也不认为由文职人员取代准将的军职人员出任美国冲绳民政府的建议能够给美国带来什么好

---

① Secretary of the Army Elvis J. Stahr, Jr to Secretary of Defense Robert S. McNamara: Report of the Task Force on the Ryukyus, February 12, 1962. Digital National Security Archive, Japan and the United States: Diplomatic, Security, and Economic Relations, 1960 – 1976. ProQuest LLC., 2008. JU00143.

② Joint Chiefs of Staff Decision on JCS1231/50: Task Force Ryukyus Report and Recommendations, February 24, 1962. Digital National Security Archive, Japan and the United States: Diplomatic, Security, and Economic Relations, 1960–1976. ProQuest LLC., 2008. JU00147.

处。参谋长联席会议认为民政官能够完全理解军事关系以及冲绳在军事上对美国国家利益的重要性是绝对必要的。如果最终认为由文职人员取代准将担任民政官在心理上是至关重要的，那么从军事角度出发，此人既要有相关的能力履行其作为民政官的职责，又要能够为高级专员所接受，并且完全尊重高级专员在冲绳的权威。出于以上考虑，参谋长联席会议认为任命一位文职军官出任美国民政官将会比文职人员更为合适。

麦克纳马拉国防部长没有接受参谋长联席会议对凯森报告的批评，而是采纳了陆军部较为平和的观点作为国防部的最终意见并上报肯尼迪总统，表示国防部同意冲绳工作组的报告，并强调所有相关部门已经充分意识到这一问题的敏感性，以及泄露冲绳工作组的报告内容或总统的指令将会给美国在冲绳的地位和美日关系所带来的严重恶果。为此，应当采取措施防止其进一步的泄露。麦克纳马拉最后建议总统不要公布冲绳工作组的报告内容，而代之以在适当的时机发布与该报告相关的白宫声明，以此方式来满足公众的信息需求并支持整个报告中的目标。①

在华盛顿考虑修改美国对冲绳的政策之时，赖肖尔除了通过凯森领导的冲绳工作组影响华盛顿的高层外，他还获得了更为有效的影响华盛顿决策层的机会，这就是他在 1962 年 2 月初与代表兄长约翰·肯尼迪总统对日本进行视察之行的美国司法部长罗伯特·肯尼迪（Robert F. Kennedy）建立了私人联系。② 副国务卿查斯特·鲍

---

① Secretary of the Army Elvis J. Stahr, Jr to Secretary of Defense Robert S. McNamara: Report of the Task Force on the Ryukyus, February 12, 1962; Memorancum for the President: Task Force Report, Ryukys, March 3, 1962. Digital National Security Archive, Japan and the United States: Diplomatic, Security, and Economic Relations, 1960 – 1976. ProQuest LLC. , 2008. JU00143, JU00151; Secretary of Defense Robert S. McNamara to the President: U. S. Policy toward Ryukyu Islands, March, 1962. Digital National Security Archive, Japan and the United States: Part Ⅲ, 1960 – 2000. ProQuest LLC. , 2013. JT00022.

② 罗伯特·肯尼迪于 1962 年 2 月 4—10 日访问日本。

尔斯去职之后，赖肖尔与司法部长之间的联系成了他影响华盛顿决策层最为有效的途径。赖肖尔于1961年12月初获得了凯森工作组通过国务院向他邮寄的调查报告，他对凯森的调查报告颇为满意。赖肖尔不仅为肯尼迪部长安排了紧密的亲善活动，更利用此机会向他阐述了自己对美日关系的看法，并成功地引起了司法部长对冲绳问题的关注。肯尼迪部长不仅向赖肖尔询问了许多有关冲绳的问题，还要求凯森将冲绳工作组报告的主要建议电告给他，以便他能够对冲绳问题有更详细的了解。[1]赖肖尔并没有满足于这一结果，他认为美日关系中的几个重要问题还没有向司法部长充分提出，于是他于1962年2月10日在罗伯特·肯尼迪准备前往机场飞赴香港之前又向他争取了15分钟的时间单独讨论这些问题。赖肖尔向司法部长提出美国需要加速冲绳的自治，并且认为未来美国终将面临向日本返还冲绳的那一天。罗伯特·肯尼迪对赖肖尔提出的问题也很感兴趣，认真记录了他的观点。赖肖尔认为司法部长肯定会将他对冲绳问题的看法转达给肯尼迪总统，这影响了总统在凯森提出的关于冲绳的报告上的行动，从而为最终向日本返还冲绳敞开了大门。[2]

国防部长麦克纳马拉于3月3日向肯尼迪总统表示同意凯森调查报告后，肯尼迪总统于3月5日发布了国家安全行动备忘录133号（NSAM133），提出了美国在冲绳的行动计划。在该备忘录中，肯尼迪总统对国务卿、国防部长以及预算局局长就实施冲绳工作组的建议进行了分工安排。肯尼迪要求国务卿负责与日本谈判援助冲绳事宜并寻求国会对此的支持；国防部长则受命负责修改《普赖斯法》以及与琉球高级专员之间的相关事务。至于预算局局长，肯尼

---

①　Telegram From the Department of State to the Embassy in Japan, February 8, 1962. Foreign Relations of the United States, 1961–1963, Volume 22, Document Number: 340, Note 1.

②　Edwin O. Reischauer, *My Life between Japan and America*, New York: Harper & Row, 1986, p. 236.

迪则要求他准备修改 10713 号行政命令。[①]

1962 年 3 月 19 日，肯尼迪总统署了 11010 号行政命令（E. O. 11010），依据国家安全行动备忘录 133 号中确立的方针，对 10731 号行政命令进行了修改。[②] 在 11010 号行政命令的发布会上，肯尼迪指出，美国依据这一行政命令对冲绳政策所作的修改是对琉球工作组的建议的反应。毫无疑问，冲绳的军事基地对美国至关重要。部署在冲绳的美军对遏制远东和平的威胁极为重要，正是有了冲绳的美军基地，才使美国不仅在意愿上，而且在行动上可以为从日本到东南亚的盟国需要时提供安全保证。肯尼迪表示，他已经认识到了美国维持在冲绳的军事存在与冲绳人对日本认同的愿望之间

---

① 宫里政玄：《日米関係と沖縄 1952—1972》，東京：岩波書店 2000 年版，第 216—217 頁；National Security Action Memorandum No. 133：Ryukyus Action Program，March 5，1962. Foreign Relations of the United States，1961 – 1963，Volume 22，Document Number：352. 肯尼迪总统的具体指示如下：国务卿：1. 与日本进行谈判，为未来日本向冲绳提供经济援助提供框架，以便将对我们管理冲绳的阻碍最小化，并承认在可预见的未来由美国继续控制冲绳。赖肖尔大使与日本谈判时应当与冲绳高级专员卡拉韦将军保持密切联系，以便他能发挥适当的作用；2. 向相关国会议员解释这些谈判的必要以及我们所寻求的目标；根据国防部长的建议对其在国会内改变立法和增加拨款的要求予以支持；3. 就行政命令的更改以及我们未来的意图向总统提供报告。国防部长：1. 要求国会修改《普赖斯法》，将对冲绳的援助额提高到符合我们拟议的计划的水平；2. 根据报告调整美国雇员的工资；3. 只要实际可行，于现任民政官退休时经与白宫及国务院协商，选择一个合适的文职人员出任民政官；4. 指令冲绳高级专员加速冲绳自治进程，根据工作组的报告审查琉球政府的能力与经济开发计划，并在 6 个月及每年后向你汇报政策执行情况；5. 开始详细研究工作组报告中关于社会福利和经济援助的建议；6. 准备冲绳1963 年的补充预算。预算局长：准备对 10713 号行政命令的修改，此种修改将涉及报告中的如下建议：民政官是由国防部长与国务卿协商并经总统批准后任命的文职人员；琉球政府主席由立法院向高级专员提名；立法院议员任期三年；立法院的人数及选区界限由立法院在高级专员批准后决定；强调高级专员行使否决权的目的，要求他向国防部长报告每次否决权的使用情况。

② Amending Executive Order NO. 10713，Relating to the Administration of the Ryukyu Islands，March 19，1962. The John F. Kennedy National Security Files：Asia and the Pacific：National Security Files 1961 – 1963. MF0501103. pp. 268 – 270；Public Papers of the Presidents of the United States：John F. Kennedy，1962，pp. 247 – 248；細谷千博，有賀貞，石井修，佐々木卓也：《日米関係資料集：1945—97》，東京：東京大学出版会 1999 年版，第 541—543 頁。肯尼迪对 10713 号行政命令的修改内容比国家安全行动备忘录 133 号中他要求预算局长准备的修改内容增加了对美国人在冲绳的刑事裁判权的修改。

的矛盾，以及冲绳的经济和社会福利问题。出于这些考虑，肯尼迪总统公开宣布：

"我承认琉球是日本的一部分，并且期望自由世界的安全利益能够允许琉球完全返还给日本的这一天的到来。我们在冲绳面临的形势需要宽容及相关各方的相互理解。我已经指令许多行动按此精神进行，并向琉球人民移交更多实际的责任，同时减少琉球最终返还日本的压力。"

为了表明美国在冲绳问题上的诚意，肯尼迪在声明中还公布了美国拟议采取的具体措施：

（1）要求国会修改《普赖斯法》，取消当前对冲绳援助 600 万美元的限额。

（2）准备要求国会支持提高冲绳美军及政府雇员的工资和公共卫生、教育、福利水平，以在几年内达到与日本相同的水平。

（3）准备要求国会在未来增加对冲绳经济开发的援助。

（4）准备与日本政府讨论制定相关协定，落实美日合作，向改善冲绳居民福利、经济开发等提供援助，以维护 1961 年首脑会谈的成果。

（5）继续审查在冲绳的政府职能，以决定哪些及在何种情况下可以将美国不再需要保留的行政权力移交给琉球群岛政府。

（6）审查对美国在冲绳军事设施安全不再必要的控制，以减少对琉球人民自由的限制。①

肯尼迪总统的这一声明是美国总统首次公开承认冲绳是日本的

---

① 宫里政玄：《日米関係と沖縄 1952—1972》，東京：岩波書店 2000 年版，第 217—218 頁；Statement by the President，Marc 19，1962. The John F. Kennedy National Security Files：Asia and the Pacific：National Security Files 1961 – 1963. MF0501103，pp. 266 – 267；石井修，我部政明，宫里政玄監修：《アメリカ合衆国対日政策文書集成，第 8 期——日米外交防衛問題：1964 年》，第 9 卷，東京：柏書房 2001 年版，第 144—145 頁；細谷千博，有賀貞，石井修，佐々木卓也：《日米関係資料集：1945—1997》，東京：東京大学出版会 1999 年版，第 544—545 頁。

领土并将最终返还日本，这表明赖肖尔大使倡导的美日平等伙伴关系的理念已经被肯尼迪总统所接受，美国对冲绳政策的这一重大转变为赖肖尔明确了解决冲绳问题的方向。

四　美日对冲绳的援助

1961 年，美国通过《普赖斯法》向冲绳提供了 500 万美元的援助，池田勇人政府也致力于增加对冲绳的援助，将援助额提高到了 130 万美元，冲绳当地政府自己对社会福利的计划已经远远落后于日本的援助。这种情况引发了冲绳人对日本进一步援助的期望。为了有效地执行日本的援助计划，冲绳人提议建立美国—日本—琉球三方委员会并将其作为讨论和执行日本援助计划的平台，并以此向广大冲绳人表明逐步返还冲绳的计划是现实的、可行的。虽然冲绳人积极推动这一计划，但是美国政府认为这会给美国带来困境，日本政府为了避嫌，对这种倡议也没有表现出太大的热情。① 赖肖尔奉命依据国家安全行动备忘录 133 号所确定的冲绳政策，就美日在冲绳的合作与日本政府进行谈判。但是赖肖尔的工作进展并不顺利，他在华盛顿和冲绳都遭遇了巨大的阻碍。

肯尼迪总统确定了美国对冲绳的新政策后，国务院据此重新修改了他们于去年 11 月制定的《美国对日政策和行动指针》。既然日本对冲绳的巨大影响已经不可避免，国务院准备"通过经济合作协定的方式承认日本对冲绳进行大规模的经济和社会开发援助，以此对日本的援助活动进行规划并对日本的援助渠道进行限制"，从而

---

① Visit of Prime Minister Ikeda to Washington: United States Position in the Ryukyus and United States-Japanese Relations, June 15, 1961. Digital National Security Archive, Japan and the United States: Diplomatic, Security, and Economic Relations, 1960 – 1976. ProQuest LLC., 2008. JU00109; Declassified Documents Reference System, Farmington Hills, Mich.: Gale, 2011, Document Number: CK3100013184 – CK3100013189.

"形成日本政府默认美国继续统治冲绳的政治基础"，使"它对美国的基地发挥建设性作用"。①

赖肖尔希望能够尽快推动与日本的谈判，肯尼迪总统发表改变美国对冲绳政策的声明后，赖肖尔于 3 月 21 日致电国务院强调冲绳问题的重要性。他向国务院汇报当前冲绳问题在日本和冲绳的整体气氛已经被加热，成为日本国内的一个重要政治问题。赖肖尔提醒国务院，"我们必须承认，冲绳问题对美国和池田勇人具有不同的意义"。池田不仅面临左翼利用冲绳问题对他的打击，而且也面临自民党内的严峻挑战。在池田勇人已经面临严重的经济问题之时，如果他在其他任何重大问题上再出现差错，他在自民党内的地位就会迅速下降。赖肖尔判断日本政府可能会需要通过交换一系列的信件来解决对冲绳的援助问题，这样池田勇人就可以避开国会所带来的麻烦。赖肖尔认为，鉴于美国希望在对冲绳经济援助方面长期合作以及在减少对美国在冲绳地位的压力方面与日本达成谅解，他希望由总统致信池田勇人，向他强调冲绳对自由世界防务的重要性和美国正在改变的政策，以推动双方谈判的顺利进行。②

与赖肖尔希望增加日本对冲绳经济援助的愿望相反，冲绳高级专员卡拉韦认为日本的援助资金已经"开始慢慢地侵蚀美国在冲绳的权力"，他希望增加对冲绳的经济援助，但是他更希望看到这些援助来自美国而非日本。肯尼迪总统的国家安全行动备忘录 133 号

---

① Department of State Guidelines Paper, Undated, 1962. Foreign Relations of the United States, 1961 - 1963, Volume 22, Document Number: 354; The John F. Kennedy National Security Files, National Security Files 1961 - 1963: Asia and the Pacific, First Supplement. Universit Publications of America, 2001. MF0501122, pp. 711 - 734. 该文件的具体签发日期不详，根据其中的注释判断不会早于 1962 年 3 月 16 日。

② Tokyo to Secretary of State, March 21, 1962, Tokyo 2623. The John F. Kennedy National Security Files, National Security Files 1961 - 1963: Asia and the Pacific, First Supplement. Universit Publications of America, 2001. MF0501122, pp. 625 - 627.

在指令赖肖尔为此谈判的同时，也给了卡拉韦阻止日本援助的权力。尽管后来凯森为肯尼迪的这一指令辩护，声称该指令"授权国务院进行谈判，而卡拉韦的作用仅仅是顾问"。不管这一指令的原意如何，但是其实际效果是使卡拉韦获得了更多的权力来挫败他所反对的任何方案。[①] 卡拉韦在冲绳对日本的援助进行了种种限制。在卡拉韦的影响下，国防部与国务院就如何制订援助冲绳的计划产生了分歧。

1962 年 3 月 22 日，助理国防部长罗斯韦尔·吉尔帕特里克（Roswell L. Gilpatric）致信国务院，指出国防部认为美国与日本就援助冲绳进行谈判的目的是为了维持美国自由使用冲绳的军事基地，日本政府必须承认美国继续统治冲绳的权力，帮助美国减少返还冲绳的压力；美国允许日本增加对冲绳援助是为了对日本的援助进行规划和诱导。因此，协定中不能对未来五年援助计划的具体种类和金额作出规定，日本的援助额与美国的援助计划之间要保持良好的比例关系，日本援助计划的具体内容和水平每年依据具体情况决定，并且高级专员对此拥有决定权，还要确保不能出现日本单独援助的领域。国防部希望赖肖尔大使和卡拉韦高级专员依据这些原则与日本缔结有关美日合作援助冲绳的协定。[②]

但是国防部的这种设想遇到了美国国会的阻碍。为了加速冲绳的经济开发，肯尼迪总统于 1962 年 4 月 2 日要求国会将陆军部 1963 年在冲绳的民事预算由原来的 790 万美元增加到 1390 万美元，

---

① Nicholas Evan Sarantakes, *Keystone: The American Occupation of Okinawa and U. S. -Japanese Relations*, College Station, TX: Texas A & M University Press, 2000. p. 125.

② 宫里政玄：《日米関係と沖縄 1952—1972》，東京：岩波書店 2000 年版，第 220—221 頁；Memorandum From the Assistant Secretary of State for Far Eastern Affairs (Harriman) to the Deputy Under Secretary of State for Political Affairs (Johnson), April 6, 1962. Foreign Relations of the United States, 1961 – 1963, Volume 22, Document Number: 355.

但是遭到了以帕斯曼为首的众议员的反对。① 国务院认为，缺乏国会的支持将会使美国在以对冲绳援助为手段争夺冲绳人心的斗争中失利，从而使美国当前在冲绳的地位受到威胁。国务院也赞同不能使日本的援助超过美国这一看法。为此，国务院希望国防部能够接受冲绳工作组提出的五年援助设想，以便消除两国在对冲绳援助方面的竞争。②

美日就日本援助冲绳的协定开始谈判后，美国国防部计划1963 年美日分别向冲绳提供 1200 万美元和 270 万美元的经济援助。③ 为此肯尼迪总统向国会提出将《普赖斯法》规定的对冲绳援助的授权上限由 600 万美元提高到 2500 万美元，但是参议院军事委员会认为美国对冲绳的援助增长过快，只同意将年度授权额增长到 1200 万美元，同时要求行政部门在 1963 年不要再次提出增加援助授权上限的要求。对于国防部提出的在 1963 年对冲绳的1200 万美元的拨款，众议院拨款委员会只同意拨款 600 万美元，参议院拨款委员会则建议批准 900 万美元。国会最终确定 1963 年的拨款额为 695 万美元，这与行政部门提出的 1200 万美元的要求相去甚远。④

美国在对冲绳援助上的进展在东京引起了不良反应⑤，日本外

---

① Release of Office of the White House Press Secretary, April 2, 1962. The John F. Kennedy National Security Files: Asia and the Pacific: National Security Files 1961 – 1963. MF0501103, p. 281.

② Memorandum From the Assistant Secretary of State for Far Eastern Affairs (Harriman) to the Deputy Under Secretary of State for Political Affairs (Johnson), April 6, 1962. Foreign Relations of the United States, 1961 – 1963, Volume 22, Document Number: 355.

③ Initial Progress Report on Task Force Recommendations for the Ryukyu Islands (5 March 1962 – 31 August 1962), August 31, 1962. Digital National Security Archive, Japan and the United States: Part III, 1960 – 2000. ProQuest LLC. , 2013. JT00024.

④ Editorial Note, 1962. Foreign Relations of the United States, 1961 – 1963, Volume 22, Document Number: 357.

⑤ Nicholas Evan Sarantakes, *Keystone: The American Occupation of Okinawa and U. S. -Japanese Relations*, College Station, TX: Texas A & M University Press, 2000. p. 127.

相大平正芳（Ohira Masayoshi）向国务卿腊斯克表示对此极为失望，他认为在冲绳即将举行大选之际，美国不能有效地执行对冲绳的援助计划，这令日本政府在冲绳问题上颇为尴尬。[①] 为了弥补日本和冲绳对美国援助资金的失望，腊斯克于赖肖尔和大平正芳在东京重新开始讨论两国合作对冲绳援助之前发表了一个声明，表明美国贯彻肯尼迪新政策的决心，并希望日本政府以及冲绳人民谅解新政策的缓慢进展。[②] 发生在华盛顿的事情迫使赖肖尔改变了他在美日援助冲绳协定中的立场。肯尼迪总统修改普赖斯法的第二天，赖肖尔即紧急致电国务院，认为鉴于不能在冲绳问题上获得国会的支持，建议放弃原来的五年援助计划，与日本进行以每年协商为基础的讨论。国务院批准了赖肖尔的建议，但这又带来了赖肖尔与卡拉韦在 1963 年日本援助金额问题上的激烈争论。

日本向美国提出的 1963 年对冲绳经济援助额为 770 万美元，冲绳高级专员利用权限对其进行了大规模缩减，只同意了 270 万美元。遭到反对后，日本政府又于 1962 年 12 月 6 日提出了总额为 510 万美元的援助清单。卡拉韦担心日本对冲绳的援助额超过美国会损害美国在冲绳的统治权力，他将日本的援助额缩减到 470 万美元，削减了日本在卫生、住房以及训练与科技方面的援助。赖肖尔认为卡拉韦不会接受日本高于 470 万美元的援助协定，因而，在与日本政府的会谈中拒绝了日本 510 万美元的要求。同时，他紧急致电国务院强烈要求支持日本 510 万美元的援助额。他认为如果将日本对冲绳的援助缩减

① Memorandum of Conversation between Japanese Foreign Minister Masayoshi Ohira and the Secretary Rusk: Review of Current International Questions, September 24, 1962. Digital National Security Archive, Japan and the United States: Diplomatic, Security, and Economic Relations, 1960 – 1976. ProQuest LLC. , 2008. JU00172.

② Statement of U. S. Policy Toward the Ryukyus, October 31, 1962. The John F. Kennedy National Security Files: Asia and the Pacific: National Security Files 1961 – 1963. MF0501103, pp. 316 – 317, pp. 319 – 320.

的过低，就会"使美国在冲绳和日本指责美国限制日本对冲绳的慷慨援助面前十分脆弱"。赖肖尔提醒国务院，虽然美国已经成功地向日本表达了在冲绳合作以及欢迎日本援助冲绳的意愿，但是这种积极成果将会因为美国坚持缩减日本的援助计划而被彻底破坏。国务院也认为美国不应当与日本在援助冲绳方面陷入分歧从而否定肯尼迪总统所提出的与日本合作的理念，因此支持赖肖尔在这场争论中的立场，并获得了白宫和国防部的同意。① 美国在冲绳援助问题上的让步在日本国内取得了良好的效果，日本于 1963 年 1 月 23 日召开的国会对冲绳问题的辩论明显减弱。②

赖肖尔在这场争论中获得的胜利引起了卡拉韦的抱怨，"赖肖尔不是美国大使，而是在美国大使馆里的日本大使，因为他在那儿从未保护美国的利益"③。卡拉韦利用自己的职权对这一方案进行了限制，结果日本对冲绳 510 万美元（约 18 亿日元）的援助中只有280 万美元（约 10 亿日元）得到实际利用。④ 这不但引发了日本人的强烈抱怨，而且也导致东京大使馆和华盛顿开始考虑卡拉韦的替代人选。卡拉韦本应在 1964 年年初结束任期，但是在陆军部长赛勒斯·万斯（Cyrus Vance）的劝说下，赖肖尔为了表示他与卡拉韦

---

① Memorandum From the Assistant Secretary of State for Far Eastern Affairs (Harriman) to Secretary of State Rusk, December 28, 1962. Foreign Relations of the United States, 1961 – 1963, Volume 22, Document Number: 367; Edwin O. Reischauer, *My Life between Japan and America*, New York: Harper & Row, 1986, pp. 248 – 249.

② Ikeda Outlines Theme and Policies of Administration for Coming Months, February 12, 1963. Digital National Security Archive, Japan and the United States: Diplomatic, Security, and Economic Relations, 1960 – 1976. ProQuest LLC. , 2008. JU00208.

③ Nicholas Evan Sarantakes, *Keystone*: *The American Occupation of Okinawa and U. S. -Japanese Relations*, College Station, TX: Texas A & M University Press, 2000. p. 122.

④ American Embassy Tokyo to Department of State: DSP Visit to Okinawa, June 10, 1964. 石井修，我部政明，宫里政玄監修:《アメリカ合衆国対日政策文書集成，第 8 期——日米外交防衛問題: 1964 年》，第 8 巻，東京: 柏書房 2001 年版，第 44—46 頁。

之间一向诚恳的关系还是同意了卡拉韦延期半年离任。① 赖肖尔的这一决定导致他与卡拉韦之间的争论又延长了半年，并使他与日本有关在冲绳合作的谈判一再受阻。后来赖肖尔在回忆录中对自己犯下的这个错误追悔莫及。② 赖肖尔在 1962 年夏天开始与日本谈判缔结美日在冲绳合作的协定，直至 1964 年 4 月 25 日才与日本完成设立美日协商委员会和建立美国—日本—琉球技术委员会的谈判。其中美日协商委员会由美国驻日大使、日本外相以及首相办公室主任组成；美国—日本—琉球技术委员会则由美国民政府副民政官、日本驻那霸南方联络办公室主任以及琉球政府主席组成，分别代表美国驻冲绳高级专员、日本首相办公室主任以及琉球政府，具体负责实施美日协商委员会所确定的援助计划。③

　　1964 年 7 月，在美国新任冲绳高级专员艾伯特·沃森（Albert Watson）赴美之前，美国国务院远东司多名官员与他举行了会谈，向他介绍美国对冲绳的政策并解释国务院在冲绳问题上的立场。尤·约翰逊以自己在远东的经历认为沃森即将面临的是陆军部最为困难的任务，只有美国与日本在有关冲绳问题上的关系切实可行，美国长期占有冲绳才会成为可能。他向沃森指出，虽然日本保守势力在冲绳问题上愿意与美国合作，但是他们同时也

----

　　① 1963 年 2 月，陆军部副部长史蒂芬·艾尔利斯访问了冲绳，在他出访前国务院将赖肖尔与卡拉韦之间的详细分歧向他进行了通报，希望他此行能够解决赖肖尔和卡拉韦两个人的分歧。但是艾尔利斯认为卡拉韦在冲绳表现出色，卡拉韦和赖肖尔之间的分歧只是他们两个人的个人和交流问题。赖肖尔此时同意万斯的要求是为了表明两人之间没有个人恩怨，他们之间的分歧是对肯尼迪总统新政策认识和执行上的分歧。详见：Director of Office of Eastern Affairs（Leonard Bacon）to Assistant Secretary of State for Far Eastern Affairs（Roger Hilsman），April 26, 1964. 石井修，我部政明，宫里政玄监修：《アメリカ合衆国対日政策文書集成，第 8 期——日米外交防衛問題：1964 年》，第 8 卷，東京：柏書房 2001 年版，第 281—285 頁。

　　② Edwin O. Reischauer, *My Life between Japan and America*, New York：Harper & Row, 1986, p. 249.

　　③ High Commissioner to American Tokyo Embassy, May 12, 1964, Naha（8391）. 石井修，我部政明，宫里政玄监修：《アメリカ合衆国対日政策文書集成，第 8 期——日米外交防衛問題：1964 年》，第 8 卷，東京：柏書房 2001 年版，第 93 頁。

必须表示对冲绳问题的关注。因此，美国必须帮助日本政府维持当前在冲绳问题上的合作立场。沃森作为美国驻冲绳高级专员面临着调和冲绳人和日本人的政治需求与美国的军事需求的难题。美国驻冲绳官员认为他们必须通过排挤日本人来保护自己，因此对日本甚至是东京大使馆都有怀疑和敌对情绪。尤·约翰逊希望沃森能够推动美日两国之间的友好和互信，他希望沃森赴任途中在东京停留期间能够与赖肖尔以及日本官员在冲绳问题上建立良好的关系。① 哈里曼也向沃森转达了类似的看法，他告诉沃森美国不能将除基地外的冲绳返还给日本是冲绳问题的根源。因此，美国需要使日本人适应美国在冲绳的存在，保持日本政府对美国存在的满意，并获得其在处理冲绳问题上的合作。在这方面哈里曼向沃森大力赞扬赖肖尔大使的理念和方式，他希望沃森作为高级专员能够与赖肖尔大使建立良好关系。②

备受卡拉韦掣肘的赖肖尔也认识到了在冲绳事务上与美国驻冲绳高级专员建立良好关系的重要性。因此，对新任冲绳高级专员充满了期待，在沃森停留东京的两天对他热情接待，并为他精心安排了与日本池田勇人首相、椎名（Shiina Etsusabu-

---

① Memorandum of Conversation: U. S. Policy toward the Ryukyu Islands, June 4, 1964. Foreign Relations of the United States, 1964 – 1968, Volume 29, pp. 13 – 16; Digital National Security Archive, Japan and the United States: Diplomatic, Security, and Economic Relations, 1960 – 1976. ProQuest LLC. , 2008. JU00325；石井修，我部政明，宫里政玄监修：《アメリカ合衆国対日政策文書集成，第 8 期——日米外交防衛問題：1964 年》，第 8 卷，東京：柏書房 2001 年版，第 108—110 頁。

② U. S. Policy toward the Ryukyu Island, June 4, 1964. Digital National Security Archive, Japan and the United States: Diplomatic, Security, and Economic Relations, 1960 – 1976. ProQuest LLC. , 2008. JU00323 – JU00326；石井修，我部政明，宫里政玄监修：《アメリカ合衆国対日政策文書集成，第 8 期——日米外交防衛問題：1964 年》，第 8 卷，東京：柏書房 2001 年版，第 111—122 頁；石井修，我部政明，宫里政玄监修：《アメリカ合衆国対日政策文書集成，第 8 期——日米外交防衛問題：1964 年》，第 10 卷，東京：柏書房 2001 年版，第 153 頁。与沃森进行会谈的国务院官员除了尤·约翰逊和哈里曼外还有东亚事务局以及远东事务常务助理国务卿马歇尔·格林。

ro）外相①以及首相办公室主任的会见。池田勇人向沃森表达了日本政府对日本与冲绳的联系以及冲绳自治的关注，并在赖肖尔在场的情况下用东方的"无为思想"向他表达自己的期待。沃森表示，他在冲绳最重要的使命是维持冲绳作为防卫自由世界的东方基地的同时推动冲绳居民的福利和幸福，并希望能够与赖肖尔大使、池田首相及其他日本政府官员摒除冲突、密切合作以实现对冲绳人的责任。② 赖肖尔对沃森将军的姿态颇为满意，虽然沃森没有明确表示他将在冲绳采取的行动，但是赖肖尔相信他会在美日经济合作及冲绳自治方面采取积极的姿态。

沃森出任美国驻冲绳高级专员后彻底改变了卡拉韦抵制日本的路线。与卡拉韦极力避免日本扩大对冲绳的经济援助相反，沃森认为应当将冲绳人的生活水平提高到日本本土的平均水平，为此冲绳政府每年需要 5000 万美元的经济援助，他希望美国能够大规模增加对冲绳的经济援助，同时也欢迎日本政府给予的冲绳能够完全吸收的任何援助。③ 沃森对卡拉韦在冲绳路线的转变结束了美国东京大使馆与冲绳高级专员在日本对冲绳援助问题上的长期争论，拉开了美日大规模援助冲绳的序幕。赖肖尔与沃森联合致电华盛顿要求确保陆军部 1965 年对冲绳 1430 万美元的预算请求，并且在 1964 年 9 月 16 日举行的冲绳经济援助协商委员会上，赖肖尔也能够第一次在没有高级专员阻碍的情况下接受日本对冲绳 710 万美

---

① 池田勇人在 7 月对内阁进行了改组，由椎名悦三郎取代大平正芳出任外相。

② American Embassy Tokyo to Department of State： Ryukyu Islands： New High Commissioner's Official Calls in Tokyo, August 7, 1964. Digital National Security Archive, Japan and the United States： Diplomatic, Security, and Economic Relations, 1960 - 1976. ProQuest LLC., 2008. JU00344；石井修，我部政明，宫里政玄监修：《アメリカ合衆国对日政策文书集成，第 8 期——日米外交防衛問題：1964 年》，第 8 卷，東京：柏書房 2001 年版，第 177—186 頁。

③ Memorandum From James C. Thomson, Jr., of the Security Council Staff to Robert Komer of the National Security Council Staff： Interim Thoughts on Okinawa, October 29, 1964. Foreign Relations of the United States, 1964 - 1968, Volume 29, pp. 40 - 41.

元的援助请求。① 日本对在美日协商委员会上取得的这一成就欣喜若狂，认为这是美日合作方面所取得的积极而重大的进步。②

第三节　赖肖尔与美国对冲绳新政策的贯彻

一　冲绳政治危机

由于受到美国驻冲绳高级专员卡拉韦的阻挠，肯尼迪与池田勇人 1961 年首脑会谈以及 1962 年 3 月 19 日总统声明中的精神在冲绳并没有得到有效的执行。虽然在赖肖尔的极力坚持下，增加日本对冲绳的经济援助得到了缓慢的贯彻，但是增加冲绳自治问题并非赖肖尔所能左右。高级专员卡拉韦在冲绳采取了家长式的统治，他认为出于美国的军事需求不能放松对冲绳的控制。他甚至在公开讲话中声称冲绳自治是一个神话，公然背叛肯尼迪总统的承诺，引起了日本、冲绳以及美国驻联合国使团的不安。③ 卡拉韦在冲绳的统治政策被冲绳人视为是在加强"直接统治"，这引发了冲绳人的强烈不满。冲绳人的这种不满情绪在冲绳立法院得到了体现，29 名议员中有 20 人反对高级专员卡拉韦在冲绳的统治方式。即使是执政的冲绳自民党也于 6 月 13 日公开分裂，其 18 名立法委员中有 11 人批评大田清作（Ota Seisaku）与卡拉韦的合作阻碍了冲绳的自治进

---

① Edwin O. Reischauer, *My Life between Japan and America*, New York: Harper & Row, 1986, p. 276.

② 石井修，我部政明，宫里政玄监修：《アメリカ合衆国対日政策文書集成，第 8 期——日米外交防衛問題：1964 年》，第 8 卷，東京：柏書房 2001 年版，第 221 頁。

③ Memorandum from Director of Office of East Asian Affairs, Department of State（Leonard L. Bacon）to Assistant Secretary of State for Far Eastern Affairs（Roger Hilsman）: U. S. Policy Toward Okinawa, April 26, 1964. 石井修，我部政明，宫里政玄监修：《アメリカ合衆国対日政策文書集成，第 8 期——日米外交防衛問題：1964 年》，第 10 卷，東京：柏書房 2001 年版，第 281—285 頁。

程。他们联合向大田施压，要求在冲绳自治方面取得进展，实现公选琉球政府主席。① 冲绳立法院内亲美的保守派的分裂将大田置于进退两难的境地，丧失政治支持的大田无奈于 1964 年 6 月 16 日向高级专员卡拉韦递交辞呈。冲绳立法院为抵制高级专员任命新主席，抵制向卡拉韦提名继任人选。冲绳岛内有关琉球政府主席的争执引发了冲绳的政局动荡和日本国内的强烈反应。卡拉韦拒绝了冲绳人公选主席的建议，并要求大田留任，直至立法院向他提名新的主席人选。

冲绳这一政治危机爆发时赖肖尔正因病休假②，这使他不能及时与日本政府沟通。赖肖尔返回东京后立即拜访了池田首相，池田就冲绳问题向赖肖尔提出了不满。池田指责由于美国驻冲绳高级专员卡拉韦将军没有正确理解冲绳的形势，并且东京与冲绳之间的真正交流有困难，肯尼迪总统 1962 年有关冲绳自治方面的声明不但没有被执行，冲绳政治情况反而出现了倒退，这严重影响了日本国内的政治氛围，使他在国会面临有关冲绳政治形势的质询。池田开玩笑地说，赖肖尔前段时间虽然不在东京，但日本

---

① Memorandum from Director of Office of East Asian Affairs, Department of State（Robert A. Fearey）to Deputy Assistant Secretary of State（Marshall Green）: Ryukyuan Political Situation, June 26, 1964. 石井修，我部政明，宫里政玄监修： 《アメリカ合衆国対日政策文書集成，第 8 期——日米外交防衛問題: 1964 年》，第 10 卷，東京: 柏書房 2001 年版，第 248—250 頁; Acting Officer-in-Charge of Japanese Affairs（Thomas W. Ainsworth）to Director of Office of East Asian Affairs, Department of State（Robert A. Fearey）: Ryukyuan Political Situation: Talking Point, June 19, 1964; Deputy Assistant Secretary of State（Marshall Green）to Under Secretary for Political Affairs of State（W. Averell Harriman）and Office of Deputy Under Secretary for Political Affairs（Johnson）: Ryukyuan Political Situation, June 19, 1964. 石井修，我部政明，宫里政玄监修:《アメリカ合衆国対日政策文書集成，第 8 期——日米外交防衛問題: 1964 年》，第 10 卷，東京: 柏書房 2001 年版，第 266—267 頁。

② 1964 年 3 月 24 日赖肖尔在大使馆被一患有精神疾病的日本青年用菜刀刺伤，他被紧急送往医院手术并住院三周，出院后因受感染又生病住院，直至 7 月 6 日才开始部分恢复工作。关于赖肖尔遇刺一事详见: Edwin O. Reischauer, *My Life between Japan and America*, New York: Harper & Row, 1986, pp. 262 – 275.

国民显然是因为他才克制了对冲绳问题的反应。如果不是因为日本政府和国民对赖肖尔大使遇刺一事心怀愧疚，日本对冲绳政局的抱怨将会更强烈。池田希望立即采取严肃行动，消除冲绳当前的动乱形势。对此赖肖尔向池田保证，美国的冲绳政策是由池田与肯尼迪所讨论，并有肯尼迪总统声明保证，只是其进程有可能会比较缓慢，他希望池田勇人能够耐心地等待新任高级专员沃森上任后处理。① 沃森虽然继承了卡拉韦在主席选举问题上的立场，但同时表示会重新评估美国民政府的职能，以便向琉球政府移交特定职能，扩大冲绳的自治。冲绳立法院多数党和反对党都接受了沃森的这一做法。②

　　沃森希望冲绳自民党和冲绳自由党这两个保守党派能够消除分歧，实现重新合作并向他提名新的琉球政府主席人选，但是一个月后两党的争论仍未结束，并且有进一步扩大的可能。这使沃森认识到自己有必要介入以弥合保守派的分歧。促使沃森下定这一决心的另一个因素，是日本国内对冲绳问题关注的持续增长。8月，日本自民党冲绳问题特别委员会副主席床次德二（Tokonami Tokuji）致函美国参议院，对冲绳的政治形势表示不满。他承认美国冲绳基地对维持和平与保卫美国、日本以及自由世界其他国家的作用，也承认日本迫切希望美国将冲绳返还给日本。但是如果任由冲绳形势继续恶化，那么不只是破坏美国军队与冲绳居民的关系，就连日本和美国的关系也会遭受严重影响。为了阻止

---

① Telegram from the Embassy in Japan to the Department of State, July 7, 1964. Foreign Relations of the United States, 1964 - 1968, Volume 29, pp. 22 - 23; Digital National Security Archive, Japan and the United States: Diplomatic, Security, and Economic Relations, 1960 - 1976. ProQuest LLC., 2008. JU00332; Declassified Documents Reference System, Farmington Hills, Mich.: Gale, 2011, Document Number: CK3100064804 - CK3100064805.

② Ambassador Edwin O. Reischauer to Secretary Rusk, August 12, 1964. Tokyo 531 (9307). 石井修，我部政明，宫里政玄監修:《アメリカ合衆国対日政策文書集成，第 8 期——日米外交防衛問題: 1964 年》，第 8 卷，東京: 柏書房 2001 年版，第 187 頁。

《美日安保条约》成为离间两国关系的工具，他希望美国能够考虑分离返还冲绳，将冲绳除基地外的行政权归还日本。① 9 月 1 日床次面见助理国务卿威廉·邦迪（William P. Bundy）时再次表示两国应当考虑分离返还冲绳，扩大冲绳的自治。床次的这一建议遭到邦迪的拒绝，他虽然承认美国最终返还冲绳的目标，但是认为当前美日两国很难确定讨论返还的框架。②

　　除了执政的自民党对冲绳问题的关注外，日本社会党针对冲绳的政治形势，计划在 9 月和 10 月向冲绳派出考察团。赖肖尔向沃森建议允许日本社会党访问冲绳，他认为这可能会带来意想不到的结果，不但可以使美国免受日本舆论的批评，而且社会党对冲绳的访问，也可能会使其成员"克服对我们在冲绳的军事存在的偏见，并包容我们的观点"。③ 为了使日本普通民众对冲绳有更多的认识，赖肖尔还建议沃森批准日本放送协会（NHK）在 9 月前往冲绳录制节目。日本放送协会已经完成的节目描述了冲绳基地对远东安全的重要性以及冲绳人的生活与面临的问题，赖肖尔相信通过日本放送协会的系列节目，冲绳的现状将会客观公正地展示在日本人面前，这是一个通过客观描述向日本人解释美国在冲绳的政策，并展示已经取得的成就

---

① Letter from Tokonami Tokuji, Vice Chairman of Liberal Democratic Party's Special Committee on Okinawa Problem, August 25, 1964. 石井修，我部政明，宫里政玄監修：《アメリカ合衆国対日政策文書集成，第 8 期——日米外交防衛問題：1964 年》，第 8 巻，東京：柏書房 2001 年版，第 198—207 頁。

② Department of State to American Tokyo Embassy：Conversation between Tokonami Tokuji and William P. Bundy：U. S. Policy toward the Ryukyu Island, September 1, 1964. 石井修，我部政明，宫里政玄監修：《アメリカ合衆国対日政策文書集成，第 8 期——日米外交防衛問題：1964 年》，第 8 巻，東京：柏書房 2001 年版，第 210—215 頁。

③ Counselor Owen Zuhellen to High Commissioner of the Ryukyu：Proposed JSP Mission to Okinawa, August 18/20, 1964, A‑228. 石井修，我部政明，宫里政玄監修：《アメリカ合衆国対日政策文書集成，第 8 期——日米外交防衛問題：1964 年》，第 8 巻，東京：柏書房 2001 年版，第 47—49 頁。

的绝佳机会。[①]

1964 年 9 月 16 日，赖肖尔在美日协商委员会上同意日本 1965 年对冲绳的经济援助比上一年增加 200 万美元。美国在对冲绳援助上的积极姿态缓和了冲绳的紧张局势，冲绳自民党和冲绳自由党于 10 月初达成协议，将于 10 月 29 日在立法院共同提名松冈（Matsuoka）出任琉球政府新主席。同时他们希望发表声明，要求美国改变行政命令，实现琉球政府主席的公选。沃森据此判断，对冲绳的政治家来说扩大冲绳自治、实现琉球政府主席公选要比返还冲绳更为迫切。

对于冲绳的这一形势，沃森在 1964 年 10 月 15 日向陆军部的汇报中提出了四个可选方案：A. 宣布行政命令已经对琉球政府主席的选举作出规定，任何改变都是不可能的；B. 以民主人士的身份表示美国在原则上支持选举，但同时表明这与美国在冲绳的责任不兼容；C. 表示冲绳人已经表现出了管理的能力，美国会在未来几年内寻找合适的时间宣布选举主席是可行的；D. 宣布如果在未来几个月内冲绳人民和政府能够表明有维持政治稳定以及承担更大的政府责任的能力，并且保证共产党不会当选，那么 1965 年 11 月可以公选主席。沃森认为 A 和 B 方案将不会解决冲绳在主席选举上的争论，并且还有可能会使之加剧，公众对选举主席的诉求甚至会达到使日本政府认为有必要向美国政府提出交涉的程度；鉴于冲绳保守派的内斗，C 方案也将会被证明是错误的；只有 D 方案，宣布选举主席才可以消除冲绳政治中的一大难题，但是他认为鉴于冲绳民主党极力要求公选主席以及冲绳的保守党严重分裂并且民意下降，过早宣

---

① Ambassador Edwin O. Reischauer to High Commissioner of the Ryukyu, August 24, 1964, To-kyo Unn（26573）. 石井修，我部政明，宫里政玄監修：《アメリカ合衆国対日政策文書集成，第 8 期——日米外交防衛問題：1964 年》，第 8 卷，東京：柏書房 2001 年版，第 196 頁。

布选举主席对美国也会不利。①

　　沃森在处理冲绳自治问题上的步伐之大，令华盛顿也感到震惊。他们赞同沃森将军的分析，但明确表示冲绳公选主席为时尚早，要求保留高级专员的否决权。② 在经受冲绳反对派的阻挠之后，冲绳立法院于 1964 年 10 月 31 日通过了对松冈出任主席的提名。冲绳政治问题暂时平息，但是冲绳问题远未解决，松冈在接受提名时也表示希望自己能够成为最后一位由高级专员任命的琉球政府主席。

二　冲绳返还问题的提出

　　1964 年 11 月 9 日，佐藤荣作（Eisaku Sato）接替患病的池田勇人出任日本首相，日本迈出了通往实际返还的步伐。佐藤荣作在 1964 年 7 月与池田勇人竞争自民党总裁时表示，如果当选就向美国和苏联分别要求返还冲绳和南千岛群岛，不解决领土问题，"建立日美伙伴关系" 和 "对苏和平外交" 只能是虚无的口号。对于佐藤荣作的这一表态，当时赖肖尔认为，出于政治舆论宣传，任何首相（无论是作为候选人还是已经任职）都必须时时刻刻将自己放在支持返还冲绳的立场上。因此，他认为佐藤的这一声明并无实质性意义，这只是他在竞选战术中的政治性努力，而非表明他要背离当前日本政府与美国在冲绳合作的政策。佐藤此举只是在利用广受日

① High Commissioner of the Ryukyu to Department of Army, October 15, 1964, HC – LO 2527 (PR 151740Z). 石井修，我部政明，宫里政玄監修：《アメリカ合衆国対日政策文書集成，第 8 期——日米外交防衛問題：1964 年》，第 8 卷，東京：柏書房 2001 年版，第 295—298 頁。

② Memorandum from Robert A. Fearey to W. Bundy: Your Luncheon with Secretary Ailes, October 20, 1964. 石井修，我部政明，宫里政玄監修：《アメリカ合衆国対日政策文書集成，第 8 期——日米外交防衛問題：1964 年》，第 8 卷，東京：柏書房 2001 年版，第 291—294 頁；Memorandum From James C. Thomson, Jr. of the Security Council Staff to Robert Komer of the National Security Council Staff: Interim Thoughts on Okinawa, October 29, 1964. Foreign Relations of the United States, 1964 – 1968, Volume 29, pp. 40 – 41.

本人支持的领土问题来抵消他在公众中过于亲美的形象，以此来提高他的知名度。最后赖肖尔向腊斯克保证，如果佐藤当选，美国可以期待他会在冲绳必要的安全利益上与美国完全合作。①

赖肖尔对佐藤荣作的判断并没有错，事实上佐藤荣作是以首相和政治家而非政客的身份来考虑冲绳问题。佐藤更加清楚返还冲绳的困难，因而极力避免使冲绳问题成为日本内斗的工具，但他此举绝非是"不具备解决冲绳问题的意识和决心"②，他只是在承认美国在冲绳的军事需求的前提下，采取了比池田勇人更为现实的举措。池田勇人取得了美国转变冲绳政策的保证，而佐藤荣作的成就，就在于他将池田勇人取得的成果一步步现实化，实现了美日对冲绳行政管辖权的平稳过渡。

美国公开介入越南战争使日本舆论哗然，直接影响到了日美关系的发展，佐藤出任首相后向美国表示，希望能够尽快访美与约翰逊总统举行首脑会谈。1964 年 12 月 5 日，日本外相椎名悦三郎利用前往纽约参加联合国大会之机，与腊斯克国务卿举行了会谈，为佐藤荣作 1965 年年初的美国之行作试探性的前期准备。椎名向腊斯克表示，日本已经认识到了"冲绳基地对远东和日本安全的重要性及其最佳功效与行政控制之间的密切关系"，然而战争已经结束了 20 年，冲绳人和日本人对恢复日本主权的渴望已经众所周知。因此，他认为两国应当在促进冲绳开发和公共福利以及扩大冲绳自治这三方面共同研究可以采取的措施，以便在不损害冲绳战略和安全地位的前提下，最终实现冲绳与日本的一体化。腊斯克国务卿对于椎名返还冲绳的言论十分警觉，他提醒椎名"我们应当明确分辨讨论的目标是改善冲绳的管理，还是导致冲绳地位及对冲绳责任的

① Ambassador Edwin O. Reischauer to Secretary of State, July 8, 1964, Tokyo 96 (5668). 石井修，我部政明，宫里政玄监修：《アメリカ合衆国対日政策文書集成，第 8 期——日米外交防衛問題：1964 年》，第 8 卷，東京：柏書房 2001 年版，第 165 頁。

② 王新生：《佐藤政权时期"冲绳返还"的政治过程》，《日本学刊》2012 年第 3 期。

基本变化"。他建议佐藤在访问华盛顿期间可以跟约翰逊总统讨论改善冲绳状况这一问题,但是鉴于太平洋地区的形势,腊斯克明确告诉椎名,当前很难使美国在冲绳的需求服从于对冲绳的管理和政策上可能的改变。[①]

为了准备佐藤的华盛顿之行,赖肖尔邀请高级专员沃森前往东京讨论冲绳问题,并安排沃森于 1964 年 12 月 14 日对佐藤首相进行礼节性拜访,以密切佐藤与高级专员沃森之间的私人关系。佐藤对沃森在冲绳取得的成就表示认同,他表示完全了解冲绳对远东安全的重要性,鉴于中国核试验的成功在远东引发的紧张形势,他希望沃森能够从军事基地的重要性方面教育冲绳人,以增加双方在冲绳问题上的相互谅解。赖肖尔希望两国能够考虑所有可能影响冲绳选举结果的措施,以稳定冲绳的政治形势,对此佐藤表示会按照沃森的要求,向松冈提供财政援助和道义支持。佐藤荣作告诉赖肖尔和沃森,他的办公室主任臼井庄(Usui Soichi)已经访问了冲绳,日本国会有呼声认为他也应当访问冲绳。佐藤谨慎地向赖肖尔和沃森表示,他希望在不带来误解的适当时机访问冲绳。赖肖尔和沃森希望看到佐藤荣作成功访问冲绳,认为佐藤对冲绳访问的时机很关键,如果佐藤前往冲绳恰逢其时,就会对两国有很重要的政治价值。[②]

1964 年 12 月 29 日,佐藤荣作就访美期间有关冲绳问题的会谈

[①] Telegram From Secretary of State to the Department of State, December 5, 1964. Foreign Relations of the United States, 1964 – 1968, Volume 29, pp. 52 – 55; Digital National Security Archive, Japan and the United States: Diplomatic, Security, and Economic Relations, 1960 – 1976. ProQuest LLC., 2008. JU00371.

[②] American Embassy Tokyo to Department of State: Ryukyu Islands: High Commissioner's Call on Prime Minister, December 18, 1964. Digital National Security Archive, Japan and the United States: Diplomatic, Security, and Economic Relations, 1960 – 1976. ProQuest LLC., 2008. JU00375;石井修,我部政明,宫里政玄监修:《アメリカ合衆国対日政策文書集成,第 8 期——日米外交防衛問題: 1964 年》,第 8 卷,東京:柏書房 2001 年版,第 250—254 頁。

文件与赖肖尔进行磋商，他希望在不影响冲绳军事设施发挥功能的前提下，美日两国合作，努力改善冲绳人的生活水平，并采取措施满足他们对自由和自治的要求。作为具体措施，佐藤希望美国能够尽快返还冲绳，在此之前应当扩大冲绳自治以及个人的自由和权力，美国修改《普赖斯法》，对冲绳实施系统的经济援助。为了更有效地实现两国在冲绳的相互谅解和合作，佐藤不但希望扩大两国有关冲绳的协商委员会和技术委员会的职能，以建立两国经常协商并交换意见的机制，而且希望美国能够同意在冲绳建立日本的顾问体制，并加强日本驻那霸南方联络处的职能。① 赖肖尔不认为佐藤荣作在短短几天的访问中能与华盛顿就此形成结论，他对双方能否有足够的时间进行有意义的讨论也深表怀疑。因此，他建议佐藤荣作在会谈中不要拘泥于对冲绳具体问题的讨论，而是将精力放在扩大美日协商委员会上，然后将所有与冲绳相关的问题提交美日协商委员会内讨论。②

通过与日本外务省官员以及佐藤的讨论，赖肖尔得出的结论是佐藤荣作完全理解并欣赏冲绳基地对日本和远东安全的贡献，佐藤在会谈文件中所提出的建议的基础是在与美国合作，将来自日本和冲绳的返还压力维持在可控的程度内。赖肖尔认为虽然佐藤没有在美国准备就绪之前就产生冲绳返还的卑鄙企图，但是美国绝不能因此而犯下低级错误，低估日本要求返还冲绳和小笠原群岛的愿望。赖肖尔向华盛顿汇报，他在原则上不反对佐藤提出的扩大协商委员会职能的想法。在他看来，虽然长期以来美国将美日协商委员

----

① Appendix to Talking Paper: the Ryukyu and Bonin Islands, December 29, 1964. Digital National Security Archive, Japan and the United States: Diplomatic, Security, and Economic Relations, 1960 – 1976. ProQuest LLC., 2008. JU00394；石井修，我部政明，宫里政玄监修：《アメリカ合衆国对日政策文书集成，第8期——日米外交防卫问题：1964年》，第8卷，东京：柏书房2001年版，第79—89页。

② Sato Visit, December 29, 1964. Digital National Security Archive, Japan and the United States: Diplomatic, Security, and Economic Relations, 1960 – 1976. ProQuest LLC., 2008. JU00397.

会的职能仅限于协调美日两国对冲绳的援助，并且抵制日本将有关冲绳的其他问题列入协商委员会的议事日程，但是既然美国愿意通过正常的外交途径与日本讨论涉及冲绳管理的相关问题，美日协商委员会就成了适合双方讨论这些问题的唯一途径。因此赖肖尔建议，鉴于佐藤对美国在远东利益的支持，希望华盛顿接受佐藤荣作的提议，这样既能够确保美国在冲绳的权力不受任何形式的损害，而且也确保了佐藤在冲绳问题上取得他所需要的进展，更加有利于日本政府在冲绳问题上向美国提出意见和合作。①

　　为了使佐藤的华盛顿之行有重大收获，赖肖尔向国家安全委员会秘书汤姆逊和库帕游（Cooper）说。赖肖尔认为 1965 年将是美日关系中决定性的一年，佐藤将会引导日本成为像英国那样的盟友，如果美国不能满足他的要求，他将会带领日本脱离与美国的结盟。因此在冲绳问题上，美国需要做的就是同意他扩大美日协商委员会职能的要求。② 国务院和国防部接受了赖肖尔的建议并将之上报给约翰逊总统，建议总统可以在原则上同意将协商委员会的职能扩大到讨论冲绳自治、社会保障以及其他事关冲绳社会福利的问题，但是要求必须明确美国对冲绳的行政权和决定权将不会受到影响，并且对两国的协商内容严格保密。③

---

① Sato Visit, December 30, 1964. Digital National Security Archive, Japan and the United States: Diplomatic, Security, and Economic Relations, 1960 – 1976. ProQuest LLC., 2008. JU00401; Declassified Documents Reference System, Farmington Hills, Mich.: Gale, 2011, Document Number: CK3100001971 – CK3100001975.

② Memorandum for Mr. Bundy: The Week that Was, January 7, 1965. Digital National Security Archive, Japan and the United States: Diplomatic, Security, and Economic Relations, 1960 – 1976. ProQuest LLC., 2008. JU00426

③ Visit of Prime Minister Sato: Ryukyu Islands (Background Paper), January 7, 1965; Memorandum for the President: Your Meeting with Prime Minister Sato, January 9, 1965; William P. Bundy to the Secretary: Your Meeting with Prime Minister Sato, January 12, 1965. Digital National Security Archive, Japan and the United States: Diplomatic, Security, and Economic Relations, 1960 – 1976. ProQuest LLC., 2008. JU00422, JU00430, JU00431.

　　但是军方却强烈反对扩大美日协商委员会。陆军总参谋长在给参谋长联席会议主席的信中，对国务院和国防部在这一问题上对佐藤的让步深表忧虑。他认为这一特殊让步毫无疑问为日本突然介入冲绳的管理敞开了大门。美日协商委员会在冲绳的管理和行政领域职能的任何扩大，都将会使美国和日本在冲绳的管理上处于平等的地位，这将导致美国很难拒绝日本提出的建议，当前冲绳的形势还未发展到需要美国作出如此巨大让步的程度。[①] 1965 年 1 月 12 日的首脑会谈中，在佐藤荣作确认日本政府完全承认冲绳对远东的重要意义后，约翰逊总统同意了佐藤提出的扩大美日协商委员会的建议，同时接受了佐藤荣作在适当时机访问冲绳的请求。[②]

三　美日冲绳协商委员会的扩大

　　按照首脑会谈中达成的协议，1965 年 1 月 27 日，日本外务省北美科的中村正式通知美国驻东京大使馆，日本外务省已经开始扩大美日协商委员会的准备工作，日本政府希望通过交换照会的方式，修改 1964 年 4 月 25 日两国建立协商委员会的照会，实现美日协商委员会功能的扩大。两天后日本外务省北美局局长安川壮（Yasukawa Takeshi）对新协商委员会的职能提出建议，希望两国能够在与冲绳政府和市民有关的问题以及冲绳及其居民社会和经济问题等方面的合作进行协商，并表示希望能够以此为原则扩大现有的

---

　　① Japanese Pressures on Ryukyus, January 9, 1965. Digital National Security Archive, Japan and the United States: Diplomatic, Security, and Economic Relations, 1960 – 1976. ProQuest LLC., 2008. JU00428.

　　② Memorandum of Conversation: Current U. S. -Japanese and World Problems, January 12, 1965. Digital National Security Archive, Japan and the United States: Diplomatic, Security, and Economic Relations, 1960 – 1976. ProQuest LLC., 2008. JU0000437; Foreign Relations of the United States, 1964 – 1968, Volume 29, Japan: pp. 75 – 78; Declassified Documents Reference System, Farmington Hills, Mich.: Gale, 2011, Document Number: CK3100108993 – CK3100108997; 石井修，我部政明，宫里政玄監修：《アメリカ合衆国対日政策文書集成，第 9 期——日米外交防衛問題：1965 年》，第 9 卷，東京：柏書房 2001 年版，第 165—169 頁。

协商委员会。至于实现扩大协商委员会的方式，安川壮重申希望通过交换照会的方式来完成，新的照会可以对 1964 年建立协商委员会的照会作出修改，也可以为协商委员会增加新的条目。① 为了加速这一谈判进程，日本外务省将扩大协商委员会职能的消息透露给《每日新闻》，试图制造舆论攻势。赖肖尔大使在冲绳与沃森就扩大协商委员会职能取得共识后答复日本外务省，同意以交换照会的方式，修改 1964 年 4 月 25 日定义现有协商委员会职能的照会，并提出了大使馆对该照会的建议文本：

我很荣幸地提及 1965 年 1 月 12 日总统与首相关于琉球群岛的讨论，并代表美国政府确认扩大由 1964 年 4 月 25 日交换的照会的第 2 段所建立的现有日美协商委员会，以使该委员会能够不仅就对琉球经济援助，而且就其他美日可以合作继续改善琉球居民生活水平的事情进行协商。因此，我的政府的理解是，日本代表和美国代表准备在协商委员会内讨论的事情是经济援助和其他与琉球居民生活水平有关的事情以及减少期望最终把琉球施政权返还给日本的压力。②

赖肖尔对交换照会的基本理念是，以扩大美日协商委员会的职能减少返还冲绳的压力，同时确认美国在冲绳的权利不受影响。为了确保这一点并防止协商委员会内讨论的问题泄露而影响两国的合作，赖肖尔认为美国在与日本交换照会的同时还要向日本递交相应的秘密备忘录。为了两国的共同利益，美国也有必要与日本高层达

---

① John K. Emmerson, American Tokyo Embassy to High Commissioner of the Ryukyu Islands, January 29, 1965, Tokyo 2356 (22824). 石井修，我部政明，宫里政玄监修：《アメリカ合衆国对日政策文書集成，第 9 期——日米外交防衛問題：1965 年》，第 8 卷，東京：柏書房 2001 年版，第 34 頁。

② American Ambassador Edwin O. Reischauer to Secretary of State David Dean Rusk, February 22, 1965, Tokyo 2615 (18636). 石井修，我部政明，宫里政玄监修：《アメリカ合衆国对日政策文書集成，第 9 期——日米外交防衛問題：1965 年》，第 8 卷，東京：柏書房 2001 年版，第 41—44 頁。

成共识，将协商委员会只用于强化两国在冲绳的合作而不是将之扩大到不一致的领域。腊斯克对赖肖尔提出的照会和秘密备忘录作了细微修改后，授权赖肖尔与日本政府开始谈判，并指令赖肖尔与高级专员沃森寻找美国可以在新的协商委员会内需要与日本政府讨论的课题，以避免美国在协商委员会内处于被动地位，这样就可以使新协商委员会成为美日两国的双向通道，使日本政府在形成和提出自己的建议时保持谨慎和克制，从而使之服务于美国的利益。①

1965 年 3 月 13 日，赖肖尔将经过腊斯克授权的照会与秘密备忘录的文本以及美国对安川壮于 1 月 29 日递交的外务省对新协商委员会职责的建议的答复交给了日本外务省，并强调协商委员会不能用来从事返还、确定返还时间或联合管理之类议题的讨论。日本外务省保证，虽然它认为冲绳最终返还不可避免，但是这通过正常的外交途径解决会更好，它们绝对没有利用协商委员会讨论冲绳返还的意图。② 尽管如此，赖肖尔提出的以确保美国在冲绳权力不受挑战的备忘录草案仍然在日本引起了轩然大波。日本外务省北美局局长安川壮一方面向美国大使馆保证日本政府绝对没有利用协商委员会干涉美国在冲绳的行政或讨论返还的意图；另一方面又询问美国是否会利用此种规定来缩小或是拒绝日本外务省与美国大使馆之间对拟议日程的预备性讨论，在美国大使馆对此澄清之前外务省将不会提交政府研究美国的照会和备忘录草案。美国对此的解释是，美国此举只有两个目的：一是不贬损美国的行政权，另一个是协商委员会不能成为诸如返还或联合管理冲绳的工具，并明确告诉安川

① Secretary of State David Dean Rusk to American Tokyo Embassy, March 10, 1965, Tokyo 2281. 石井修，我部政明，宫里政玄监修：《アメリカ合衆国対日政策文書集成，第 9 期——日米外交防衛問題：1965 年》，第 8 卷，东京：柏書房 2001 年版，第 47—48 頁。

② American Ambassador Edwin O. Reischauer to Secretary of State David Dean Rusk, March 13, 1965, Tokyo 2865（11966）. 石井修，我部政明，宫里政玄監修：《アメリカ合衆国対日政策文書集成，第 9 期——日米外交防衛問題：1965 年》，第 8 卷，東京：柏書房 2001 年版，第 49—50 頁。

壮美国没有限制通过外交途径在预备性会谈中提出课题的意图。①

日本外务省对秘密备忘录的担心，促使佐藤荣作不得不介入谈判，他认为美国秘密备忘录的表述反映了美国政府在与日本政府讨论与冲绳相关的问题上的犹豫，如果美国认为它会因协商委员会职能的扩大而在对冲绳的管理上被束缚手脚，那么这就注定了协商委员会必定不能令人满意的运行，美国政府应当对扩大协商委员会有一个积极的态度，应当像约翰逊总统那样的坦诚愿意讨论任何问题。但是当被问及何为"任何问题"时，日本的解释其实与美国的期望并无二异。安川壮提出秘密备忘录中对协商委员会功能定位的表述应当是"扩大协商委员会功能的协定不影响美国在和约第三条下对冲绳的权力"，并表示如果这一修改建议美国需要花费时间研究的话，外务省将会准备将之收回。②

从日本外务省对美国照会和备忘录草案的意见以及日本相关官员对新协商委员会的认识来看，二者之间存在着内在的矛盾。日本外务省对在协商委员会内被美国规定活动的底线极不情愿，希望将美日协商委员会变成返还冲绳的平台。但是当面对美国方面的质疑时，日本又极力否认自己内心真实的期望，保证不会利用协商委员会向美国施加返还冲绳的压力。日本的这种内在矛盾既是佐藤荣作面对国内政治压力而希望推动解决冲绳问题的反应，同时也是佐藤政府对自身实力缺乏自信的表现。

---

① American Ambassador Edwin O. Reischauer to Secretary of State David Dean Rusk, March 16, 1965, Tokyo 2898 (14566); Secretary of State David Dean Rusk to American Tokyo Embassy, March 19, Tokyo 2375 (11710). 石井修，我部政明，宫里政玄监修：《アメリカ合衆国対日政策文書集成，第 9 期——日米外交防衛問題：1965 年》，第 8 卷，東京：柏書房 2001 年版，第 51—52 頁、第 53 頁。

② American Ambassador Edwin O. Reischauer to Secretary of State David Dean Rusk, March 25, 1965, Tokyo 3007 (22644). 石井修，我部政明，宫里政玄监修：《アメリカ合衆国対日政策文書集成，第 9 期——日米外交防衛問題：1965 年》，第 8 卷，東京：柏書房 2001 年版，第 56—58 頁。

对于日本人的担忧，赖肖尔向他们保证美国会在协商委员会内采取积极的态度。日本人对备忘录的修改建议很好地将协商委员会的功能与《对日和约》联系起来，赖肖尔认为这能更好地保证美国在冲绳的权益不受损害。他要求国务院迅速同意日本政府的建议以推动协商委员会的进展，这样才能够加强约翰逊总统与佐藤荣作首相首脑会谈在日本所带来的良好反应。在赖肖尔的一再催促下，国务院于 1965 年 3 月 26 日同意了赖肖尔的要求，授权他交换照会并向日本政府递交秘密备忘录。① 4 月 2 日两国完成了相关文件的换文，扩大了美日协商委员会的功能。

第四节　赖肖尔与冲绳返还

一　创建新型美日关系

随着美国在越南战争中越来越多地使用冲绳军事基地，冲绳作为一个政治问题对美日关系的掣肘日益凸显。美国在越南战争中对冲绳和日本本土基地的使用使日本领导人处境尴尬。② 1965 年 5 月 7 日，赖肖尔在给国务卿腊斯克的备忘录中提出，良好的对日关系是美国面临的生死攸关的问题，而冲绳是日美关系中最容易引起争议的地方，在冲绳问题上两国的对立会导致日美关系其他方面的恶化。日本的合作对美国在冲绳的统治不可或缺，赖肖尔希望美国政府以美日对话为基础，确立新的关系，从而将美日关系与冲绳返还

---

① Secretary of State David Dean Rusk to American Tokyo Embassy, March 26, 1965, Tokyo 2439 (16317). 石井修，我部政明，宫里政玄监修：《アメリカ合衆国対日政策文書集成，第 9 期——日米外交防衛問題：1965 年》，第 8 卷，东京：柏書房 2001 年版，第 61—62 頁。

② Michael Schaller, *Altered States: The United States and Japan since the Occupation*, New York & Oxford: Oxford University Press, 1997, p. 191; Views of Prime Minister Sato on Use of Okinawa Bases for Vietnam War, July 30, 1965. Digital National Security Archive, Japan and the United States: Diplomatic, Security, and Economic Relations, 1960 – 1976. ProQuest LLC., 2008. JU00503.

联系起来。① 在国防部长麦克纳马拉的要求下，赖肖尔于 1965 年 7 月 14 日向国防部长和国务卿递交了他对美日关系的评估文件——《我们与日本的关系》。在这一文件中赖肖尔详细阐述了他有关建立新型美日关系的想法。②

赖肖尔向华盛顿的决策者们指出，加强日美关系的重要性不仅在于美国可以以此使日本留在西方阵营，使日本和冲绳的军事基地以及日本的工业能力继续为远东的防务作出贡献，而且还可以使日本对东亚和南亚自由国家的经济开发承担更多责任，为这些地区的政治稳定和安全作出更大贡献。这种状况也符合日本的经济和安全利益。赖肖尔认为，虽然日本执政的自民党对此也有相同的认识，但是日本的行动长期以来受制于其国内马克思主义、自由主义、中立主义以及孤立主义思潮。随着日本经济的迅速增长、日本国内政治局势的缓和、日本对国际形势理解的日益增长以及对马克思主义教条合法性的质疑，日本自民党的地位以及美日关系都得到了加强。按照正常情况，缓慢地推动日本的局势在 1970 年之后仍然这样发展而非走向相反的方向，对美国来说将会是一个很好的政策，这样美国就可以在日本公众舆论准备好接受一个没有必要保留冲绳特殊地位的更为完整的军事同盟之前，将返还冲绳的压力维持在可控的水平。但是日本对越南战争的反应终止了这一有利形势的发展，美国的政策不但遭到了日本保守派的怀疑，更是遭到了日本大众的强烈批评，越南战争已经危及到美日关系良性发展的基础。

赖肖尔认为这种形势使得美国不能再设想通过美日关系的长期良性发展来解决美日两国在 1970 年将面临的问题，冲绳问题很快就会变得不可控。冲绳问题可以将日本保守势力迅速增长的民族主

① 我部政明：《沖縄返還とは何だったのか——日米戦後交渉史の中で》，東京：日本放送出版協会 2000 年版，第 57 頁。

② 除了国防部长麦克纳马拉和国务卿腊斯克外，赖肖尔还将该文件的副本交给了副国务卿乔治·鲍尔、麦克乔治·邦迪以及沃尔特·罗斯托。

义感情与左翼所宣扬的反美主义结合起来，冲绳问题的这一特性使其成为美日关系中最为脆弱之处。虽然日本政府高层理解冲绳基地对日本的防务与远东安全的重要性，但是在国内政治斗争的压力下，它极有可能将政治利益置于日本的安全利益之上。丧失日本政府的支持，美国在冲绳的地位将会面临国际社会的责难，美日两国在冲绳问题上的冲突将会严重恶化美日关系的其他方面。据此赖肖尔得出结论，他认为等待美日两国关系良性发展的时间已经耗尽，美国需要推动与日本确立一种在长时期内切实可行的新关系的发展，承认日本民族主义的复兴及其在世界上发挥更大作用的渴望，加强日本在世界上的地位。

如何与日本发展这种新型关系？赖肖尔提出，首先，美国必须要采取所能实施的一切措施减少美日之间的分歧，以便为新型关系的成功发展争取更多时间。为此美国应当将日本对越南战争的反应纳入美国对越南政策的决策中，使日本参与到对越南的国际行动当中，减少两国在经贸和基地方面的冲突。最为重要的是在冲绳方面，美国应当通过继续增加当地自治和大规模增加经济援助的方式，将因冲绳问题引发的麻烦减少到最低限度。因为缺乏资金，冲绳当前的教育和社会保障水平要明显低于日本，这迫切需要美日联合努力弥补其中的不足，日本政府已经承诺增加援助，美国要承担自己的责任就必须修改《普赖斯法》中对冲绳1200万美元援助的上限。其次，美国应当认真准备就走向新型美日关系与日本政府谈判。研究与日本建立长期防务关系的可能性，明确在日本及其周边地区的防务需求及两国军队的职责；研究与日本更为密切和富有成效的关系的可能性，鼓励日本在东南亚发挥政治领导作用，以日本对东亚和南亚自由国家经济开发上的贡献来平衡美国在军事方面的贡献；确定美国对冲绳的实际需求，应对即将到来的返还。最后，赖肖尔建议美国通过各种途径开始与日本高层接触，为将来谈判做准备。^① 美国在日本的困境因冲绳问题而起，赖肖尔所设计的方案就是试图通过日本部分地承担美国在远东的责任，以减少美国对冲绳的需求，从而消除影响美日关系健康发展的根源。

两天后，赖肖尔又与陆军部以及国务院负责东亚事务的官员讨论了美国在冲绳的政策。陆军部长与赖肖尔达成共识，认为有必要将美国对冲绳援助的上限提高到 2500 万美元，这不仅可以使美国在援助冲绳方面获得充足的资金，而且也使佐藤荣作能够在 8 月的冲绳之行中宣布提供大规模经济援助，从而使冲绳的政局朝着有利于美国的方向发展。赖肖尔要求将对冲绳的援助主要集中在教育和社会保障体系上。他向陆军部长里索（Stanley R. Resor）解释，美国对冲绳的援助并不是大规模地提升冲绳人的生活水平，那样是不现实的，美国应该依照日本本土县的水平向冲绳提供援助。因此，他认为高级专员沃森关于公开明确提高冲绳人生活水平所要达到目标的建议是很好的想法。但是里索认为沃森确定的目标太高而无法实现，因而对其明智性深表怀疑，他希望美国最好将目光放在可以实现的目标上。赖肖尔虽然同意里索的看法，但是它更注重通过沃森的这一举动所能够带来的政治影响。对于冲绳形势的发展，赖肖尔向陆军部和国防部的官员再次表达了他在 7 月 14 日所递交的报

---

① Our Relations with Japan, July 14, 1965. Digital National Security Archive, Japan and the United States: Diplomatic, Security, and Economic Relations, 1960 – 1976. ProQuest LLC., 2008. JU00492, JU00493; 石井修，我部政明，宫里政玄監修：《アメリカ合衆国対日政策文書集成，第 9 期——日米外交防衛問題：1965 年》，第 6 卷，東京：柏書房 2001 年版，第 232—238 頁；Memorandum from the Ambassador to Japan (Reischauer) to Secretary of State Rusk: Our Relations with Japan, July 14, 1965. Foreign Relations of the United States, 1964 – 1968, Volume 29, Part 2, Japan. pp. 104 – 110. 其中 JU00493 与另外三者的区别为缺少正文前的说明页，该页说明了文件产生的原因及其送交的人员。

告中的看法。^①

赖肖尔认为，越南战争强化了日本人和冲绳人的民族主义情绪，他们将日本、越南和冲绳三者通过美国对冲绳军事基地的使用直接联系起来，由对越南的关注转向对整个日美关系的不满。日美关系中的潜在危机在 1970 年《新安保条约》到期之前就会爆发，而对美国来说，不幸的是，它很难在短期内解决越南问题，这使美国当前在冲绳的地位维持的时间很难再超过两年。如果美国不注意日本人对冲绳的关注，那么这个时期还会大大缩短。因此，美国必须寻求以新的基础与日本共处。^② 赖肖尔认为美国必须在日本执政的自民党最棘手的冲绳采取行动，如果美国成功的话，那对美日两国都将是一笔巨大的财富。

对于解决冲绳问题的出路，司法部长肯尼迪在 1962 年访问日本时，时任日本自民党政务调查会会长的田中角荣^③（Kakuei Tanaka）曾经对他表示，解决冲绳问题最好的办法就是日本政府允许在日本配置核武器。赖肖尔希望就此与自民党主要领导人进行秘密讨论，如果日本政府接受在日本配置核武器，实现冲绳与日本的一体化，并保证美国军事长官在紧急时期可以有效地重新控制冲绳，那么美国就可以考虑返还除军事基地外的行政权，甚至是将冲绳完全

---

① 　U. S. Policy in the Ryukyu Islands, July 16, 1965. Digital National Security Archive, Japan and the United States: Diplomatic, Security, and Economic Relations, 1960 – 1976. ProQuest LLC., 2008. JU00498；石井修，我部政明，宫里政玄監修：《アメリカ合衆国対日政策文書集成，第 9 期——日米外交防衛問題：1965 年》，第 6 卷，東京：柏書房 2001 年版，第 8—17 頁；Confidential U. S. State Department Central Files, Japan（February 1963 – 1966）: Internal Affairs and Foreign Affairs, Reel 44, pp. 402 – 411.

② 　Assistant Secretary for Far Eastern Affairs of State（William Bundy）to Secretary of Defense（Robert McNamara）: Department of State Considers Future Plans for the Use of Okinawa in B – 52 Strikes in Vietnam, July 31, 1965. 石井修，我部政明，宫里政玄監修：《アメリカ合衆国対日政策文書集成，第 9 期——日米外交防衛問題：1965 年》，第 8 卷，東京：柏書房 2001 年版，第 447 頁 65 – 8 – 447；Declassified Documents Reference System, Farmington Hills, Mich.：Gale, 2011, Document Number：CK3100226183 – CK3100226184.

③ 　此时田中角荣由大藏大臣转任自民党干事长。

返还给日本。①

佐藤荣作于 1965 年 8 月 19—21 日讯问冲绳，这是战后日本在任首相首次访问冲绳。他在那霸机场"只要冲绳尚未返还，对日本来说战后就没有结束"的演讲，标志着佐藤政府正式提出了冲绳返还问题。冲绳之行使佐藤认识到了冲绳人的希望与日本的经济援助之间的差距，并意识到要最终实现冲绳返还。但是在当前冲绳基地对远东和日本安全至关重要之时，在近期完全返还冲绳不可能实现，而将冲绳基地权与行政权分开的设想也有困难。因此，对佐藤荣作来说，唯一现实的方法是填平这一差距。② 为此他决定成立包含藏相、自治相、农林相、厚生相、文部相、内阁官方长官以及首相办公室主任组成的内阁冲绳委员会处理冲绳问题。

在 9 月 7 日的内阁冲绳委员会第二次会议上，日本政府明确了对冲绳问题的认识，厘清了日本今后在处理冲绳问题上的思路，它排除了 7 月 16 日赖肖尔与陆军部和国务院讨论冲绳问题时提出的通过在日本本土配置核武器而实现部分返还冲绳的可能。这样冲绳问题的最终解决只能是完全返还。同时该会议也统一了日本领导人在冲绳问题上的立场，充分表明了日本希望通过现有的合作机制更多地参与到冲绳事务中的愿望。这被赖肖尔视作是日本在冲绳问题

① U. S. Policy in the Ryukyu Islands, July 16, 1965. Digital National Security Archive, Japan and the United States: Diplomatic, Security, and Economic Relations, 1960 – 1976. ProQuest LLC., 2008. JU00498；石井修，我部政明，宫里政玄監修：《アメリカ合衆国対日政策文書集成，第 9 期——日米外交防衛問題：1965 年》，第 6 卷，東京：柏書房 2001 年版，第 8—17 頁；Confidential U. S. State Department Central Files, Japan (February 1963 – 1966): Internal Affairs and Foreign Affairs, Reel 44, pp. 402 –411.

② Visit of Prime Minister Sato to Okinawa, August 25, 1965, Tokyo 690 (19026). FRUS: 1964 –1968, Vol29, Japan: 59；Digital National Security Archive, Japan and the United States: Diplomatic, Security, and Economic Relations, 1960 – 1976. ProQuest LLC., 2008. JU00509；石井修，我部政明，宫里政玄監修：《アメリカ合衆国対日政策文書集成，第 9 期——日米外交防衛問題：1965 年》，第 4 卷，東京：柏書房 2001 年版，第 135—137 頁；Declassified Documents Reference System, Farmington Hills, Mich.: Gale, 2011, Document Number：CK3100486314 – CK3100486316.

上与美国积极合作的表现。①

　　赖肖尔返回东京后即对建设新型美日关系向佐藤荣作进行了谨慎的试探。赖肖尔向佐藤强调东南亚的重要性，希望日本能够通过经济援助的方式配合美国在越南的行动。但是佐藤对此反应消极，他只关注经济问题而不想将自己卷入美国的越南战争。他认为美日之间当前关系的恶化是由经济问题引起的，只要日本的国际地位得到改善，美日关系的环境也会随之改善。佐藤的这种姿态被赖肖尔视为在美国迫切需要日本的帮助之时，佐藤希望避免就相互利益和安全作出严肃的交换，这使赖肖尔颇为失望。② 威廉·邦迪对此也极为忧虑，为了消除日美之间的摩擦，推动日本更好地为美国在远东的利益服务，远东司极力向腊斯克国务卿建言接受赖肖尔大使的意见。③

二　重审冲绳政策

　　1965 年 9 月 25 日，腊斯克国务卿致函麦克纳马拉国防部长，表示支持赖肖尔在 7 月 14 日的备忘录中所提出的建立新型日美关系的建议，以协调日本民族主义的增长、东南亚增长的共产主义威胁以及日本在日美关系中更为坚定的立场和在自由世界中发挥更大

---

　　① American Ambassador Edwin O. Reischauer to Secretary Rusk, September 8, 1965, Tokyo 856 (05723). 石井修，我部政明，宫里政玄监修：《アメリカ合衆国对日政策文書集成，第 9 期——日米外交防衛問題：1965 年》，第 8 卷，东京：柏書房 2001 年版，第 249—250 頁。

　　② American Ambassador Edwin O. Reischauer to Secretary Rusk：Efforts to Strengthen U. S. -Japan Relations, September 4, 1965, Tokyo 818 (03579). Digital National Security Archive, Japan and the United States：Diplomatic, Security, and Economic Relations, 1960 – 1976. ProQuest LLC., 2008. JU00514；石井修，我部政明，宫里政玄监修：《アメリカ合衆国对日政策文書集成，第 9 期——日米外交防衛問題：1965 年》，第 6 卷，东京：柏書房 2001 年版，第 42—45 頁。

　　③ Assistant Secretary for Far Eastern Affairs (William P. Bundy) to Secretary Rusk：U. S. -Japan Relations, September 3, 1965. 石井修，我部政明，宫里政玄监修：《アメリカ合衆国对日政策文書集成，第 9 期——日米外交防衛問題：1965 年》，第 6 卷，东京：柏書房 2001 年版，第 225—226 頁；宫里政玄：《日米関係と沖縄 1952—1972》，东京：岩波書店 2000 年版，第251 頁。

作用的要求。腊斯克认为当前美国在日本面临的形势是危机与机遇并存，美国应当与日本高层进行会谈，讨论双方的共同利益并鼓励日本发挥更大的作用。但是在此之前，他建议国务院和国防部应当首先进行秘密研究，明确未来几年日本的防务力量的使命、规模和组成以及美国未来对冲绳的需求，以便研究在不损害冲绳基地价值的情况下向日本移交行政权的可行性，同时还要明确美日两国的战略关系。腊斯克同意由赖肖尔与日本领导人进行非正式会谈，但是赖肖尔不能向日本人透露美国准备对冲绳政策的基础进行修改的意向。① 腊斯克将协调国务院进行研究的权限交给了远东事务助理国务卿威廉·邦迪，他希望国防部内能由陆军部长里索负责协调。鉴于一直以来美国认定冲绳对其远东地位至关重要，这种重要性因美国在东南亚的军事行动而再次强化，国务院希望两部组成的研究小组能够迅速完成研究草案，明确界定美国在冲绳的需求。②

10 月 11 日，麦克纳马拉致信腊斯克，同意由两部联合研究日本防卫力量、冲绳以及美日战略关系，并交由负责国际安全事务的助理国防部长约翰·麦克诺顿（John T. McNaughton）负责。10 月 13 日，参谋长联席会议也同意对此进行研究，但同时强调必须要认识到美国对冲绳的管辖权对美国的安全利益不可或缺。获得各方同意后，威廉·邦迪于 11 月 10 日致信麦克诺顿，建议组建国防部—国务院联合研究小组并邀请白宫代表参加对冲绳及日本防务问题的联合研究，争取在 1966 年 1 月 15 日完成研究草案，3 月 1 日

---

① Ambassador Reischauer's July 14 Memorandum on Situation in Japan, September 25, 1965. Digital National Security Archive, Japan and the United States: Diplomatic, Security, and Economic Relations, 1960 – 1976. ProQuest LLC. , 2008. JU00520.

② Your Luncheon Meeting with Secretary Resor, 12: 30 p. m, September 30, 1965. Digital National Security Archive, Japan and the United States: Diplomatic, Security, and Economic Relations, 1960—1976. ProQuest LLC. , 2008. JU00522；石井修，我部政明，宫里政玄监修：《アメリカ合衆国対日政策文書集成，第 8 期——日米外交防衛問題：1964 年》，第 8 巻，東京：柏書房 2001 年版，第 187—193 頁。

将研究结果上交决策层。① 国防部于 11 月 22 日同意了邦迪的建议，由邦迪和麦克诺顿分别代表国务院和国防部。至此，以赖肖尔在越南战争升级后对日美关系的分析为基础，美国终于开始对冲绳返还进行研究。为了明确军方在冲绳问题上的立场，麦克纳马拉于 11 月 24 日指示参谋长联席会议对冲绳问题进行单独研究。一个月后的 12 月 23 日，参谋长联席会议向麦克纳马拉递交了名为《冲绳的未来》的研究备忘录，详细汇报了参谋长联席会议对冲绳问题的认识。该备忘录的分析经麦克纳马拉批准后成为国防部在冲绳问题上立论的基础。②

参谋长联席会议的研究结论是不能改变当前美国对冲绳的统治地位。参谋长联席会议认为，将冲绳返还给日本将会降低美国的战略态势并严重削弱美国在远东的军事地位，在可预见的未来，美国对冲绳的单独管辖权对美国和自由世界的安全利益仍然是必不可少的。最近美国使用冲绳基地支持在越南的军事行动在日本国内成为严重的政治问题，这就已经说明了返还冲绳后美国将会遇到的问题的本质，即使双方缔结特殊协定，这种困难也难以避免。而近期（共产党）中国日益增长的好斗姿态、中国核能力的增长以及东南亚等中国周边地区出现的不安定状况，则进一步表明现在试图确定向日本返还冲绳的时间表既为时尚早也不现实。鉴于美军在越南战争中使用冲绳基地所遇到的困难，参谋长联席会议确认向日本移交任何有关冲绳的行政权力都将会严重削弱冲绳基地的军事价值。因此参谋长联席会议坚持只要美国仍然保留在冲绳的基地，那么美国单独控制冲绳行政事务对防止其他国家对美国使用冲绳基地直接施

---

① Joint State-Defense Department Studies of Japanese Defense, the Ryukyus and the U. S. -Japan Strategic Relationship, November 10, 1965. Digital National Security Archive, Japan and the United States: Diplomatic, Security, and Economic Relations, 1960 – 1976. ProQuest LLC., 2008. JU00530; 宮里政玄:《日米関係と沖縄 1952—1972》，東京：岩波書店 2000 年版，第 252 頁。

② 宮里政玄:《日米関係と沖縄 1952—1972》，東京：岩波書店 2000 年版，第 252 頁。

加政治限制就是必不可少的；否则以冲绳为基地的美军行动的灵活性就会受到限制，甚至"我们"在远东的核能力也会受到影响。另外，参谋长联席会议认为日本既不愿意按照美国的要求增加防务建设，也不愿意分担自由世界在太平洋地区的防务负担，这种状况增加了美国继续管理冲绳的需要，在此背景下，就美国对冲绳需求的减少作出预期还为时过早。而且参谋长联席会议也认为赖肖尔大使在 7 月所担心的冲绳和日本严峻的政治形势已经得到了改善，日本政府已经走出了困境，并继续默许美国对冲绳的完全管理。为了进一步减少冲绳问题给两国带来的困扰，参谋长联席会议表示，他们虽然反对放弃或与日本分享对冲绳的行政管辖权，但是支持在对美国安全利益没有负面影响或不削弱美国军事活动自由的情况下，扩大冲绳自治并在美日协商的框架内增加日本对冲绳的经济援助。[①]

参谋长联席会议特别强调在美日协商的框架内增加日本对冲绳的经济援助，其目的是控制日本迅速增长的对冲绳援助，适当维持美日两国对冲绳经济援助的比例。自 1961 年美国同意日本向冲绳提供大规模经济援助后，日本对冲绳的经济援助稳步增长，其1964—1965 年的援助预算已经超过了美国，达到 1610 万美元。[②] 反观美国对冲绳的经济援助则一直受到《普赖斯法》的限制，虽然陆军部试图将之提高到 2500 万美元，但是国会只批准了 1200 万美元。军方和赖肖尔都认为冲绳在公共卫生、教育以及福利水平上的落后是美国所面临的冲绳问题的一个根源。在国防部看来，只要美国对远东仍有防务承诺，美国就必须通过经济援助消除冲绳人对这

① Memorandum from the Joint Chiefs of Staff to Secretary of Defense McNamara, Future of the Ryukyu Islands (JCSM - 900 - 65), December 23, 1965. Foreign Relations of the United States, 1964 - 1968, Volume 29, pp. 132 - 134；我部政明：《沖縄返還とは何だったのか——日米戦後交涉史の中で》，東京：日本放送出版協会 2000 年版，第 59 頁；宮里政玄：《日米関係と沖縄 1952—1972》，東京：岩波書店 2000 年版，第 252—253 頁。

② 崔丕：《冷战时期美日关系史研究》，中央编译出版社 2013 年版，第 280 页。

种落后的不满。① 但是两国对冲绳经济援助的比例在 1966 年出现了逆转，使军方看到了另一种危机——对冲绳援助的主导权如果转向日本，美国在冲绳的贡献将会被无视。在陆军部看来，日本对冲绳援助的急剧增加已经改变了美国对冲绳援助的性质，② 在促进冲绳发展的同时更兼具了与日本在冲绳争夺民心的功能。在感受到这种危机后，陆军部在国务院的支持下于 1966 年再次要求国会将对冲绳援助的拨款上限提高到 2500 万美元，但是仍未获得国会的支持。

在这种背景下，约翰逊政府不得不转变思路，直面冲绳问题。约翰逊于 1966 年 3 月 22 日指示建立由助理国务卿、助理国防部长、参谋长联席会议主席、中央情报局局长、新闻署主任、总统安全事务助理等高级官员组成的高级部际委员会（Senior Interdepartmental Group）及其下设机构远东部际地区委员会（Interdepartmental Regional Group，FE），负责对日本防卫力量、美军冲绳基地、《日美安保条约》以及美日整体关系进行审查。③ 次日，高级部际委员会即指示远东部际地区委员会准备就"我们未来在冲绳的需求"进行研究，其中必须包括未来是否可以在不损害冲绳基地价值的情况下，将冲绳的行政权移交给日本，以及这种返还是否会有益于形成对美国基地更为安全的政治环境。远东部际地区委员会仔细调查后认为，在得出确切结论和建议之前，他们还需要对日本和冲绳的态度、美国未来在冲绳的需求以及改变美国当前在冲绳的政策与管理体制的愿望和可行性进行进一步的研究。远东部际地区委员会为此专门设立了一个工作小组进行相关研究，它将会参照参谋长

① Letters between Under Secretary of Department of Army David E. McGiffert and Assistant Secretary for Far Eastern Affairs of State William Bundy, February 15/18, 1966. 石井修，我部政明，宮里政玄監修：《アメリカ合衆国対日政策文書集成，第 10 期——日米外交防衛問題：1966 年》，第 8 卷，東京：柏書房 2002 年版，第 20—21 頁。

② 崔丕：《冷战时期美日关系史研究》，中央编译出版社 2013 年版，第 280 页。

③ 我部政明：《沖縄返還とは何だったのか——日米戦後交渉史の中で》，東京：日本放送出版協会 2000 年，第 59 頁。

联席会议在《冲绳的未来》中所表达的意见以及其他相关机构的研究结果完成自己的报告。远东部际地区委员会要求该工作组最终提交的报告内容将包括：A. 美国为军事目的在冲绳所需要的基本设施、权力以及控制力的评估；B. 在美国继续管理冲绳的情况下，采取何种措施能够满足冲绳扩大自治和密切与日本的联系以及日本扩大在冲绳事务中的作用的渴望；C. 在保留 A 项需求基础上与日本进行返还冲绳施政权的谈判的可行性，无论此种谈判是由美国还是日本发起。D. 以这些评估为基础向远东部际地区委员会递交具体的建议。远东部际地区委员会将会依据该报告向高级部际委员会汇报并提出自己的建议。[①]

　　1966 年 4 月 30 日，美国国务院完成了美国对冲绳政策的研究，国务院采纳了赖肖尔大使在给腊斯克国务卿的报告中对冲绳问题的见解，强烈反对参谋长联席会议在去年 12 月 23 日作出的美国不能接受返还冲绳的结论。国务院认为美国现行政策是试图长期维持冲绳基地，这导致了有关冲绳问题的安定环境遭到破坏。冲绳人对美国统治的不满与日本对美国统治其领土的反感都在日益增加，美国在冲绳的地位在未来 2—5 年内将会受到威胁。无论是冲绳还是日本都认识到了军事基地的经济意义，因此这种不满的根源并非美国军事基地的存在，而是美国的统治。日本政府也希望维持冲绳基地的有效性，它会极力避免在冲绳问题上与美国决裂。因此，它在国内承受着要求返还对冲绳的民事行政权的强大压力。对此美国只有两个选择——返还冲绳施政权或者是在美国的统治下满足冲绳与日本的愿望。由于参谋长联席会议认为向日本返还施政权将会损害冲绳军事基地的价值，因此在不能实现返还施政权的情况下，美国应

---

　　① U. S. Policy in the Ryukyu Islands, June, 1966. Digital National Security Archive, Japan and the United States: Diplomatic, Security, and Economic Relations, 1960 – 1976. ProQuest LLC., 2008. JU00573；宫里政玄：《日米関係と沖縄 1952—1972》，東京：岩波書店 2000 年版，第 253—254 頁。

当采取如下措施来满足日本的要求：将对冲绳军事基地的管理与民事行政权分开，尽可能地将与军事设施和安全保障没有直接关系的政治、经济和行政事务交由琉球政府处理；确立日本政府与琉球政府之间坦率的合作关系，使冲绳的行政与日本接轨；同时与日本政府协商，在经济、社会和政治方面提供最大限度的支持以获得日本对冲绳基地的安全保障。①

　　国务院的这一观点提出后遭到了以陆军部、美国驻冲绳高级专员沃森以及参谋长联席会议为代表的军方的强烈反对。为了反击国务院的观点，陆军部于5月20日完成了自己对"美国对冲绳的政策"的研究。国防部与国务院在向日本返还施政权之外在应当如何满足日本和冲绳的要求上并无本质分歧，双方的分歧表现在维持美国对冲绳的统治上。陆军部强烈质疑国务院对冲绳事态严重性的分析，认为美国应当尽可能地维持在冲绳的军事基地，虽然最终必须向日本返还冲绳的施政权，但是这不能成为认为参谋长联席会议的结论是错误的依据。陆军部对国务院应当结束美国在冲绳统治的建议极为不满，强烈要求禁止各部对美国为了军事目的而在冲绳所必需的设施、权力以及管理方面进行联合研究，尤其是在越南战争需要冲绳基地的情况下，应当将该项权力收归参谋长联席会议。为此陆军部认为国务院关于设立最高级工作组的建议完全没有必要，高级部际委员会下既有的机构完全能够胜任对冲绳的研究工作，并要求国务院按照军方提出的意见对草案进行修改。②

　　按照高级部际委员会的要求，国务院与国防部在5月分别完成了自己的政策评估，并在远东部际地区委员会内就他们应当向高级部际委员会递交的日本防卫力量、美日安保条约以及美日整

---

① 宫里政玄：《日米関係と沖縄 1952—1972》，東京：岩波書店2000年版，第254—255頁。

② 同上書，第255—256頁。

体关系三个文件达成共识，但是在有关冲绳问题的研究上两部分歧很大。①

对于国务院和国防部在冲绳问题上的冲突，赖肖尔大使认为它们不可能就此及时达成一致，以便远东部际地区委员会向高级部际委员会汇报。在赖肖尔看来，国防部在《美日整体关系》与其《冲绳》草案中对日本的认识截然相反，它在有关冲绳的文件中对日本的判断是对日本形势的误解。如果国防部自身不解决这种内在矛盾，那么国务院与国防部在《美日整体关系》文件中在对日政策和行动方面达成的共识就会失去实际意义。赖肖尔认为，在冲绳的根本问题不是如何阻止美国在冲绳权力的弱化，而是如何防止美国丧失冲绳基地及有意义的美日关系。因此，冲绳问题在本质上是政治判断问题，需要美国对冲绳以及更为重要的日本国内政治形势的充分认识，所以美国对冲绳的政策应当以美国对日整体形势的评估和美国对日政策决策为基础。赖肖尔认为国务院和大使馆的认识充分把握了日本和冲绳的政治现实，而国防部在冲绳问题上的立场则完全无视这一基本情况，无视国务院和美国大使馆对冲绳当前政治形势只能维持2—5年的警告。国防部认为美国即使失去了日本也可以退守冲绳继续保卫远东地区，这是将维持美国在冲绳理论上的权力置于美日关系之上。赖肖尔认为冲绳问题只是美日整体关系中的一部分，因此国防部的这种设想是完全不现实的，冲绳与日本本土之间存在着不可分割的互动关系，如果美日关系到了丧失在日本的基地这一危险地步，那么美国丧失冲绳基地将

---

① The U. S. -Japan Over-all Relationship, May 27/June, 1966; Tenth Meeting-June 7, 1966, 4: 00 p. m, June1, 1966. Digital National Security Archive, Japan and the United States: Diplomatic, Security, and Economic Relations, 1960 – 1976. ProQuest LLC. , 2008. JU00570, JU00572, JU00574. 其中 JU00570 为原始文件，JU00572 为经过修改后的文本，并整体成为 JU00574 的附件。1966 年 5 月 27 日，远东部际地区委员会就这三个文件达成共识并提交给高级部际委员会以供其在 6 月 7 日召开的第 10 次会议上讨论。因国务院与国防部在冲绳问题上的分歧，远东部际地区委员会这次没有提交有关冲绳基地的研究文件，直到 6 月 6 日才递交了一份说明性的文件。

只是时间问题。

　　基于以上判断，赖肖尔强烈要求由国务院主导对冲绳的评估工作，这一点与陆军部坚持掌握对冲绳政策主导权的立场颇为相似。鉴于国务院和国防部难以弥合的分歧，赖肖尔大使认为仅仅是工作层面上的工作组只会继续当前已经存在分歧，这一困境只有建立更高级别的工作组才能有效地解决。[①]

　　国务院与国防部在冲绳问题上的争执引起了总统国家安全事务特别助理麦克乔治·邦迪[②]的关注。他辞职后在访日期间就冲绳问题进行了研究，得出了与赖肖尔大使类似的结论。邦迪认为虽然当前在冲绳还没有迫切的困难，但是这一形势会在 1968 年之前发生改变，美国只有半年的时间来制定可以与日本讨价还价的政策。在邦迪看来，与日本最令人满意的交易是美国以向日本返还冲绳行政权换取日本同意美军自由使用冲绳基地的明确保证，但是他很清楚，日本在给予美军核权力方面存在巨大障碍。赖肖尔大使对此的意见是美国要给予日本政府转变的时间，并在日本完成转变之前明确自己的具体政策，这种认识也为邦迪所接受。鉴于国务院与国防部较低级别的研究对弥合两部的分歧效果欠佳，麦克乔治·邦迪向约翰逊总统提议白宫直接介入对冲绳问题的研究，虽然他还没有见到赖肖尔大使对国防部与国务院分歧的分析报告，但是他与赖肖尔一样强调处理冲绳问题时的政治判断，并提醒约翰逊总统注意美国参议院和国防部都缺乏这种思维

---

　　① Divergence of Views between Defense and State Departments regarding Ryukyus, May 24, 1966. Digital National Security Archive, Japan and the United States: Diplomatic, Security, and Economic Relations, 1960－1976. ProQuest LLC. , 2008. JU00568；石井修，我部政明，宫里政玄監修：《アメリカ合衆国対日政策文書集成，第 10 期——日米外交防衛問題：1966 年》，第 5 卷，東京：柏書房 2002 年版，第 13—17 頁。

　　② 1966 年 2 月 28 日，麦克乔治·邦迪递交辞呈，辞去总统国家安全事务助理职务，出任福特基金会主席。

方式。①

　　1966 年 6 月 7 日，高级部际委员会召开了第 10 次会议，就冲绳问题的研究达成了共识。高级部际委员会认为，只要不受限制地使用冲绳的设施对美国在远东乃至世界范围内的军事能力仍然至关重要，除非有充分的证据表明日本公众与官方对冲绳的态度会发生损害美日整体关系的改变，美国就不应当改变保持在冲绳的行政权的现行政策，而应该尽量协调冲绳人扩大自治权的渴望以及满足日本扩大在冲绳非行政性事务中的作用的要求。这样美国对冲绳的政策就会与《美日整体关系》文件中两国根本利益相同的结论相一致，美国在这一地区的外交应当追求保持并密切与日本之间的政治、经济以及安全联系，并鼓励日本为了自己的国家利益承担更多的责任。同时美国也必须承认，关注冲绳形势的人越来越多，因此，美国必须密切关注他们要求返还冲绳的情绪的发展，并准备应对包括日本政府可能主动提出的要求在内的任何形势变化。因此远东部际地区委员会在完成最终报告并递交建议之前，还应当依据参谋长联席会议于 1965 年 12 月 23 日提出的《冲绳的未来》以及其他相关部门递交的文件，对冲绳和日本的态度、这些态度可能发生改变的本质、美国对冲绳政策的指导方针修正的幅度以及美国应对日本倡议的恰当方针等课题进行研究。为了推动对冲绳问题的研究，高级部际委员会决定依据麦克乔治·邦迪的意见设立高级别的冲绳工作组来执行此项任务。②

---

　　① Memorandum from McGeorge Bundy to President Johnson: Futre of Okinawa, May 23, 1966. Foreign Relations of the United States, 1964 – 1968, Volume 29, pp. 136 – 137.

　　② Our Ryukyus Bases (Proposed for a Study Group), June 3, 1966. Digital National Security Archive, Japan and the United States: Diplomatic, Security, and Economic Relations, 1960 – 1976. ProQuest LLC., 2008. JU00575；石井修，我部政明，宮里政玄監修：《アメリカ合衆国対日政策文書集成，第 10 期——日米外交防衛問題：1966 年》，第 1 卷，東京：柏書房 2002 年版，第 15—18 頁。

三　美国对冲绳政策的巨变

依据邦迪的意见设立的冲绳工作组，由国务院的日本问题专家、远东局日本科科长理查德·斯奈德（Richard L. Sneider）出任组长，其成员包括负责国际安全事务的助理国防部长、参谋长联席会议、陆军部常务助理部长以及白宫参谋汤姆逊。① 远东部际地区委员会要求冲绳工作组在 7 月 15 日之前首先完成以下事项的评估并递交报告：

A. 冲绳和日本公众及官方的态度，包括未来四五年内可能发生的变化以及这种变化可能会对美日整体关系的影响的评估；

B. 分析在美国继续统治下可以采取什么措施应对冲绳人增加自治并密切与日本的交往的愿望以及日本在冲绳事务中发挥更大作用的要求，包括在美日冲绳协商委员会内与日本协商的程度以及此种措施是否有利于在未来几年内控制日本要求返还冲绳施政权的压力。②

高级部际委员会将会依据冲绳工作组的研究结论决定是否对以下课题进行进一步研究：

A. 如果美国向日本移交冲绳的行政权不可避免，那么此举对

---

① 河野康子：《沖縄返還をめぐる政治と外交》，東京：東京大学出版会 1994 年版，第 240 頁。

② Our Ryukyus Bases（Proposed for a Study Group），June 3, 1966. Digital National Security Archive, Japan and the United States: Diplomatic, Security, and Economic Relations, 1960 – 1976. ProQuest LLC., 2008. JU00575；石井修，我部政明，宮里政玄監修：《アメリカ合衆国対日政策文書集成，第 10 期——日米外交防衛問題：1966 年》，第 1 卷，東京：柏書房 2002 年版，第 15—18 頁。Secretary Rusk's Cable to Ambassador Reischauer and General Watson Requesting a Report on What Steps Might be Taken Under Continued U. S. Administrative Authority to Deal with Ryukyuan Autonomy and Japanese Desires for a Greater Role in Ryukyuan Affairs, July 14, 1966. 石井修，我部政明，宮里政玄監修：《アメリカ合衆国対日政策文書集成，第 10 期——日米外交防衛問題：1966 年》，第 9 卷，東京：柏書房 2002 年版，第 172—174 頁；Declassified Documents Reference System, Farmington Hills, Mich.: Gale, 2011, Document Number: CK3100054295 – CK3100054297.

美国冲绳基地的影响以及对美国整体防务态势的损害；

B. 在向日本移交行政权时，能够确保美国在冲绳以及其他地方必要的军事功能得以继续的紧急计划；

C. 在冲绳或其他让任何地方搬迁或建设替代设施的必要花费；

D. 评估部分移交行政权的财政支出。①

冲绳工作组于 1966 年 6 月 14 日召开第一次工作会议，初步讨论了各方对冲绳问题的态度，之后国务院和国防部联合致电赖肖尔大使和高级专员沃森将军，要求他们分别就所在地及对方所驻地对冲绳问题的态度作出评估，并就美国继续统治下应当采取的措施向华盛顿提出具体建议。为了使冲绳工作组能够在 7 月 1 日顺利完成研究报告的初稿，华盛顿希望赖肖尔大使和沃森将军能够在 6 月 24 日之前提交秘密报告。②

赖肖尔按照华盛顿的指示对日本公众和政府对冲绳问题的认识与态度进行了研究，虽然他也承认日本本土的主张在冲绳会有所反应，但是为了保持与高级专员沃森在冲绳问题上的良好合作关系，他拒绝了对沃森管辖下的冲绳的状况进行评论。赖肖尔认为日本本土对冲绳的态度已经发生了根本性的变化。刚刚媾和之时，除了既反对美国的行政权又反对美国军事基地的日本极左势力，其他势力

---

① Our Ryukyus Bases (Proposed for a Study Group), June 3, 1966. Digital National Security Archive, Japan and the United States: Diplomatic, Security, and Economic Relations, 1960 – 1976. ProQuest LLC. , 2008. JU00575；石井修，我部政明，宫里政玄监修：《アメリカ合衆国対日政策文書集成，第 10 期——日米外交防衛問題：1966 年》，第 1 卷，東京：柏書房 2002 年版，第 15—18 頁；宫里政玄：《日米関係と沖縄 1952—1972》，東京：岩波書店 2000 年版，第 257—258 頁。

② Secretary Rusk's Cable to Ambassador Reischauer and General Watson Requesting a Report on What Steps Might be Taken Under Continued U. S. Administrative Authority to Deal with Ryukyuan Autonomy and Japanese Desires for a Greater Role in Ryukyuan Affairs, July 14, 1966. 石井修，我部政明，宫里政玄监修：《アメリカ合衆国対日政策文書集成，第 10 期——日米外交防衛問題：1966 年》，第 9 卷，東京：柏書房 2002 年版，第 172—174 頁；Declassified Documents Reference System, Farmington Hills, Mich.：Gale, 2011, Document Number：CK3100054295 – CK3100054297.

的冲绳观都是被动的。虽然日本政府将冲绳与"祖国"的重新统一视为最终目标，但它同时也认为战败投降已经剥夺了日本影响冲绳命运的权力，因而政府的当务之急应当在日本本土。但是最近几年随着日本重新成为远东大国以及世界舞台上的重要国家，这种转变带来了日本民族自豪感的复活，这在实际上不可避免地增加了日本对属于它，但仍处于外国统治下的领土和人民的关注。现在绝大部分日本人已经认为冲绳问题是美日关系中最为重要的课题，[①] 以致现在日本的中间势力乃至保守党都已经像左翼势力那样关注冲绳问题。在原殖民地国家日益蔓延的民族主义以及欧洲的戴高乐主义高涨的情况下，日本强烈地感到需要有自己的国家主张以及与强国平等的地位，但是冲绳的存在与它的这种愿望格格不入。赖肖尔认为日本政府对待冲绳问题的态度是积极的，对美日关系也是有利的，它既关注冲绳人的需要和愿望，同时也承认冲绳对美日两国的防务意义，因而日本政府在冲绳问题上面临着双重压力。美国要求日本政府继续明确支持维持美国在冲绳的现状是不现实的，这无视了日本国内政治的压力，如果日本政府不能保持对冲绳的民族主义情绪的控制和引导，那么它将会对自民党和美日关系产生不利影响。

赖肖尔认为日本民族主义的增长使美国在冲绳危险与机遇并存，美国对冲绳的处理方式将会决定日本民族主义未来的发展方向——冲绳是日本国力虚弱的象征还是美日新型平等防务关系的象征。只有美国承认对冲绳的统治给日本政府和人民带来困扰并愿意为解决这一问题努力，才能够使日本在国际事务中发挥令人满意的积极作用，并促进更为强大的美日防务关系的发展。具体来说，赖肖尔认为美国为应对冲绳问题应当采取如下措施：①加强冲绳自

---

① 为佐证自己的观点，赖肖尔在报告中引用了日本《每日新闻》于6月16日进行的最新民意调查结果。56.9%要求缔结禁止核试验条约，50.7%要求政府将返还冲绳和小笠原列为首要外交政策问题，23.6%要求加强与（共产党）中国的联系，7.2%要求中华人民共和国加入联合国。

治，放松对与军事安全没有直接关系的领域的控制，由琉球政府承担相应职能；②加强冲绳与日本本土的联系，放宽日本参与冲绳经济事务的限制；③放松对冲绳的政治控制，承认冲绳对日本的政治认同，允许日本在冲绳事务中发挥更大作用；④这些措施都只能暂缓美国的压力，未来2—4年内美国将不得不面临将行政权从基地分离出来返还给日本这一问题。因此，赖肖尔认为冲绳问题的最终解决之道是美国返还冲绳行政权的同时，获得日本给予美国现行基地权力的明确授权。①

这一报告是赖肖尔在离任之前对冲绳问题最为详细和系统的分析，直接影响了华盛顿决策层处理冲绳问题的走向。斯奈德领导的冲绳工作组于1966年8月18日完成了名为《我们的冲绳基地》的初步研究报告，并在8月24日和9月13日分别获得了远东地区部际委员会和高级部际委员会的批准。该报告接受了赖肖尔对冲绳问题的认识，并采纳了他的绝大部分建议。该报告认为，虽然返还冲绳的压力因异族统治和日本民族主义的复苏而增长，但同时日本对其自身安全利益的考虑也更加现实。鉴于日本政府承认美国军事基地对日本的战略重要性并强烈希望密切美日关系，而且扩大冲绳自治权与日本的参与也缓和了返还的政治压力，冲绳工作组认为在近期内不可能产生返还冲绳压力失控的危机。但是美国的这些措施只是延缓了最终返还冲绳，按照当前的发展趋势，五年后日本在越南战争最终解决之时必定会要求美国返还冲绳施政权，从而引发两国政府的对抗。受日本保守势力的政治命运、冲绳形势的发展、越南战争的进程以及美国在冲绳的行政艺术能力等四个方面的影响，

---

① Japanese Public Opinion and Official Attitudes toward Ryukyus, June 26, 1966. Digital National Security Archive, Japan and the United States: Diplomatic, Security, and Economic Relations, 1960 –1976. ProQuest LLC., 2008. JU00580; Declassified Documents Reference System, Farmington Hills, Mich.: Gale, 2011, Document Number: CK3100408128 – CK3100408138, CK3100496001 – CK3100496011.

报告认为当前美国尚不能精确评估这种危机到来的时间。报告还认为到 1970 年时，为收回冲绳，日本民众支持在冲绳给予美国特殊基地权的可能性会增加，冲绳返还后美国基地的有效性将得以维持。

基于以上分析，冲绳工作组对继续维持美国在冲绳的统治提出以下建议：A. 在不损害美国必要的行政权以及美国基地行动能力的前提下，扩大冲绳自治及日本对冲绳事务的参与；B. 寻求日本政府在维持冲绳基地作战能力和控制返还主义压力方面的合作与帮助；C. 冲绳高级专员和东京大使馆应当依据抑制冲绳返还压力的行动，对冲绳人以及日本人的返还要求和改变美国在冲绳行政管理的压力进行定期评估；D. 冲绳工作组将依据部际委员会的指令尽早进行将冲绳行政权移交给日本的可能性和影响的研究。[①] 据此，美国对返还冲绳的研究进一步深化，并最终促使约翰逊总统在 1967 年佐藤荣作访美时放弃"晴空政策"，承诺"两三年内返还冲绳"。

小　结

赖肖尔作为美国驻外大使，虽然对华盛顿的决策层影响很小，但作为东亚问题专家，他准确地把握了美日关系症结之所在。终其大使任期，他始终在推动美国冲绳政策的转变，通过与日本、冲绳对话的方式来减轻美国所面临的返还压力。赖肖尔通过满足日本在冲绳问题上的民族主义感情的需要，引领美国政府逐步放松了对冲绳的控制，从而使日本对冲绳的介入和影响力保持了稳定的增长。

---

① SIG Meeting, Tuesday September 13: Report on "Our Ryukyus Bases", September 12, 1966. Digital National Security Archive, Japan and the United States: Diplomatic, Security, and Economic Relations, 1960－1976. ProQuest LLC. , 2008. JU00599.

美日两国在冲绳此消彼长的趋势也就意味着终有一天美国的妥协将会带来冲绳的返还。虽然美国最终决定放弃"晴空政策"、同意向日本返还冲绳是赖肖尔离任之后的事情，但是赖肖尔任期内的积极推动成为这种转变的开端。冲绳问题的最终解决，扫清了《美日新安保条约》延期的障碍，使美日关系平稳地度过了1970年，这对美日关系的稳定深化具有重要意义。

第三章

赖肖尔与美国驻日海军基地

自从美国占领日本以来，日本的佐世保和横须贺港就成为美国海军在远东的重要基地，尤其是横须贺港作为美国海军第七舰队司令部的所在地，在美国远东防务中发挥着至关重要的作用。美国因为《美日安保条约》而在日本的军事存在支撑着日本的防务安全，而美国驻日海军则是美国军事存在的重要一环。随着美国海军装备的升级换代，核动力舰只逐渐成为美国海军的主力。根据《美日安保条约》，美国海军拥有使用日本海军基地的权力，但是因为日本在"二战"中遭受原子弹轰炸的特殊经历，所以日本对原子能有着特殊的敏感性。因此，如何克服这种障碍，使美国海军核动力舰只能够使用日本海军基地的军事设施，使《美日新安保条约》得到切实贯彻，成为赖肖尔大使任期内的一个重要课题。囿于日本的政治进程，赖肖尔大使在离任之时，只完成了核潜艇对佐世保访问的常规化并开启和稳定了对横须贺的访问，但有关核动力水面舰只访问的谈判工作也基本上进入尾声。

第一节　美国对日本港口的需求

美国第一艘核动力潜艇[1]鹦鹉螺号于 1952 年 6 月开建，1954 年
9 月 30 日开始正式服役并进行各项测试，在隐蔽性和续航能力方面
都表现出了惊人的能力。1958 年，鹦鹉螺号成功潜航穿越北极，完
成了常规动力潜艇不能完成的壮举，美国海军受此鼓舞决定此后不
再建造常规动力潜艇。核动力潜艇的出现，不仅仅是美国海军舰只
动力系统的变革这么简单。核动力潜艇的列装，除了增强潜艇的战
略威慑能力外，还为一直苦寻如何将核武器运入日本的美国提供了
强大的说服力——它可以向世人表明原子能除了作为武器使用外，
在为人类提供动力方面也具有无限的潜力。战后美国将日本视为它
在远东的重要战略基地，为使日本充分发挥应有的作用，美国军方
迫切希望将原子弹部署在日本的美军基地。日本作为"二战"中唯
一遭受原子弹轰炸的国家，其国民对核武器十分敏感，美国在日本
的战略部署受到日本国内政治动向的极大限制。1954 年 3 月，美国
在比基尼群岛进行新的核试验，日本渔船福龙丸号意外遭受辐射。
日本民众很快获悉福龙丸事件，他们对核辐射的恐惧引发了日本鱼
市的崩溃，人人谈核色变，日本民间反核运动更是风起云涌。突如
其来的事件使美国认识到了日本国内舆论对日本军事力量增长的阻
碍，开始重新评估对日政策，接受了日本提出的渐增军备计划。[2]

切实感受到了核武器在日本国内政治中的敏感性后，美国政府

---

① 核动力潜艇，即通常所说的核潜艇。与常规的柴电动力潜艇不同，它是以原子能为推动
力的潜艇，因此被称为核潜艇。核潜艇的分类与常规动力潜艇相同，分为攻击型核潜艇与战略核
潜艇。其中后者装备的是携带有核弹头的潜射导弹，通常执行核战略威慑任务。

② 郭培清：《福龙丸事件与美国对日政策的调整》，《东北师大学报》（哲学社会科学版），
2001 年第 03 期。

决定在日本的形势出现转机之前暂缓向日本部署核武器。这种转机的出现需要使日本民众克服对核武器的恐惧，为此美国应当大力宣传和平利用原子能，并鼓励日本对此进行研究。① 核武器在北约盟国的部署进一步加速了美国在日本的舆论攻势，它除了建议日本民众像北约国家那样接受美国部署核武器外，还提出向日本出售试验用核反应堆，以减轻日本民众对核武器的恐惧。日本政府不希望在浓缩铀等方面过于依赖美国，转而向英国寻求使用天然铀的反应堆。美国对日本的这一动向十分满意，认为这是一个良好的开端，日本高速发展的工业所带来的能源需求会使它对核能充满热情。② 美国军方相信，如果日本人能够逐步接受美国的核动力舰只像常规动力舰只那样使用日本港口，那么核武器在日本政治中的敏感性就会有所降低。1959 年，装备北极星型核导弹的乔治·华盛顿号核潜艇开始服役，并于 1960 年试射导弹成功，其战略威慑能力得到证实。在不能向日本部署核武器的情况下，通过某种秘密方式在日本保持战略威慑就成了美国的最佳选择。无论是舆论价值还是战术意义，都使在日本部署核动力舰只的迫切性进一步凸显出来。

　　1959 年，美国海军向国务院提出希望他们与日本正式商讨核潜艇停靠日本港口事宜，被国务院以在完成《日美安保条约》的修改之前与日本政府就此交涉为时尚早为由拒绝。尽管如此，国务院还是指示驻日大使麦克阿瑟私下探寻日本政府高层对美国核动力潜艇使用日本港口的反应。麦克阿瑟大使与日本政府的接触证实了国务院的观点。藤山爱一郎外相和外务省对进行美国核潜艇停靠日本港

① Views of Ambassador Allison on Storage of Nuclear Weapons in Japan, December 3, 1956. National Security Archive, Japan and the United States: Diplomatic, Security, and Economic Relations, 1960 – 1976. ProQuest LLC. , 2008. JU00007.

② Introduction of Nuclear Weapons to Japan, January 14, 1957. National Security Archive, Japan and the United States: Diplomatic, Security, and Economic Relations, 1960 – 1976. ProQuest LLC. , 2008. JU00008.

口谈判反应消极，无奈的麦克阿瑟只能与岸信介首相接触。因为这一问题的敏感性，麦克阿瑟在一次私人会谈中谨慎地向他提出了美国核潜艇访问日本港口问题。虽然岸信介在这一问题上的反应比外相要积极得多，但对此问题进行正式讨论仍然困难重重。岸信介表示原则上希望美国的核动力潜艇能够像常规动力潜艇那样停靠日本港口，但是他同时强调日本国会、媒体以及大众对任何与原子能相关的事物在政治和心理上的敏感性。因此，希望无论如何核动力潜艇在《新安保条约缔》结并生效之前绝对不能访问日本。他认为美国核潜艇访问日本港口问题可能要拖延几年，直至日本民众认识到核动力舰只是未来的发展趋势，而非与时代格格不入的危险事物。1960 年 5 月，日本的骚乱使日美关系极为敏感，当国务院确信这场骚乱不是针对艾森豪威尔总统而是针对安保条约时，再次确认在推动核潜艇停靠日本港口问题上应当谨慎，在日本解决自身问题并且国务院确定能够得到肯定答复之前，不应当推动日本政府就此问题进行谈判。①

　　1961 年 6 月，池田勇人访美前夕，军方旧事重提，在为肯尼迪总统介绍《新安保条约》的实施状况时，希望总统向池田首相提出美国核潜艇使用日本海军基地问题，以满足海军在远东的行动需求。国防部提出，在西太平洋地区为了适应核动力潜艇逐渐取代常规动力攻击型潜艇所带来的行动需求，核潜艇进入日本港口停靠变得越来越重要。因此，军方希望能够在会谈中说服日本政府邀请一艘核动力潜艇访问日本，以此作为核潜艇按照惯例驶入美军驻日军事基地的第一步。依据麦克阿瑟大使 3 月离任时对日本形势尚不允许池田勇人同意核潜艇停靠日本港口的判断，国务院很不情愿地接

---

　　① Cable Regarding Japan's Negative Reaction to the Docking of U. S. Nuclear-powered Submarines in Japanese Ports, March 22, 1963. Declassified Documents Reference System. Farmington Hills, Mich.: Gale, 2011, Document Number: CK3100495677 – CK3100495679.

受了军方的要求，于 6 月 13 日将美国希望日本邀请美国核动力潜艇访问日本的会谈文件交给了日本驻美大使朝海浩一郎，试探日本的反应。

国务院远东司向总统汇报核能问题在日本是一个相当棘手的问题，虽然日本已经建立了核电站，日本人对核动力的民用船舶也很感兴趣，但是他们很容易会将军事利用的核能与核爆炸联系起来。如果美国能够表明进入日本港口的核动力舰只不会携带核武器，这将会在很大程度上减少这种误解，日本舆论对核潜艇的反应也会变得简单起来，但是这样就会与美国既不承认也不否认在日本拥有核武器的政策相违背。因此，美国应当对核动力的性质和安全作出适当的宣传，使日本人了解核动力及核潜艇。① 但是三天过后，日本方面对此仍没有作出反应，国务院据此判断，美国核潜艇使用日本港口的问题因日本民众容易混淆核动力与核爆炸而在日本政治中过于敏感，他们应当谨慎地向池田勇人提出这一问题。②

6 月 21 日，腊斯克国务卿与小坂善太郎外相就核潜艇访问日本问题进行会谈。双方的讨论集中在日本民众对核武器的敏感性上。日本虽然正在兴建核电站，但是小坂担心日本民众仍然会轻易将核动力潜艇与核武器联系起来。针对日本方面的这种担心，腊斯克向小坂指出，日本基地对执行远程巡航任务的美国核潜艇的补给和船员休息有重大意义，并且拟议访问日本港口的是未装备北极星型导

---

① Visit of Prime Minister Ikeda to Washington, June 20 - 23, 1961: Invitation of a U. S. Nuclear-Powered Submarine to Visit Japan. June 14, 1961. National Security Archive, Japan and the United States: Diplomatic, Security, and Economic Relations, 1960 - 1976. ProQuest LLC. , 2008. JU00106; Declassified Documents Reference System. Farmington Hills, Mich. : Gale, 2011, Document Number: CK3100013140 - CK3100013142.

② Visit of Prime Minister Ikeda to Washington, June 20 - 23, 1961: Summary of United States and Japanese Positions Following Preliminary Discussions with the Japanese Embassy, June 16, 1961. National Security Archive, Japan and the United States: Diplomatic, Security, and Economic Relations, 1960 - 1976. ProQuest LLC. , 2008. JU00111.

弹的鹦鹉螺型核潜艇。他希望这样将不会给日本政府带来政治危机。小坂表示，虽然核潜艇停靠日本港口是不可避免的事情，日本政府也充分理解美国核动力潜艇停靠日本港口的迫切性，但是他希望美国要有耐心，等待日本出现可以接受这种安排的环境，同时他们也需要寻找核潜艇访问日本港口的合适方式。

小坂告诫腊斯克，虽然日本人民支持和平利用原子能，但是他们在技术上以及对原子能的理解上都落后于时代，他们尚未充分意识到原子能的潜力，因此日本人民仍然易于将任何与原子能相关的事物与核武器及卷入核战争的可能性联系起来。日本科学委员会与左翼联系密切，他们在和平利用原子能方面与政府也缺乏必要的谅解。毫无疑问，现在推动包括核潜艇访问日本在内的任何与原子能相关的事宜，必定会遭到民众的极力反对。因此，小坂希望腊斯克能够理解日本政府在这一问题上所面临的困境，允许日本政府在最终同意核潜艇停靠日本港口之前作进一步研究，以便双方能够为核潜艇顺利停靠日本港口奠定基础。腊斯克对此表示谅解，同时向小坂指出，在政治上消除核潜艇停靠日本港口敏感性的关键，在于通过展示核能发电在船舶上应用的潜力，使公众熟悉与核武器所不同的对核能的常规利用。① 最后双方确认，鉴于日本公众在核问题上的敏感性，当前讨论核动力潜艇访问日本港口问题还为时尚早，日本政府将会采取适当措施，对日本公众舆论加以引导。②

美日两国在华盛顿对美国核潜艇访问日本的讨论，吸引了媒体的关注。赖肖尔认识到日本在这一问题上的敏感性，于 7 月 24 日

---

① Memorandum of Conversation: Visit of Nuclear Powered Submarines to Japan, June 21, 1961. Foreign Relations of the United States (FRUS), 1961 – 1963, Volume 22, China, Korea, Japan. Document 334.

② Summary Report on Summit Meetings Held between President Kennedy and Prime Minister Ikeda, June 24, 1961. National Security Archive, Japan and the United States: Diplomatic, Security, and Economic Relations, 1960 – 1976. ProQuest LLC. , 2008. JU00124.

面见池田和小坂，协调两国应对媒体质询的策略，决定如实向媒体回答——现在提出美国核潜艇进入日本港口问题还为时尚早。① 池田回国后加大了对核电站建设的支持力度，希望通过大力发展核能发电克服日本公众的核恐惧。同时，更重要的是解决日本的能源短缺问题。日本政府和平利用原子能的努力在岸信介政府时期就已经开始。1956 年的苏伊士运河危机显现出日本获取能源的潜在困境。为克服这一困境，获得廉价而稳定的能源，日本政府决定顺应世界形势，大力发展原子能发电。为此日本于 1957 年 11 月成立了日本原子能电力公司，为配合日本的核电站项目，日本原子能研究所对和平利用原子能进行了广泛宣传。1960 年 1 月 16 日，从英国通用电气有限公司（GEC）引进的东海一号卡德豪尔型气冷反应堆开工建造，5 月使用轻水炉的东海二号核电站也在福井县开建。东海一号的建造工作在美国核潜艇停靠日本港口时已经基本完成，在 1965 年 4 月通过通产省的审查后开始填装核燃料，当年 11 月 10 日成功输电。② 在日本原子能电力公司的带动下，日本九大电力公司在 1962 年先后公布了自己的核电站建造计划，日本兴起了兴建核电站的热潮，使日本公众对核能的认识更加全面。

第二节　美国核潜艇停靠日本港口谈判

一　美日对核潜艇靠港可行性的讨论

与日本和平利用原子能事业同步进行的是大量美国核潜艇开始

---

① Ambassador's Conversation with Foreign Minister Kosaka, August 1, 1961. National Security Archive, Japan and the United States: Diplomatic, Security, and Economic Relations, 1960 – 1976. ProQuest LLC. , 2008. JU00125

② ［日］通商产业政策史编纂委员会：《日本通商产业政策史》第 10 卷，日本通商产业政策史编译委员会译，中国青年出版社 2003 年版，第 463 页。

服役并被派遣到西太平洋执行任务，并且伴随着美国对越南事务干涉的逐步升级，越来越多的核潜艇加入到在越南急剧增加的军事行动当中。这种状况使核潜艇对日本港口的需求更加迫切。1962 年 12 月 3—5 日，第二届美日贸易与经济委员会在美国召开，双方确认东南亚地区已经成为东西方较量的焦点，日本承诺将积极响应西方国家在东南亚的努力。① 美国国防部据此判断日本在核潜艇停靠日本港口问题上的立场将会有所进步，并就此征询驻日大使赖肖尔的意见。赖肖尔从对日本国情的认识出发，认为向日本提出这一问题的时机已经成熟，并答应国防部他将会尽快与日本外相大平正芳就此问题进行正式接触。②

赖肖尔从华盛顿返回东京后，于 1963 年 1 月 9 日向日本外务大臣大平正芳正式提出，希望日本能够邀请一艘美国核动力潜艇访问日本港口。③ 自此日美双方就美国核潜艇停靠日本港口问题的谈判正式展开。与藤山外相不同，大平外相对此相当积极，日本外务省当天就对赖肖尔大使的要求作出了正式回应。外务省美国局官员安藤（Ando）通知美国副大使埃默森（John K. Emmerson），日本政府将会以向前看的态度积极地考虑美国核潜艇访问日本港口问题，当前日本政府正对与作出最终决定相关的核潜艇安全性和责任方面的问题进行研究，因此希望美国政府能够提供其与北约及其他国家就核潜艇靠港所签订的协定或其他特殊安排的详细情况，以便日本政府在对核潜艇靠港问题的研究中进行参考。

1 月 23 日，日本政府通知美国大使馆，他们准备向外界公开

---

① 刘世龙：《美日关系史（1791—2001）》，世界知识出版社 2003 年版，第 493 页。

② Edwin O. Reischauer, *My Life between Japan and America*, New York: Harper & Row, 1986, p. 249.

③ エドウィン・O. ライシャワー，ハル・ライシャワー著，入江昭監修：《ライシャワー大使日録》，東京：講談社 1995 年版，第 125—126 頁、323 頁。

此事。1 月 30 日，池田首相和大平外相向众议院预算委员会透露，美国核动力潜艇可能会访问日本港口。池田在预算委员会的质询中表示，政府目前尚未对此事进行讨论，也没有定论，但是他与大平外相认为，日本作为自由世界的一员，拒绝非北极星型的攻击型核潜艇访问是不合适的。池田向预算委员会保证，北极星型战略核潜艇的访问不会像在英国那样依据驻军地位协定进行，它将会遵守《日美安保条约》的事前协商条款，日本政府也将会拒绝任何此类请求。大平正芳外相认为核潜艇停靠日本港口的最大障碍在于日本国内对核潜艇安全性的担忧，只要美国能够向日本提供核潜艇的相关信息，日本政府和日本原子能委员会若能据此得出美国的核潜艇是安全可靠的结论，那么这种担忧就会自然消失。因此，大平外相在国会内采取了高调的姿态，面对国会的质询，他极力渲染核能与核武器的区别，并表示他也注意到了美国核潜艇对其他国家多次访问中的安全问题，他告诉国会，如果证明核潜艇对日本没有危险，日本政府可以接受美国提出的访问请求。

对于日本所需要的信息，美国国务院同意由大使馆向日本提供安藤提出的关于核潜艇安全性及责任方面的相关信息。赖肖尔根据谈判的进展情况认为，日本不仅会要求获得美国给其他国家类似于保证性质的信息做参考，而且还会要求提供关于核潜艇安全管理、危险标准以及防止核事故的安全措施等方面的大量信息。赖肖尔知道在这些方面对日本政府的答复可能会受到国家安全方面的限制，因此，希望华盛顿能够明确大使馆在这方面的底线，并希望提供与其他国家谈判的经验，以便大使馆在与日本的谈判中借鉴。日本外务省安全科官员高桥（Takahashi）于 2 月 1 日向美国大使馆传达了日本政府希望获得更多安全信息的意愿。高桥表示，在这方面外务省受到了来自日本原子能委员会的强大压力，反对派也利用公众在核问题上依然存在的敏感性，在公共安全问题上向政府不断施压。因此，日本政府希望双方能够尽快解决核潜艇在安全性方面的问题，通过正式协定就核潜艇访问的相关情况达成某种谅解。① 为此，日本外务省准备了表明日本政府立场的相关文件，向美国政府提出了它所关心的问题。日本在这一文件中要求美国提供核潜艇反应堆的相关数据，并要求在核潜艇靠港期间对潜艇及其周边海域进行放射性监测，同时还要求美国提供相关舰只在日本港口的航线，以及要求美国核潜艇进出日本港口在白天进行。关于首次访问的港口，日本希望美国能够选择佐世保而避开东京附近的横须贺。

通过与日本的接触，赖肖尔意识到核潜艇进入日本港口的特殊性。美国核潜艇可以较为顺利地进入其他国家港口停靠，但是在日本港口停靠却会带来两个问题：一个是有关核武器"引入"日本的"事前协商"条款的解释；另一个是因日本曾经遭受原子弹轰炸而在核潜艇安全性上的需求。赖肖尔认为这两个问题都会将美国卷入日本国内在核潜艇访问问题上的政治斗争之中，这种政治骚动远远超出了美国核潜艇获得日本港口的价值。

依据《美日新安保条约》，美国向日本保证在没有事前征得日本政府同意的情况下，不会在日本装备、存储或运入核武器。但是，条约并没有明确这一谅解如何适用于装备核武器的美国海军舰只。实际上，在《新安保条约》的谈判中，两国政府对此早已有了明确的谅解。1960 年 1 月 6 日，日本外相藤山爱一郎与美国驻日大使麦克阿瑟确认，搭载核武器的美国舰只过境日本港口不属于"事前协商"之列，此即美日之间的"核

---

① Possible Port Call of U. S. Nuclear Submarine, February 1, 1963. National Security Archive, Japan and the United States: Diplomatic, Security, and Economic Relations, 1960 – 1976. ProQuest LLC. , 2008. JU00200; Confidential U. S. State Department Central Files, Japan (February 1963 – 1966): Internal Affairs and Foreign Affairs, Reel 33, pp. 805 – 807.

密约"问题。① 藤山与麦克阿瑟的谅解属于秘密协定，这致使美国可以将核弹头及相关部件存储于在美国海军基地停靠的船舶上，日本政府则可以声称华盛顿从未要求允许运入核武器，而东京也从未授权，因此在日本没有核武器。② 美国军方知道，依据《安保条约》搭载核武器的舰只拥有过境日本的权利，但是日本民众甚至大部分官员并不知道这一秘密谅解的存在，因此都认为这是《安保条约》所禁止的。随着美国核潜艇停靠日本港口问题的提出，关于美国舰只上搭载的核武器问题也受到越来越多的关注。在国会质询中，关于进入日本港口的舰只上搭载的核武器问题，日本政府发言人的回应是"我们相信美国"。华盛顿方面一再向媒体强调将是鹦鹉螺型核潜艇而非北极星型核潜艇对日本进行访问。它认为日本要求北极星型核潜艇的访问将会遵守安保条约的事前协商，这是在实际上要求保证所涉及的核潜艇不会携带核武器，这种局面将会挑战

① Treaty of Mutual Cooperation and Security: Record of Discussion, December 1959; Description of Consultation Arrangements under the Treaty of Mutual Cooperation and Security with Japan, June 7, 1960. National Security Archive, Japan and the United States: Diplomatic, Security, and Economic Relations, 1960 – 1976. ProQuest LLC., 2008. JU00016, JU00046；いわゆる「密約」問題にする有識者委員会報告書，第20—25頁。2009年日本民主党鸠山由纪夫组阁，其外相冈田克也上任后启动对外务省密约问题的调查。2010年3月外务省公布了"第三方委员会"的调查结果，确认日美间存在四个"密约"，包括美军在朝鲜半岛有事时的作战行动、搭载核武器的美军舰只停靠日本港口问题、冲绳返还恢复土地原状补偿费问题、冲绳返还时运入核武器问题。目前对日美"密约"进行系统研究的主要是日本学者，具体可参见波多野澄雄《歴史としての日米安保条約：機密外交記録が明かす「密約」の虚実》，東京：岩波書店2010年版；不破哲三：《日米核密約歴史と真実》，東京：新日本出版社2010年版；西山太吉：《機密を開示せよ：裁か沖縄密約》，東京：岩波書店2010年版；石井修：《ゼロからわかる核密約》，柏書房2010年版；後藤乾一：《沖縄核密約を背負って：若泉敬の生涯》，東京：岩波書店2010年版等。国内学者对这一问题的研究参见崔丕《〈日美相互合作及安全保障条约〉新论》，《历史研究》2005年第1期；崔丕：《〈美日返还冲绳协定〉形成史论》，《历史研究》2008年第2期；崔丕：《冷战时期美日关系史研究》，中央编译出版社2013年版；张民军：《日美核密约的考证——以日本外务省解密档案为中心》，首都师范大学主办："第一届国际关系史青年论坛"会议论文，北京，2010年3月。日本外务省的调查报告见：http://www.mofa.go.jp/mofaj/gaiko/mitsuyaku.html.

② Michael Schaller, Altered States: The United States and Japan since the Occupation, New York; London: Oxford University Press, 1997, p.141.

美国既不承认也不否认某一具体舰只上拥有核武器的原则。这种矛盾使日本人认为美国依据条约规定，不会将核武器通过舰只带入日本港口，日本政府的回应也暗示那样美国是在公然违背条约。赖肖尔认为携带核武器的北极星型核潜艇最终必然会驶入日本，因此，他希望对长期以来在事前协商条款中有关"引入"模棱两可的解释进行澄清，以便届时能够以例外条款来处理，否则美日安全关系的深化就会受到严重威胁。①

华盛顿也同样关注这一问题的解决，在远东事务助理国务卿哈里曼的要求下，国务院与国防部就此问题进行了研究。尤·约翰逊担心所提出的建议能否取得积极效果，如果处理不好就会严重恶化美国与日本的关系，美国将会丧失在日本的重要海军设施。鉴于事态的严重性，在尤·约翰逊的建议下此事由腊斯克向肯尼迪总统进行了汇报。② 为了消除日本人对美国核武器过境权的质疑，赖肖尔依据国务院的指示，于 1963 年 4 月 4 日以共进早餐的名义与大平外相在大使馆秘密会面。赖肖尔向大平正芳重新确认了藤山外相与麦克阿瑟大使之间对《安保条约》第六条的秘密谅解，对"introduce"的解释是在日本国土上安放或安置核武器，大平正芳就此明确表示"'introduce'不适用于在日本的领水或港口停靠的美国船舶上的核武器"，因此搭载核武器的美国舰只过境日本不属于"事前协商"的范畴。赖肖尔与大平的这次会谈取得了预期效果，大平正芳很快就消除了美国在核武器问题上

① Possible Port Call of U. S. Nuclear Submarine, February 1, 1963. National Security Archive, Japan and the United States: Diplomatic, Security, and Economic Relations, 1960 – 1976. ProQuest LLC. , 2008. JU00200; Confidential U. S. State Department Central Files, Japan (February 1963 – 1966): Internal Affairs and Foreign Affairs, Reel 33, pp. 805 – 807.

② Nuclear Weapons on U. S. Naval Vessels Visiting Japanese Ports, March 24, 1963. National Security Archive, Japan and the United States: Diplomatic, Security, and Economic Relations, 1960 – 1976. ProQuest LLC. , 2008. JU00221; Confidential U. S. State Department Central Files, Japan (February 1963 – 1966): Internal Affairs and Foreign Affairs, Reel 33, p. 804.

的担心。在赖肖尔整个任期内，日本政府在核武器过境问题上再也没有作出"我们信任"美国不会将核武器运入日本等令美国担忧的答复。[①]

赖肖尔与日本谈判中的第二个认识是美国需要改变核潜艇进入日本的方式。赖肖尔通过秘密途径顺利解决了核武器问题，核潜艇的安全性问题就成为谈判的最大障碍。因为美国的安全利益不允许向日本政府提供对其独立做出核潜艇安全性评估至关重要的相关数据，池田政府不得不谨慎应对国内的反对情绪，花费巨大精力研究核潜艇在放射性方面存在的危险。[②] 按照美国的既定政策，美国会在核潜艇进入外国港口之前，秘密地向东道国提出访问要求，然后由该国公开邀请美国核潜艇访问。赖肖尔认为这种由东道国邀请美国核潜艇访问的策略在日本行不通，出于国内政治斗争的考虑，日本政府只能根据《驻军地位协定》"默许"美国核潜艇进入日本港口的请求，但绝不能主动作出这种邀请。[③] 赖肖尔对日本政府动向的这种判断被他与日本外务省安全科官员的会谈所证实后，他又进一步断定，对日本来说获得所有核潜艇进入日本的一般规则与制定

①　Edwin O. Reischauer, *My Life between Japan and America*, New York: Harper & Row, 1986, pp. 250 – 251; Report on Meeting between Ambassador Reischauer and Foreign Minister Ohira, April 4, 1963. National Security Archive, Japan and the United States: Diplomatic, Security, and Economic Relations, 1960 – 1976. ProQuest LLC., 2008. JU00223; Confidential U. S. State Department Central Files, Japan (February 1963 – 1966): Internal Affairs and Foreign Affairs, Reel 33, pp. 743 – 747; 石井修:《ゼロからわかる核密約》，東京: 柏書房2010年版，第59—68頁。根据赖肖尔的这封电报判断，赖肖尔是依据国务院的指示向大平正芳确认两国间的"密约"的存在，很可能在收到该指示之前，赖肖尔作为美国驻日大使也像身为外相的大平正芳一样并不知道该"密约"的存在。

②　Edwin O. Reischauer, *My Life between Japan and America*, New York: Harper & Row, 1986, p. 250.

③　Possible Port Call of U. S. Nuclear Submarine, February 1, 1963. National Security Archive, Japan and the United States: Diplomatic, Security, and Economic Relations, 1960 – 1976. ProQuest LLC., 2008. JU00200; Confidential U. S. State Department Central Files, Japan (February 1963 – 1966): Internal Affairs and Foreign Affairs, Reel 33, pp. 805 – 807.

某一艘核潜艇访问的单一规则难度是一样的，只有在足够的安全保证下，日本政府才会在美国的请求下允许核潜艇进入日本港口。因此赖肖尔提出，美国与日本会谈的目标是将核潜艇进入日本港口纳入规范第七舰队其他舰只进入日本的《驻军地位协定》当中，而不仅仅是为了获得单次访问的邀请，美国的利益需要获得所有核潜艇不断进入日本港口的谅解。[①] 这样在赖肖尔成功解决《日美安保条约》中的"事前协商"问题后，如何满足日本政府对核潜艇安全性的诉求就成为今后两国努力的重点。

1963 年 2 月 13 日，副国务卿乔治·鲍尔对日本的要求作出了答复。国务院以涉及军事机密为由，拒绝向日本提供核潜艇反应堆的相关数据。在核潜艇的放射性及其对周边环境的影响方面，鲍尔指出，核潜艇所适用的标准已经通过美国原子能委员会和公共健康局的审查，美国核潜艇在靠港期间不会排放有害物质，在需要排放遭受过放射的材料时，美国会提供相关检测数据，菲律宾已经通过长期监测证实核潜艇对周边环境的放射性没有影响。如果日本政府认为有必要，美国欢迎日本政府对核潜艇的周边环境进行监测。至于核潜艇在日本港口的航线、访问时间和地点问题，美国都接受了日本的建议，同意向日本提供满足核潜艇航行和操作需求的相关路线，除特殊情况外在白天进出港口，为了减少阻力，同意日本首先访问佐世保的要求。关于核潜艇访问日本的目的，鲍尔向日本表示，在这方面核动力潜艇与常规动力潜艇之间并无区别，访问停留的时间通常为 1—14 天，初始阶段它们会间隔一两个月停靠日本港口一次，随着核潜艇在西太平洋地区逐步取代常规动力潜艇，它们访问日本的次数和频率

---

① U. S. -Japanese Talks Regarding Entry of U. S. Nuclear Submarines into Japanese Ports, February 8, 1963. National Security Archive, Japan and the United States: Diplomatic, Security, and Economic Relations, 1960 - 1976. ProQuest LLC. , 2008. JU00207.

会相应地增加，但是美国保证不会有两艘以上的核潜艇同时停靠日本港口。① 出于美国海军的行动需求，鲍尔希望日本外务省和东京大使馆能够在 1964 年之前尽快完成核潜艇停靠日本港口的谈判。

1963 年 4 月 10 日，美国长尾鲨号核潜艇（SSN 593）在进行深潜试验时意外沉没，这在日本引起了恐慌，反对派趁机在核潜艇安全性问题上向自民党政府施压。此时，日本对美国有关核潜艇安全性的答复尚未形成结论，为了确保核潜艇访问的安全性，日本政府于 4 月 16 日又向美国有针对性地提出了新问题。日本对核潜艇安全性的忧虑引起了国务卿腊斯克的关注，国务院甚至一度考虑撤销核潜艇访问日本的要求。②

在等待美国答复期间，大平正芳于 1963 年 6 月 5 日就美国核潜艇访问日本港口一事向国会作了中期报告。他根据美国政府提供的数据以及美国公布的有关核潜艇安全性的数据，向国会详细汇报了两国在有关美国核潜艇核动力的安全性、放射性垃圾的处理与核污染问题、核潜艇停靠时的安全措施、访问目的以及事故发生时的补偿问题等方面的谈判进展状况。大平希望借此向公众澄清政府在这一问题上的态度，以使公众相信美国核潜艇的安全性，从而消除因核潜艇访问而引发的核恐惧。他强调计划访问日本港口的是鹦鹉螺型核潜艇，这种型号的核潜艇投入实际使用已经有 7 年了，期间它们访问的国家超过了 12 个，访问次数达到了 100 次以上，但是从未发生过与核潜艇的反应堆或放射性污染相关的事故。至于长尾鲨号的沉没，则是在试验过程中发生的意外，这不能与正常航行的

---

① Replies to Japanese Questions regarding Visits of U. S. Nuclear Submarines to Japanese Ports, February 13, 1963. National Security Archive, Japan and the United States: Diplomatic, Security, and Economic Relations, 1960 – 1976. ProQuest LLC. , 2008. JU00210.

② Visit of Nuclear-powered Submarines to Japan, June 11, 1963. National Security Archive, Japan and the United States: Diplomatic, Security, and Economic Relations, 1960 – 1976. ProQuest LLC. , 2008. JU00238.

核潜艇相提并论。大平认为，美国人自己对核潜艇安全性的关注极为强烈，在它投入使用的早期，美国国会及各地对核潜艇的安全性有过非常激烈的争论。因此，核潜艇的安全性问题首先是美国自己的问题，它不仅要对船员负责，而且对其访问的港口及其周边人民的安全也会进行认真考虑。出于美国利用原子能的水平，日本完全有理由相信美国的安全保证是建立在科学事实的基础之上的，美国核潜艇在西欧和亚洲国家访问时没有遭遇安全性方面的质疑，这足以说明美国核潜艇的安全性不但被美国人自己接受，而且也为其他国家所接受。既然如此，日本也就没有理由不相信美国对核潜艇安全性的承诺。① 大平正芳在美国核潜艇安全性方面所取得的成果未能满足日本国会的要求，这迫使他改变了之前在国会的高调姿态，尽量避免向国会和媒体透露美国的相关答复，决定以"问题正在研究"的方式来应付质询，并且希望在7月6日国会休会之前避免就核潜艇访问一事作出最终决定。

日本政府因为在核潜艇安全性方面遇到严重的国内政治困难而不断地向美国发问，这使美国政府陷入了严重的困境。华盛顿知道日本政府当前陷入政治困境是因美国请求核潜艇靠港访问引起的，但是在这方面却爱莫能助。出于《原子能法》、军事安全以及政策方面的考虑，不允许美国向日本政府透露核反应堆的详细信息，以使其对核潜艇的安全性作出独立评估。美国承认日本政府的目标是可以理解的，但是不可能实现。美国在这方面让步所带来的风险要远远高于日本政府因获得这些信息所带来的收益，因此，华盛顿通知东京大使馆，出于现实的考虑，美国将严格限制核潜艇反应堆相关信息的公布，对于日本政府的要求，美国政府除了已经作出的选

---

① Visits of Nuclear Submarines to Japan, June 11, 1963. National Security Archive, Japan and the United States: Diplomatic, Security, and Economic Relations, 1960 – 1976. ProQuest LLC., 2008. JU00239.

择性答复外无可奉告。华盛顿同意在核潜艇入港前提前 24 小时通知日本政府的要求，也会提前通知日本政府核潜艇在海军基地内的停泊区，但是不能同意与日本政府就此进行事前协商。国务院认为，让日本公众产生日本政府能够在停泊点的选择上发挥作用的印象是不明智的，这会影响美国在日本的基地权利；在核潜艇安全性方面，美国向日本保证核潜艇的操作程序是按照最为严格的安全标准制定的，核潜艇也不会在日本的渔场附近排放任何废弃物，美国乐意随时向核潜艇司令官转达日本政府提供的有关日本附近渔场的信息；在进出港口方面，美国不能同意日本政府的建议，为了不引起不必要的关注，核潜艇没有必要悬挂特殊标志，也无须美国护卫舰进行引导，从安全方面考虑也绝对不能使用辅助动力。

美国国务院要求赖肖尔大使在将美国的上述意见转达给日本政府的同时，应当向外务省表示，美国认为在处理日本公众心理上对核潜艇安全性的忧虑方面，美国能够提供的最好的帮助是重申美国在核潜艇安全性方面的保证。国务院希望赖肖尔只是简单地重申美国之前对核潜艇安全性的保证，而不要对日本所建议的公共安全作出承诺，因为任何交通工具对他人都具有一定的危险性。如果可能，尽量使日本政府同意仅对此作出口头承诺，如果日本政府极力希望获得书面保证，他也可以将如下内容的帮助备忘录递交给日本政府：

美国政府保证，所有美国核动力舰只反应堆的设计安全、船员训练以及核动力发电机的操作程序都经由美国原子能委员会在反应堆安全委员会的建议下审查并批准。①

赖肖尔在东京于 6 月 6 日就收到了华盛顿对日本的这一答复，但是考虑到这种答复与日本的需求之间的差距以及大平正芳因美国

---

① Response to Japanese Questions regarding Safety of U. S. Nuclear Submarines, June 6, 1963. National Security Archive, Japan and the United States: Diplomatic, Security, and Economic Relations, 1960 – 1976. ProQuest LLC. , 2008. JU00236.

核潜艇安全性问题而在日本国内的不利处境，赖肖尔暂缓了向日本政府通报。直至 6 月 11 日他才通知日本外务省安全科的高桥，美国大使馆已经收到了华盛顿对日本外务省 4 月 16 日所提问题的回复，并表示在当天任何时候都可以将答复以会谈文件的形式递交并进行相关讨论。出于回避国会的考虑，高桥向大使馆表示，大平外相在国会正面临关于美国核潜艇靠港的质询。外相虽然曾承诺向媒体公开美国方面的答复，但他不希望就此在国会受到反对派的质询。因此，高桥请求美国大使馆推迟递交会谈文件的时间。

经过两次延期之后，赖肖尔大使最终于 6 月 13 日下午将会谈文件交给了高桥。高桥告诉赖肖尔大使，外务省的目标是在国会休会之前对收到美国的答复一事保密，这样池田首相就可以在不受外界干扰的情况下对核潜艇访问一事作出决定。日本政府会将美国的答复交给日本原子能委员会进行秘密研究，原子能委员会会据此向首相汇报他们对美国核潜艇安全性的意见。根据与高桥的讨论，赖肖尔认为美国的答复在日本原子能委员会获得对美国有利的结果可能会存在一定的困难。他提醒华盛顿注意，核潜艇停靠日本港口问题在日本国内政治中备受关注，现在问题已经超越了第七舰队所属的核潜艇偶尔使用日本港口，它事关日本未来的防务走向。如果日本政府尤其是日本民众，能够平静地接受核潜艇的靠港访问，这必将成为日本防务政策的分水岭；如果美国的这一要求被日本政府拒绝或者遭到公众的极力反对，这对美国在日本的利益会带来不可估量的损失。因此，为了美国的利益，他建议华盛顿对日本政府要有耐心，并希望华盛顿能够理解日本在处理核问题上的难处，尽量向它提供必需的信息。①

① Request for Visits of Nuclear Submarines to Japanese Ports, June 15, 1963. National Security Archive, Japan and the United States: Diplomatic, Security, and Economic Relations, 1960 – 1976. ProQuest LLC., 2008. JU00240.

国务院极为赞同赖肖尔大使对日本形势的分析，确信核潜艇访问日本港口问题将会成为核时代日本人在防务态度上潜在的分水岭。日本当前对美国核潜艇进入日本港口的态度是同意接受入港请求，但是最终作出这一决定要推迟到他们能确认核潜艇的安全性之后。对此国务院表示谅解，承认日本政府在核潜艇访问一事上的态度是积极的，要想使核潜艇访问日本问题获得完满解决，美国只能支持日本政府继续这种积极政策。鉴于因日本对原子能的敏感而带来的对核潜艇安全性的关注，国务院深感有必要与国防部协商，适当地向日本提供有关核潜艇的更多信息。①

对于核潜艇安全性在日本国内所面临的挑战，赖肖尔虽然不认为这会对池田勇人最终做出对美国有利的决定有所阻碍，但是他担心日本反对势力的夸大会不利于日本国民在现代化防务观念上的积极态度，并且也会成为共产主义国家攻击美国的武器。作为对日本反对势力的反击，赖肖尔建议通过美国科学界领导人致信日本原子能委员会领导人兼重宽九郎（Kaneshige Kankuro），解释核潜艇的安全性，这会对日本原子能委员会提交给池田勇人的结论产生重大影响。同时美国应当加强对日本公众的舆论宣传，但美国要注意宣传策略，不宜与日本左翼进行正面对抗。为了削弱日本反对势力舆论宣传的有效性，美国可以通过各种途径将相关信息透露给日本报社的编辑、作者、评论员以及日本政府或自民党官员，美国的信息在他们手中会发挥更大作用。② 腊斯克也认为以某种适当的形式重申 1960 年关于"事前协商"的保证，会对尽快实现核潜艇对日本

① Visit of Nuclear-powered Submarines to Japan, June 19, 1963；Entry of U. S. Nuclear Submarines into Japanese Ports, June 22, 1963. National Security Archive, Japan and the United States：Diplomatic, Security, and Economic Relations, 1960 – 1976. ProQuest LLC. , 2008. JU00242；JU00243.

② Opposition to Visits of U. S. Nuclear Submarines to Japanese Ports, June 29, 1963. National Security Archive, Japan and the United States：Diplomatic, Security, and Economic Relations, 1960 – 1976. ProQuest LLC. , 2008. JU00245.

的访问有所帮助，但是他提醒赖肖尔当前的帮助备忘录所关注的主题只有核潜艇访问的安全性和责任问题，将事前协商机制与其实现联结必然会涉及核武器问题，这需要赖肖尔仔细措辞，使之既能避免产生向日本运入核武器遵守事前协商的推论，又能满足大平正芳的需要。①

日本公众在核潜艇安全性方面最大的担心来自它的放射性污染，7月以后两国就这一问题的谈判取得了突破性进展。1963年6月9日，大平正芳曾就核潜艇离开日本港口预热时核反应堆冷却水的处理一事专门询问赖肖尔。7月5日，赖肖尔在根据国务院的指示就此问题答复大平正芳时向他通报，美国海军认为在核潜艇进出港时使用助力或在港期间储存冷却水是不现实的。但是赖肖尔向大平保证，美国海军关于放射性物质排放的程序和标准都经过了美国公共安全局和美国原子能委员会的审查，并完全符合国际放射性保护委员会和美国联邦放射性委员会的最新建议，核潜艇冷却水的排放不会危及公共健康和安全，它对环境原有的放射性没有可测量的影响。赖肖尔认为美日两国关于放射性排放物的标准十分相似，因此他担心大平在会谈文件中确立的标准过于繁复会引发不必要的误解。大平认为赖肖尔通过会谈文件已经认识到两国放射性排放标准的区别，依据日本的法规这种标准会因是否发现核素而不同。鉴于日本对核潜艇主冷却水偶尔排放所允许的最大浓度没有特殊规定，所以日本的上述标准也适用于核潜艇冷却水的排放。日本也希望对放射性污染物浓度水平的测量在排放口进行，这样就可以不用在排放口设立控制区，海水的稀释作用也可以不予考虑。大平警告赖肖尔要注意，日本大众最为

---

① Visits of U. S. Nuclear Submarines to Japanese Ports, July 9, 1963. National Security Archive, Japan and the United States: Diplomatic, Security, and Economic Relations, 1960 – 1976. ProQuest LLC. , 2008. JU00247.

关心的是对核潜艇冷却水的处理是否会超过日本所制订的标准，而不是冷却水的排放是否会引发对环境放射性可测量的影响。因为日本港口的总辐射水平要远远低于美国现在频繁使用的新伦敦湾，大平正芳十分怀疑美国政府的标准会在日本港口的实践中遭到挑战。既然美国已经明确表示不能接受核潜艇入港时使用辅助动力并且会将冷却水排入码头的保留槽中，因此，大平希望美国能够理解日本政府面临的困境，最起码保证在日本领水处理冷却水时遵循日本的法规。

大平还向赖肖尔提出依据两国的国情，日本只能将核潜艇的安全性完全寄托于美国政府保证的信誉，以及核潜艇访问美国和其他国家港口的安全记录。既然日本不能从科学的立场断定核潜艇反应堆绝对不会出现事故，日本政府认为十分有必要就核潜艇发生事故的最大可能性有所了解，以便获得日本公众更好的谅解并消除他们不必要的忧虑。因此，大平正芳再次询问赖肖尔他在当年 4 月 16 日曾经提出的与核潜艇发生意外事故相关的问题。[①]美国直到半年之后准备核潜艇访问的备忘录时才答复日本政府不能提供相关信息。[②]

日本政府鉴于不能从美国获得有关核潜艇安全性的足够信息，大平正芳在华盛顿就美国财政支出平衡问题与美国副国防部长吉尔帕特里克会见时又特意提出了核潜艇访问日本问题。他告诫吉尔帕特里克以及陪同会见的赖肖尔大使，他明白美国海军已经对核潜艇停靠日本港口一事长期拖延不耐烦，但是出于两国的共同

[①]　SSNs-GOJ Talking Paper of July 19, 1963, July 24, 1963. National Security Archive, Japan and the United States: Diplomatic, Security, and Economic Relations, 1960 – 1976. ProQuest LLC., 2008. JU00252.

[②]　Secretary Rusk to Tokyo Embassy, January 18, 1964, Tokyo 1857. 石井修，我部政明，宫里政玄监修：《アメリカ合衆国対日政策文書集成，第 8 期——日米外交防衛問題：1964 年》，第 7 卷，東京：柏書房 2001 年版，第 107—108 頁。

利益，在日本同意核潜艇访问之前，由日本原子能委员会向日本政府做出对核潜艇安全性有利的建议在政治上是明智的。因此，他希望日本原子能委员会成员兼重在华盛顿能够取得令人满意的结果。① 很明显华盛顿也充分意识到了兼重 8 月 3—9 日华盛顿之行的重要性而对他进行了热情接待，安排了国务院、海军以及美国原子能委员会的相关人员就美国核潜艇的安全性向他游说。华盛顿以兼重为突破口的努力达到了预想效果，兼重被成功说服，接受了美国在核潜艇安全性方面的保证，并承诺向池田勇人作出有利于核潜艇访问的建议。② 日本原子能委员会的谅解使两国的谈判朝着美国所期望的方向发展，双方的谈判顺利转入实际安排访问方面。

二　美日就核潜艇靠港协定的交涉

1963 年 8 月 7 日，日本外务省美国局局长武内龙次（Takeuchi Ryuji）向美国大使馆递交了日本政府对 6 月 13 日大使馆所递交的会谈文件的修改意见，并制订了交换照会的流程。日本政府希望将美国的帮助备忘录（aid memorire）修改成正式的备忘录（memorandum）并正式交换，这样它就可以在国会以美日两国政府就核潜艇靠港访问有正式换文来应对反对派的质询。负责接见武内龙次的埃默森表示美国不能接受日本政府的这一建议，因为美国核潜艇利用日本海军基地是美国的条约权力。两国政府就此正式换文相当于实施《安保条约》中的事前协商条款，人们很容易会将核潜艇的访问与核武器联系在一起，这将会给双方带来严

---

① Memorandum of Conversation: U. S. -Japan Defense Problems, August 5, 1963. Foreign Relations of the United States (FRUS), 1961 – 1963, Volume 22, China, Korea, Japan. Document 378.

② Nuclear-Powered Submarines: Visit of Mr. Kaneshige, August 6, 1963. National Security Archive, Japan and the United States: Diplomatic, Security, and Economic Relations, 1960 – 1976. ProQuest LLC. , 2008. JU00259.

重的政治灾难。武内龙次和日本政府显然十分清楚其中的利害，他们之所以提出这样的要求，明显是希望减轻在国会所面临的压力。但是美国国务院的认识与美国大使馆一致，不接受日本的理由，认为日本提交的备忘录已经偏离了之前美国大使馆与日本外务省的讨论方向，美国海军和原子能委员会是不会接受的。为了推动谈判的进行，国务院提出了两个应对之策：由里科弗（Rickover）通过赖肖尔向日本提供美国所能给予的安全保证；或者是由赖肖尔直接与池田首相或大平外相会见，表明美国不能答应日本的要求，敦促日本按照美国在帮助备忘录中的保证作出允许核潜艇访问的决定。[①]

日本政府在核潜艇访问的准备工作方面也出现了问题。日本政府何时能够就核潜艇访问一事作出答复，受制于日本政府对佐世保和横须贺港的勘测进程。然而日本科技厅受到技术条件、资金以及人员的限制，至少需要四个月的时间才能完成这项工作。大平正芳希望履行对赖肖尔的承诺，在他 8 月底赴欧洲访问之前确定核潜艇访问一事。但是武内认为大平良好的愿望与日本科技厅缓慢的实际进程之间存在着不可克服的矛盾。在武内看来，日本政府不可能按照美国的期望于 8 月 11 日左右作出允许美国核潜艇访问的决定并予以公布，否则该日期就会与科技厅实际完成调查的时间间隔太大，这会给反对派充足的时间来准备反对核潜艇的首次访问。武内担心这样会带来严重的后果，因此，他建议双方首先完成备忘录并达成一致，然后将其搁置至日本科技厅完成准备工作之后再使用。[②]

---

① Nuclear-Powered Submarine（SSN）Visits to Japan, August 15, 1963. National Security Archive, Japan and the United States: Diplomatic, Security, and Economic Relations, 1960 – 1976. ProQuest LLC., 2008. JU00264.

② Draft Memorandum on U. S. Nuclear Submarine Visits to Japanese Ports, August 8, 1963. National Security Archive, Japan and the United States: Diplomatic, Security, and Economic Relations, 1960 – 1976. ProQuest LLC., 2008. JU00262.

大平外相也向埃默森表示日本政府内部对何时批准美国核潜艇访问存在着激烈的争论，他们倾向于在 10 月的特别国会之前批准，因为随后日本正常国会的召开将会意味着批准核潜艇访问又要拖延很久。但是港口环境的监测对日本来说绝对有必要，如果不顾日本相关方面的准备状况而强行提前访问，那么访问期间的监测将会存在很多技术困难。对此，埃默森建议等 9 月中旬大平外相出国访问返回日本后双方再讨论核潜艇访问问题，① 他相信如果那时候双方就所需要的文件能够达成协议并且就环境监测达成某些谅解的话，日本政府在核潜艇访问问题上必定会大开绿灯。他劝诫腊斯克国务卿对此不妨一试。②

无论是日本外务省还是美国大使馆对谈判都过于乐观。在大平短暂的回国期间，双方在备忘录和监测问题上达成谅解的目标并没有实现。虽然美日双方都希望尽快完成有关核潜艇访问的换文，但是仍受到反对派在核潜艇访问所带来的公共安全方面的问题以及日本因此被纳入美国的核战略中的强烈质疑，使核潜艇访问一事成为日本政治中极为敏感的问题。

为了推动核潜艇访问日本港口的实现，避免与日本外务省低级官员接触所带来的不必要的拖延，美国国务院于 1964 年 1 月 20 日发出指令，敦促赖肖尔直接面见日本外相大平正芳以尽快完成谈判。腊斯克要求赖肖尔向大平正芳转达，在日本政府何时作出决定允许核潜艇访问以及核潜艇首次访问的时间问题上，美国会完全尊重日本政府的意愿，美国大使馆将会向日本政府递交适用于美国核潜艇访问所有美国之外港口的备忘录，

---

① 大平正芳于 1963 年 8 月 25 日—9 月 9 日出访西欧，9 月 16 日前往纽约参加联合国大会。

② Visits of U. S. Nuclear Submarines to Japanese Ports, August 21, 1963. National Security Archive, Japan and the United States: Diplomatic, Security, and Economic Relations, 1960 – 1976. ProQuest LLC. , 2008. JU00266.

用以说明美国政府采纳了《关于在外国港口的美国核战舰的操作声明》①。如果大平正芳认为有必要，赖肖尔可以视情况决定是否向日本提供帮助备忘录，用以说明除了动力系统的区别外，核潜艇与当前访问日本港口的其他美国海军舰只没有区别以及美国已经遵守并且仍将继续遵守《日美安保条约》中有关事前协商的安排，同时美国仍然坚持既不确认也不否认美国军舰上拥有核武器的既定政策。②

　　1 月 24 日，赖肖尔将国务院的上述意见以及美国的操作声明交给了大平正芳，并表示如果大平外相认为美国有必要向日本政府提供帮助备忘录的话，他将会向日本政府提供。大平在看过赖肖尔递交的相关材料后，认为日本政府仍有必要获得赖肖尔所提及的帮助备忘录，于是赖肖尔向大平递交了早已准备好的帮助备忘录，并向他表示这是美国所能提供的满足日本要

---

　　①　美国《关于在外国港口的美国核战舰的操作声明》如下：1. 美国保证，美国核战舰核推动机器的反应堆的安全设计、船员培训及操作程序符合各项要求。美国政府还保证，在美国港口的安全预警和程序将会在外国港口严格执行。2. 关于外国港口的美国核动力舰只的操作：A. 能够引起背景环境放射性大幅度增加的废水以及其他废弃物将不会被排放。废弃物排放标准将依据国际放射保护委员会（ICRP）的建议。B. 在访问期间，核舰只上的船员将负责船上的放射控制，以及周边环境的监测。C. 在核舰只访问期间，如果舰只的反应堆出现问题，将会及时通知东道国政府。D. 美国政府承担核舰只的打捞以及其他意外事故工作。E. 美国政府将不向东道国政府提供核舰只设计或操作的技术信息。F. 美国海军将会提前 24 小时通知东道国政府核动力舰只预计到达的时间和停靠的港口。G. 当然美国政府乐意与各东道国缔结有关美国核舰只访问的一般性协定。3. 未涉及的按照国际法律通过外交途径解决。Statement by United States Government on Operation of U. S. Nuclear Powered Warships in Foreign Ports, January 20, 1964. Tokyo 1878. 石井修，我部政明，宫里政玄监修：《アメリカ合衆国対日政策文書集成，第 8 期——日米外交防衛問題：1964 年》，第 7 卷，東京：柏書房 2001 年版，第 114—116 頁；Confidential U. S. State Department Central Files, Japan（February 1963 – 1966）：Internal Affairs and Foreign Affairs, Reel 33, pp. 731 – 733.

　　②　U. S. Government Proposal to Japan to Allow U. S. Nuclear Submarine Porting Facilities, January 20, 1964. Tokyo 1877. National Security Archive, Japan and the United States: Diplomatic, Security, and Economic Relations, 1960 – 1976. ProQuest LLC., 2008. JU00296；石井修，我部政明，宫里政玄监修：《アメリカ合衆国対日政策文書集成，第 8 期——日米外交防衛問題：1964 年》，第 7 卷，東京：柏書房 2001 年版，第 109—113 頁；Confidential U. S. State Department Central Files, Japan（February 1963 – 1966）：Internal Affairs and Foreign Affairs, Reel 33, pp. 734 – 738.

求的最好的表述。① 该备忘录不但包含了之前美国备忘录中已经提出的有关核潜艇安全和操作、责任以及补偿方面的内容，而且也接受了大平正芳于 1963 年 6 月 28 日向赖肖尔提出的加入 1960 年 1 月 19 日两国联合声明中有关事前协商部分的要求：

在过去的数月中，大使馆与外务省的代表就美国核潜艇访问日本交换了相关信息，除了推进系统外，核潜艇与正在访问日本的其他美国舰只并无区别，因此享有依据美日安全协定进入日本的相同权力。虽然核潜艇的进入不在《安保条约》的事前协商之列，但是美国政府考虑到日本人民对此的关心，已经决定在行使这项权力之前与日本政府进行讨论。关于确实涉及事前协商的事情，美国的政策仍然是 1960 年 1 月 19 日美日联合公报中所声明的政策，即美国政府没有违背日本政府的意愿行事的意图。②

对于美国的这一新动向，大平向赖肖尔表示将在工作层面上研究后尽快予以答复。4 月 22 日，武内龙次向暂时代替赖肖尔主持工作的埃默森提出了修改意见。日本政府认为《关于在外国港口的美国核战舰的操作声明》中的"东道国"和"外国港口"的概念过于宽泛，应当将之改为"日本政府"和"日本港口"，并且强烈坚持使用"核动力潜艇"代替"核动力舰只"。武内表示，只有这样才能表明两国政府所讨论的内容，"舰只"这一概念过于宽泛，会

---

① Ambassador Edwin O. Reischauer to Secretary Rusk, January 29, 1964. Tokyo 2257. 石井修，我部政明，宫里政玄監修：《アメリカ合衆国对日政策文書集成，第 8 期——日米外交防衛問題：1964 年》，第 7 卷，東京：柏書房 2001 年版，第 124—126 頁；Confidential U. S. State Department Central Files, Japan (February 1963 – 1966)：Internal Affairs and Foreign Affairs, Reel 33, pp. 721 – 723.

② Aide Memoire, January 20, 1964. Tokyo 1879. National Security Archive, Japan and the United States：Diplomatic, Security, and Economic Relations, 1960 – 1976. ProQuest LLC., 2008. JU00297；石井修，我部政明，宫里政玄監修：《アメリカ合衆国对日政策文書集成，第 8 期——日米外交防衛問題：1964 年》，第 7 卷，東京：柏書房 2001 年版，第 117—123 頁；Confidential U. S. State Department Central Files, Japan (February 1963 – 1966)：Internal Affairs and Foreign Affairs, Reel 33, pp. 724 – 730.

被解释为包含北极星型潜艇，这会使日本政府在国内面临强烈反对。关于美国核潜艇首次进入日本港口的时间，武内认为这要视华盛顿对日本政府的修改意见的反应速度以及最终完成换文的时间而定，日本政府希望国会休会以后两国立即交换达成一致的文件，然后日本政府宣布同意访问的决定，并公开相关文件。武内告诉埃默森，外务省已经与科技厅讨论过核潜艇首次访问的时间，科技厅的意见是希望在日本政府公布相关文件后公开进行监测活动，而非在此之前秘密进行。武内预测日本科技厅完成相应工作需要 2—3 个月的时间，因此，美国核潜艇首次访问的实际时间要在完成换文后作出相应的推迟。

埃默森根据与武内的会谈向华盛顿汇报，认为与日本政府的换文工作可以在 6 月初完成，核潜艇首次访问就可以在科技厅于 8 月左右完成准备工作后进行，这样就可能正好赶在东京奥运会开幕前数周完成。埃默森建议华盛顿考虑东京奥运会这一因素，避免给美国带来不良影响。当前日本国内正在就此问题争论不休，部分官员希望核潜艇首次访问的时间越接近奥运会开幕越好，这样公众对核潜艇的注意力就会被奥运会开幕的喜悦所转移；而另一部分官员的看法则完全相反，认为奥运会开幕前正是实施核潜艇首次访问最不适宜的时机。埃默森建议华盛顿接受日本提出的修改意见，这样不但可以为其他国家确立类似的实践范例，而且换文完成得越早，在首次访问的时间上，美国的灵活性就越大。① 美国核潜艇在进入英国、西班牙、澳大利亚等国港口时，美国政府向他们递交了《关于在外国港口的美国核战舰的操作声明》，国务院希望美国核潜艇依

① American Tokyo Embassy John Emmerson to Secretary Rusk, April 24, 1964. Tokyo 3150. 石井修，我部政明，宫里政玄監修：《アメリカ合衆国対日政策文書集成，第 8 期——日米外交防衛問題：1964 年》，第 7 卷，東京：柏書房 2001 年版，第 131—142 頁；Confidential U. S. State Department Central Files, Japan（February 1963 – 1966）：Internal Affairs and Foreign Affairs, Reel 33，pp. 705 – 716.

据相同的基础驶入任何港口，它认为对上述声明的任何更改都会使
美国与接受这一声明的国家之间的关系陷入困境。因此，国务院强
烈反对日本的修改建议，希望日本接受美国已经广泛使用的表述。
双方在这一问题上的分歧使两国的谈判在赖肖尔大使病休期间进展
缓慢，而自民党在 7 月中旬要举行的新总裁选举也给日本政府作出
最终决定带来了不少变数。

1964 年 7 月初，赖肖尔返回东京重新工作后，大平正芳向赖肖
尔表示他将在任期内作出最后努力，希望能够赶在卸任之前完成核
潜艇停靠日本港口问题的谈判。① 赖肖尔也认为由大平正芳任外相
的外务省更有利于日本政府作出有利于美国的决定。武内龙次与大
使馆进行接触时表示，核潜艇首次访问日本港口应该在双方交换照
会的一个月后进行，在这期间日本政府需要做各项测试，他希望双
方可以在 7 月底交换照会，这样就可以安排核潜艇于 8 月底进行访
问。出于日本国内政治形势变动的考虑，赖肖尔在 7 月 10 日强烈
建议华盛顿接受日本的要求，对核潜艇访问日本的声明和相关文件
作出适当修改。②

腊斯克接受了东京大使馆对会谈的判断，他于 7 月 17 日致电
东京大使馆，指示赖肖尔接受日本政府的修改意见。③ 腊斯克这次

---

① Ambassador Edwin O. Reischauer to Secretary Rusk: Entry Nuclear-Powered Submarines, July 6, 1964. Tokyo 62 (3501). 石井修，我部政明，宫里政玄監修：《アメリカ合衆国対日政策文書集成，第 8 期——日米外交防衛問題：1964 年》，第 7 卷，東京：柏書房 2001 年版，第 155 頁；Confidential U. S. State Department Central Files, Japan (February 1963 – 1966): Internal Affairs and Foreign Affairs, Reel 33, p. 692.

② Ambassador Edwin O. Reischauer to Secretary Rusk, July 10, 1964, Tokyo 143 (8165). 石井修，我部政明，宫里政玄監修：《アメリカ合衆国対日政策文書集成，第 8 期——日米外交防衛問題：1964 年》，第 7 卷，東京：柏書房 2001 年版，第 156—158 頁；Confidential U. S. State Department Central Files, Japan (February 1963 – 1966): Internal Affairs and Foreign Affairs, Reel 33, pp. 689 – 691.

③ Secretary Rusk to American Tokyo Embassy, July 17, 1964. Tokyo 185 (10475). 石井修，我部政明，宫里政玄監修：《アメリカ合衆国対日政策文書集成，第 8 期——日米外交防衛問題：1964 年》，第 7 卷，東京：柏書房 2001 年版，第 162 頁。

没有像之前那样坚持不能修改美国核潜艇访问海外港口的声明，一是因为赖肖尔大使对东京政治形势的分析获得了他的认同；另一个更为重要的原因是日本政府在核潜艇访问一事上的积极姿态。1964年7月14日，日本外务省向美国大使馆递交了它们准备的有关同意美国核潜艇访问日本的声明，表示"不反对"美国核潜艇访日，并且明确美国核潜艇是依据《美日安保条约》的授权进入日本，保卫日本的安全。对于日本国民普遍关心的核潜艇的安全性问题，日本政府表示已经获得了美国政府的保证，而且即将访问日本的美国核潜艇没有携带北极星型潜射导弹的能力，它与在日本部署核武器也毫无关系，美国政府在部署核武器方面已经保证尊重日本政府的意愿。① 日本政府将核潜艇进入日本与事前协商撇清关系，这是美国乐意看到的，这也让美国已无必要再坚持原来的表述。

1964年7月18日，池田勇人第三次组阁，任命椎名悦三郎为新任外相，虽然赖肖尔认为他与椎名的关系远没有与大平融洽，但是大平在离任前已经奠定了核潜艇访问的基调，赖肖尔与椎名之间的谈判取得了迅速进展。7月28日，椎名正式通知赖肖尔，日本政府对美国核潜艇进入日本港口停靠一事进行了认真考虑，最终得出结论认为美国的安全性保证是充分的。因此，决定同意美国核潜艇对日本的访问。② 他同时还建议两国于8月14—18日交换记录及其他相关文件，并在18日予以公开。③ 椎名解释，之所以选择8月

---

① Ambassador Edwin O. Reischauer to Secretary Rusk, July 15, 1964, Tokyo 196. 石井修，我部政明，宫里政玄监修：《アメリカ合衆国対日政策文書集成，第8期——日米外交防衛問題：1964年》，第7卷，東京：柏書房2001年版，第159—160页；Confidential U. S. State Department Central Files, Japan (February 1963 – 1966)：Internal Affairs and Foreign Affairs, Reel 33, pp. 687 – 688.

② 刘世龙研究认为日本内阁于1964年4月就作出了允许美国核潜艇停靠的决议。参见刘世龙《美日关系史（1791—2001）》，世界知识出版社2003年版，第489页。

③ いわゆる「密約」問題に関する調査その他関連文書（1. 1960年1月の安保条約改定時の核持込みに関する「密約」問題関連），1 – 73.

18 日公布是因为原子弹爆炸以及战争结束纪念日刚刚结束，这样左翼反对力量就不会有时间召集大规模的反对活动。因此，他希望美国在公布消息之前对此严格保密。椎名告诉赖肖尔，日本政府希望核潜艇能够在 9 月 15 日或 16 日首次访问日本的佐世保港，两国公布文件与首次访问期间，日本政府将会监测佐世保港自身的辐射水平。赖肖尔对这一安排表示满意，并表示美国可以在日本所要求的时间准备好核潜艇对佐世保的访问事宜。对于核潜艇对横须贺港的访问，椎名向赖肖尔表示日本在原则上不反对，但是希望美国能够在对日本公众对核潜艇访问佐世保的反应作出分析后再作决定。

虽然日本政府认可了美国对核潜艇安全性的保证，但是日本仍有部分科学家和保守主义者担心港口附近的鱼类会因其赖以为生的浮游植物以冷却水为生而受到间接污染，这种担心影响到了日本渔业厅对核潜艇访问的判断。为了避免十年前福龙丸事件引发的日本鱼市崩溃的悲剧再现，[①] 椎名通知赖肖尔，日本政府计划暂停出售在佐世保港捕获的鱼类一年并对渔民做出相应补偿，同时日本会在佐世保开展相关研究以确保核潜艇对鱼类没有辐射作用，这也会进一步证实美国对核潜艇安全性保证的有效性，他希望美国能够同意

---

① "福龙丸事件" 又称 "比基尼事件"。1954 年 3 月在比基尼海域进行捕捞作业的日本渔船第五福龙丸号意外遭受比基尼群岛美国核试验放射性尘埃的辐射。美国最初否认负有责任，最后承认船员受到了美国核试验的辐射，并向日本当局支付 200 万美元作为善后赔偿。关于福龙丸号事件的研究参见郭培清《福龙丸事件与美国对日政策的调整》，《东北师大学报》（哲学社会科学版），2001 年第 3 期；坂元一哉：《核兵器と日米関係——ビキニの外交処理》，载近代日本研究会：《戦後日本外交の形成》，東京：山川出版社，1994 年版；John Swenson-Wright：*Unequal Allies? - United States Security and Alliance Policy Toward Japan*, 1945–1960, Stanford, California：Stanford University Press, 2005；Roger Dingman：*Alliance in Crisis：The Lucky Dragon Incident and Japanese-American Relations*, in Warren I. Cohen and Akira Iriye, *The Great Powers in Asia*, 1953–1960, New York；Oxford：Columbia University Press, 1990. 2014 年是福龙丸事件发生 60 周年，美国国家安全档案馆为此特别推出了纪念性专题，详见 http：//www2. gwu. edu/ ~ nsarchiv/nuke-vault/ebb459/。

日本政府的这项提议。①

赖肖尔没有当场向椎名作出回应，直到半个月后的 8 月 10 日，赖肖尔为此特意拜会日本外务次官，向他表示美国不能接受这一建议。赖肖尔反对日本采取这一措施，是出自他的本意还是受华盛顿的指令而为目前尚不能作出定论，但是根据后续谈判中国务院的姿态来看，这很有可能是赖肖尔的独立判断。② 日本外务次官以此认为美国是想逃避在突发事件时应当承担的责任。赖肖尔对此予以否认，美国反对日本在佐世保暂停售鱼不是出于美国对补偿渔业损失的担心，而是因为这会严重削弱美国对核潜艇安全性的保证，也会使美国在其他国家面前面临困境，不利于美国核潜艇在世界其他地方获得需要的港口。③

受越南东京湾事件的影响，池田勇人决定将原定于 8 月 18 日公布日本政府同意美国核潜艇访问的决定推迟到 8 月 28 日左右，这为两国解决渔业问题上的分歧又争取了不少时间。8 月 15 日，武内再次向赖肖尔表示出于保密的原因，在交换照会和声明之前，外务省不希望就此事与日本渔业厅交涉，他保证在公布相关文件时不涉及停止捕鱼问题，外务省会在核潜艇首次访问之前与渔业厅协商解决这一问题。他希望美国不要将渔业问题作为交换相关文件的先

---

　　① Telegram From the Embassy in Japan to the Department of State, July 28, 1964. Tokyo 354. Foreign Relations of the United States, 1964 – 1968, Volume 29, pp. 25 – 26；石井修，我部政明，宫里政玄监修：《アメリカ合衆国対日政策文書集成，第 8 期——日米外交防衛問題：1964 年》，第 7 卷，東京：柏書房 2001 年版，第 165 頁；Confidential U. S. State Department Central Files, Japan（February 1963 – 1966）：Internal Affairs and Foreign Affairs, Reel 33, p. 675.

　　② Department of State to American Tokyo Embassy, August 6, 1964, Deptel 373. 该文件目前尚未解密。

　　③ Ambassador Edwin O. Reischauer to Secretary Rusk, August 10, 1964. Tokyo 516（7329）. 石井修，我部政明，宫里政玄监修：《アメリカ合衆国対日政策文書集成，第 8 期——日米外交防衛問題：1964 年》，第 7 卷，東京：柏書房 2001 年版，第 177—178 頁；Confidential U. S. State Department Central Files, Japan（February 1963 – 1966）：Internal Affairs and Foreign Affairs, Reel 33, pp. 667 – 668.

决条件，两国尽快完成核潜艇访问的相关手续。

赖肖尔并不认同外务省的这种见解，他虽然相信外务省肯定会努力去说服渔业厅，但是却无法预测这种努力是否会成功。在赖肖尔看来，美国诚然可以先交换照会，然后再与日本讨论相关的渔业问题，但是这种讨价还价的解决方式将会使美国处于极为不利的地位。在这种情况下，美国的确可以将访问延期至渔业问题获得满意地解决后再实施，但是这样做带来的结果是，美国在渔业问题上能够施加的影响将会很小，最终导致核潜艇首次访问日本港口的时间被无限拖延。赖肖尔坚持认为美国绝不能接受双方交换照会之后日本停止捕鱼，渔业问题必须在交换照会之前解决，即使是以核潜艇延期访问和泄漏外务省与渔业厅之间的讨论也在所不惜。① 国务院十分认同并极力支持赖肖尔在这一问题上的立场，认为不能让日本将核潜艇访问日本港口与 1954 年的福龙丸事件产生任何联系，否则会严重危及公众对美国核潜艇安全性的信任。②

当 8 月 19 日日本外务次官接到美国国务院必须在交换照会前解决渔业问题的决定时，他对此感到十分震惊。他向美国表示，虽然池田首相极力希望深化日美关系，但是在当前日本对美国的平衡税、纺织品以及民航政策不满的情况下，美国坚持要在核潜艇靠港访问之前先解决渔业问题可能会激怒池田首相，同时美国的这一立

---

① Ambassador Edwin O. Reischauer to Secretary Rusk，August 15，1964，Tokyo 583. 石井修，我部政明，宫里政玄监修:《アメリカ合衆国対日政策文書集成，第 8 期——日米外交防衛問題: 1964 年》，第 7 卷，東京: 柏書房 2001 年版，第 181—184 頁；Confidential U. S. State Department Central Files，Japan（February 1963 – 1966）: Internal Affairs and Foreign Affairs，Reel 33，pp. 661 – 664.

② Department of State to American Tokyo Embassy，August 14，1964. Tokyo 437（8179）；Department of State to American Tokyo Embassy: Joint State/Defense Massage，August 17，1964. Tokyo 450（8975）. 石井修，我部政明，宫里政玄监修: 《アメリカ合衆国対日政策文書集成，第 8 期——日米外交防衛問題: 1964 年》，第 7 卷，東京: 柏書房 2001 年版，第 180 頁，第 185 頁；Confidential U. S. State Department Central Files，Japan（February 1963 – 1966）: Internal Affairs and Foreign Affairs，Reel 33，p. 665，p. 660.

场也意味着原定 8 月 25 日交换照会的计划要再次延期。① 2 天后日本外务次官无奈地答复美国大使馆，日本政府已经决定撤销佐世保与核潜艇访问相关的捕鱼计划，希望各项安排能够按照之前的日程继续进行。东京大使馆对此表示，会按照之前的协议交换备忘录，同意将相关说明文件的日期定为 8 月 17 日，美国照会和声明的签署日期定为 8 月 24 日，并于 8 月 28 日向公众公布。在获得美国的这些保证后，日本表示希望美国核潜艇在 9 月 28 日之后尽快访问日本。②

最终日本外务省于 1964 年 8 月 28 日上午 11 时照会美国大使馆，表示日本政府不反对美国核潜艇对日本的访问，同时也向媒体公布了相关文件，这包括《美国核潜艇停靠日本港口的声明》、美日两国的照会、《关于在外国港口的美国核战舰的操作声明》以及对美国核潜艇访问日本的相关事项进行说明的《帮助备忘录》。③ 按照约定，美国没有发布相关声明，只是举行了记者招待会回答媒体询问，赖肖尔在向记者表示对日本政府的决定感到高兴的同时，重申对美国核潜艇安全性的绝对信心。他还有意弱化

---

① Ambassador Edwin O. Reischauer to Secretary Rusk, August 19, 1964, Tokyo 632. 石井修，我部政明，宫里政玄监修：《アメリカ合衆国対日政策文書集成，第 8 期——日米外交防衛問題：1964 年》，第 7 卷，東京：柏書房 2001 年版，第 186 頁；Confidential U. S. State Department Central Files, Japan (February 1963 – 1966)：Internal Affairs and Foreign Affairs, Reel 33, p. 659.

② Ambassador Edwin O. Reischauer to Secretary Rusk, August 21, 1964, Tokyo 667. 石井修，我部政明，宫里政玄监修：《アメリカ合衆国対日政策文書集成，第 8 期——日米外交防衛問題：1964 年》，第 7 卷，東京：柏書房 2001 年版，第 188 頁；Confidential U. S. State Department Central Files, Japan (February 1963 – 1966)：Internal Affairs and Foreign Affairs, Reel 33, p. 658.

③ Tokyo's Announcement to Allow U. S. Nuclear-driven Warships to Call Japanese Ports, August17, August 24, August 28, 1964. 細谷千博、有賀貞、石井修、佐佐木卓也：《日米関係資料集：1945—97》，東京：東京大学出版会 1999 年版，第 608—613 頁；鹿島平和研究所：《日本外交主要文書·年表：1961—1970》，第 2 卷，東京：原書房 1984 年版，第 520—524 頁；石井修，我部政明，宫里政玄监修：《アメリカ合衆国対日政策文書集成，第 8 期——日米外交防衛問題：1964 年》，第 7 卷，東京：柏書房 2001 年版，第 196 頁；Confidential U. S. State Department Central Files, Japan (February 1963 – 1966)：Internal Affairs and Foreign Affairs, Reel 33, p. 650.

人们对核潜艇的关注，声称世界正在迅速进入核动力时代，核动力船只对所有海洋国家将会变得日益重要，也会逐步出现在世界各国的港口。①

第三节　核潜艇访日的实现

一　核潜艇首次访日的交涉与准备

收到日本政府同意核潜艇访问日本港口的照会后，美国就开始积极策划实际实施核潜艇访问的各个细节，以免引起日本政局的动荡。按照日美两国在谈判中达成的共识，美国初步计划赶在东京奥运会开幕之前的 9 月 28 日实施核潜艇的首次访问。选择这个时刻，一是因为美国相信日本科技厅利用一个月的时间足以完成在佐世保港的前期准备工作；二是这一时间点也避开了东京奥运会的会期，美国认为此时日本民众正沉浸于准备奥运会开幕的喜悦以及因举行奥运会而带来的民族自豪感的满足之中，这不仅会大大降低核潜艇进入日本对他们的吸引力，而且也能够使他们比其他时刻更容易认识到日本在世界上的作用，从而更加宽容地看待美国核潜艇驶入日本港口一事。

为了顺利实现这一预想，华盛顿决定派遣美国原子能委员会成员、海军反应堆顾问贝克林（Becklean）专程前往日本，在核潜艇访问日本期间通过大使馆和美国海军在幕后处理相关专业问题。赖肖尔对在东京能够获得美国原子能委员会的帮助十分期待，并希望

---

① Ambassador Edwin O. Reischauer to Secretary Rusk, August 26, 1964, Tokyo 583; August 28, 1964, Tokyo 756. 石井修，我部政明，宫里政玄监修：《アメリカ合衆国対日政策文書集成，第 8 期——日米外交防衛問題：1964 年》，第 7 卷，東京：柏書房 2001 年版，第 190—191 頁、第 199 頁；Confidential U. S. State Department Central Files, Japan（February 1963 – 1966）：Internal Affairs and Foreign Affairs, Reel 33, pp. 655 – 656, p. 649.

待确定核潜艇首次访问的计划后即刻安排贝克林在东京的行程。①
日本方面，支持核潜艇进入日本的东京工业大学核放射防护教授
西脇（Nishiwaki）也积极协助政府的工作，他收集了大量关于核
动力商船萨瓦娜号（Savannah）的信息，通过电视节目展示给广
大日本民众，②他希望以此来减轻日本广大民众对核潜艇安全性
的忧虑，避免他们与日本左翼所大力宣扬的核潜艇安全性问题产
生共鸣。

　　正当美日两国全力准备于 1964 年 9 月 28 日左右实现美国
核潜艇对日本的首次访问之时，日本科技厅打乱了两国的日程。
日本外务省美国局局长武内龙次于 9 月 10 日突然通知美国大使
馆，日本科技厅表示在 10 月 20 日之前不能完成对佐世保港的
放射性检测以及在港口监测核潜艇的准备工作。武内对无法按
原计划行事向美国表示遗憾，他希望美国政府能够同意将首次
访问延期至 10 月 20 日之后。赖肖尔大使认为在佐世保的准备
工作是实现核潜艇首次访问的先决条件，他对此表示谅解，但
是没有再约定具体的访问时间。赖肖尔与武内会谈结束后，向
腊斯克国务卿建议将核潜艇实际访问的目标日期定在 11 月中
旬，但是最好能够使日本认为美国希望核潜艇首次访问在 10 月

　　① Department of State to American Tokyo Embassy, September 2, 1964, Tokyo 617 (1207); Ambassador Edwin O. Reischauer to Secretary Rusk, September 5, 1964, Tokyo 845 (4920). 石井修，我部政明，宫里政玄监修：《アメリカ合衆国対日政策文書集成，第 8 期——日米外交防衛問題：1964 年》，第 7 卷，東京：柏書房 2001 年版，第 214 頁、第 219 頁；Confidential U. S. State Department Central Files, Japan (February 1963 – 1966): Internal Affairs and Foreign Affairs, Reel 33, p. 451, p. 447. 实际上在核潜艇访问期间在美国驻东京大使馆实地指导协调工作的是更具有影响力的核潜艇之父里科弗（Rickover）。

　　② American Ambassador Edwin O Reischauer to Secretary of State, September 8, 1964, Tokyo868. 石井修，我部政明，宫里政玄监修：《アメリカ合衆国対日政策文書集成，第 8 期——日米外交防衛問題：1964 年》，第 7 卷，東京：柏書房 2001 年版，第 221 頁；Confidential U. S. State Department Central Files, Japan (February 1963 – 1966): Internal Affairs and Foreign Affairs, Reel 33, p. 444.

20 日之后会立即进行，这样美国就能在核潜艇首次访问的时机上有更大的选择空间。① 腊斯克认可了赖肖尔对科技厅准备工作的认识以及他对目标日期的选择，并指示赖肖尔要保持在奥运会结束之后尽快实施访问的最大的灵活性。

10 月 16 日，外务省通知大使馆，科技厅在日本港口的准备工作进展顺利，佐世保港和横须贺港的准备工作将会在 10 月 25 日和 30 日分别完成，日本港口的准备工作完成后，美国核潜艇可以随时访问。至于访问的具体时间，外务省希望美国能够避开 10 月 26 日的原子能日、11 月 2 日外相参加联合国大会前在国会的听证会、11 月 3 日的文化节以及周末和日本的节假日，这样在核潜艇停靠期间反对势力就无法组织大规模的抗议活动，从而有效地减少因核潜艇首次访问日本而引发的骚乱。② 日本外务省一再向赖肖尔强调对核潜艇访问日期保密的重要性，要求美国大使馆不能向日本地方政府泄露消息，要确保在核潜艇抵达 24 小时之前外相和首相通过外务省第一个获知相关信息。这一点为赖肖尔所接受，他在向华盛顿的汇报中也一再敦促在这一点上要满足日本的要求。

为了弱化公众对核潜艇的关注，日本外务省强烈希望美国海军的其他舰只，比如航空母舰或者是驱逐舰，在核潜艇首次访问佐世保时恰好也在港停靠，这样核潜艇舰员就会因其他海军人员的存在而不会过于明显。日本自民党公共信息委员会的代表也向

① American Ambassador Edwin O Reischauer to Secretary of State, September 11, 1964, Tokyo 906. 石井修，我部政明，宫里政玄監修：《アメリカ合衆国对日政策文書集成，第 8 期——日米外交防衛問題：1964 年》，第 7 卷，東京：柏書房 2001 年版，第 224 頁；Confidential U. S. State Department Central Files, Japan (February 1963 – 1966): Internal Affairs and Foreign Affairs, Reel 33, p. 642.

② American Ambassador Edwin O Reischauer to Secretary of State, October 16, 1964, Tokyo 1350. 石井修，我部政明，宫里政玄監修：《アメリカ合衆国对日政策文書集成，第 8 期——日米外交防衛問題：1964 年》，第 7 卷，東京：柏書房 2001 年版，第 244—245 頁；Confidential U. S. State Department Central Files, Japan (February 1963 – 1966): Internal Affairs and Foreign Affairs, Reel 33, pp. 426 – 427.

赖肖尔指出，如果美国的航母等大型舰只长时间不停靠佐世保港，虽然这与核潜艇毫无关系，日本社会党也会造谣这是由即将到来的核潜艇访问所造成的。佐世保的商业对美国海军的依赖性很强，日本社会党的这种谣言会使核潜艇停靠佐世保面临当地商界的强烈反对。赖肖尔也认识到了这一问题的严重性，因此，他强烈要求华盛顿，如果海军的行动允许，最起码安排一艘大型舰只在核潜艇首次进入佐世保港之前访问该港，并且保证在核潜艇驶入之时有其他舰只正停靠在佐世保港。正如日本自民党所言，赖肖尔认为此种安排可以使核潜艇首次停靠佐世保期间有大规模的美国海军人员出现在佐世保，反对势力对他们的干扰，将会阻止他们在佐世保市消费，这种情况对佐世保商界来说就意味着巨大的损失。佐世保当地政府和商业团体自然明白其中的逻辑。因此，他们必然会采取措施防止反对核潜艇进入日本的游行活动失去控制。①

根据日本外务省的请求，赖肖尔向国务院建议首次访问的日期可以选在 11 月 9—11 日或者是 11 月 16—18 日，为期三天。10 月 23 日，东京大使馆获悉日本社会党准备于 11 月 7 日和 8 日分别在东京和佐世保举行大规模游行后，又建议将核潜艇首次访问的时间改为 11 月 10—12 日，这样参加完 8 日游行的人员刚刚返回，反对派就会很难再次召集大量人员在核潜艇抵达之时进行抗议。如果这一日期对军方不合适的话，赖肖尔建议继续考虑 11 月

---

① American Ambassador Edwin O Reischauer to Secretary of State, October 16, 1964, Tokyo 1352. 石井修, 我部政明, 宫里政玄监修:《アメリカ合衆国対日政策文書集成, 第 8 期——日米外交防衛問題: 1964 年》, 第 7 卷, 東京: 柏書房 2001 年版, 第 246—247 頁; Department of State to American Tokyo Embassy and CINCPAC: Joint State-Defense Massage, October 21, 1964, Tokyo 1085. 石井修, 我部政明, 宫里政玄监修:《アメリカ合衆国対日政策文書集成, 第 8 期——日米外交防衛問題: 1964 年》, 第 7 卷, 東京: 柏書房 2001 年版, 第 253 頁; Confidential U. S. State Department Central Files, Japan (February 1963 – 1966): Internal Affairs and Foreign Affairs, Reel 33, pp. 428 – 429.

16—18 日进行访问。① 在这种日程设想下，赖肖尔和美国驻冲绳高级专员沃森协商后，采取了一项积极争取日本媒体的措施，安排日本媒体记者于 1964 年 11 月 2—6 日前往冲绳美国海军基地参观核潜艇。赖肖尔的这一创意，来源于美国军方为使日本媒体对核潜艇有全面的了解，于 1964 年夏天组织一批记者前往关岛参观美国海军基地，美国军方的这一活动取得了良好效果。为了达到更好的宣传效果，日本外务省于 7 月底向赖肖尔提出，希望美国能够安排当年夏天没有参加参观活动的日本科技厅记者，在 8 月 18 日与核潜艇首次访问实施之间，前往美国在太平洋的海军基地参观核潜艇。赖肖尔对日本的这一提议十分赞同，并提议扩大参观团的规模，希望日本放送协会的摄影记者能够一同前往，这样通过媒体的文字和声像报道，日本民众对核潜艇将会有更为直观的认识。

在获得华盛顿的同意后，赖肖尔与有意向参与此次活动的媒体积极联系。最终日本考察团的规模超过了 30 人，其成员不仅包含了日本科技厅和防卫厅指派的记者，以及能够在日本杂志上发表有利于核潜艇访问日本文章的独立军事作家和科技作家，还包含了来自佐世保和横须贺及其周边地区的四名媒体记者。他们于 11 月 2 日被美国军方专程接往冲绳，进行了为期五天的考察。考察团不但被分批安排参观了核潜艇的生活区以及除核反应室外的工作区，而且还进行了简短的出海航行。为了使核潜艇驶入佐世保港时日本公众能够更容易接受，赖肖尔秘密地将接待考察团的任务交给了即将执行首次访问日本任务的海龙号（Sea Dragon

① American Ambassador Edwin O Reischauer to Secretary of State, October 23, 1964, Tokyo 1444. 石井修, 我部政明, 宫里政玄監修:《アメリカ合衆国対日政策文書集成, 第 8 期——日米外交防衛問題: 1964 年》, 第 7 卷, 東京: 柏書房 2001 年版, 第 257—258 頁; Confidential U. S. State Department Central Files, Japan（February 1963 – 1966）: Internal Affairs and Foreign Affairs, Reel 33, pp. 417 – 418.

SSN584）核潜艇。[①] 这些人返回日本后作了大量有利于核潜艇访问的报道。

正当东京和华盛顿紧锣密鼓地准备核潜艇首次访问日本港口之时，因癌症住院多时的池田勇人首相于 10 月 25 日明确表达了辞职意向，并委托自民党副总裁川岛正次郎和干事长三木武夫（Miki Takeo）负责研究在佐藤荣作、河野一郎和藤山爱一郎三人中选拔首相继任人选。[②] 日本政局即将到来的变动，给核潜艇首次访问日本带来了不少变数。赖肖尔于 10 月 24 日向华盛顿汇报，根据他与外务省的接触，他认为日本首相的更换不会影响日本对核潜艇访问日本港口的立场，自民党内在这一问题上的立场是一致的，有希望继任的佐藤荣作和河野一郎（Kono Ichiro）不会将核潜艇问题引入争夺池田继承人的斗争之中，无论他们中何人当选，日本政府对核潜艇停靠日本港口的政策都不会发生变化。日本首相更换对核潜艇访问唯一可能会影响的是访问的时间。赖肖尔推测，日本可能会在 11 月中旬更换首相，日本政府和自民党会希望核潜艇首次访问发生在池田结束政治生涯之时，这样就会减轻新政府的压力。[③]

---

① American Ambassador Edwin O Reischauer to Secretary of State, October 16, 1964, Tokyo 1353. 石井修，我部政明，宫里政玄监修：《アメリカ合衆国对日政策文书集成，第 8 期——日米外交防卫问题：1964 年》，第 7 卷，东京：柏书房 2001 年版，第 248—249 页；Confidential U. S. State Department Central Files, Japan（February 1963—1966）：Internal Affairs and Foreign Affairs, Reel 33, pp. 635 – 636；American Ambassador Edwin O Reischauer to CINCPAC REP Ryukyus, October 31, 1964, Tokyo 1566（26957）. 石井修，我部政明，宫里政玄监修：《アメリカ合衆国对日政策文书集成，第 8 期——日米外交防卫问题：1964 年》，第 7 卷，东京：柏书房 2001 年版，第 280 页。

② ［日］冈本文夫：《佐藤政权》，复旦大学历史系日本史组译，上海人民出版社 1975 年版，第 1 页；［日］升味准之辅：《日本政治史》，第四册，董国良译，商务印书馆 1997 年版，第 1091 页。

③ Ambassador Edwin O. Reischauer to Secretary Rusk, October 24, 1964, Tokyo 1468. 石井修，我部政明，宫里政玄监修：《アメリカ合衆国对日政策文书集成，第 8 期——日米外交防卫问题：1964 年》，第 7 卷，东京：柏书房 2001 年版，第 259 页；Confidential U. S. State Department Central Files, Japan（February 1963 – 1966）：Internal Affairs and Foreign Affairs, Reel 33, p. 415.

　　日本外务省于 10 月 31 日正式通知美国大使馆，日本科技厅在横须贺和佐世保港的背景辐射监测工作已经完成，美国随时可以安排核潜艇访问，这使赖肖尔坚定了可以在 11 月 9 日日本选出新领导人之前实施访问的信心。国务院于 11 月 2 日致电赖肖尔，希望按照原计划进行访问，但其前提是能够确保之前对相关形势的评估不会发生改变。国务院作出这一决定的同一天，东京大使馆从日本外务省接到一份令其颇感失望的通知——11 月 9 日日本准备召开选举首相的非常国会。因此，日本政府不希望核潜艇在这一天访问日本或接到它要访问日本的通知。奉命通知赖肖尔的武内龙次私下还向赖肖尔表示，出于稳定新政权的考虑，希望美国在 11 月 9 日之后也不要立即实施核潜艇访问，赖肖尔大使接受了武内龙次的建议。日本提前选举首相，这颇为出乎赖肖尔的意料。他颇带忧虑地向华盛顿报告，鉴于日本的要求以及核潜艇的实际作战计划，核潜艇首次访问的日期已经不能再选择第一个日期，而只能选择 11 月 16—18 日，如果这一日期不能被日本政府所接受的话，首次访问只能延期至 1965 年 1 月。赖肖尔极力要求华盛顿授权大使馆将核潜艇的行程通知日本政府，以推动核潜艇首次访问日本能够在 11 月 16 日实现。他认为核潜艇访问延期，不但会被反对派认为是他们的巨大胜力，而且也代表着美日关系的变数。[1] 约翰逊总统第二天就批准了赖肖尔的请求，但同时强调核潜艇实施访问的时间要获得新任首相的认可。[2]

---

　　① Ambassador Edwin O. Reischauer to Secretary Rusk，November 3，1964，Tokyo 1591. 石井修，我部政明，宫里政玄监修：《アメリカ合衆国对日政策文书集成，第 8 期——日米外交防衛問題：1964 年》，第 7 卷，東京：柏書房 2001 年版，第 282—283 頁；Confidential U. S. State Department Central Files，Japan（February 1963 – 1966）：Internal Affairs and Foreign Affairs，Reel 33，pp. 398 – 399.

　　② Department of State to American Tokyo Embassy，November 4，1964，Tokyo 1224. 石井修，我部政明，宫里政玄监修：《アメリカ合衆国对日政策文书集成，第 8 期——日米外交防衛問題：1964 年》，第 7 卷，東京：柏書房 2001 年版，第 286 頁；Confidential U. S. State Department Central Files，Japan（February 1963 – 1966）：Internal Affairs and Foreign Affairs，Reel 33，p. 397.

　　1964 年 10 月 16 日，中国成功地试爆了第一颗原子弹，这对美日两国都产生了重要影响。美国担心的并不是中国核试验所带来的直接军事威胁，而是中国拥有核武器对其邻国所带来的吸引力和对全球核武器扩散所带来的影响。为了平衡中国因成功爆炸原子弹而在东南亚国家中急剧上升的影响力，美国将会在地球卫星技术方面大力援助日本，通过卫星技术的进步向世界展示日本的先进科技。[①]现阶段在不能将核武器公开部署到日本的情况下，将具有携带核武器潜力的核潜艇驶入日本港口显然尤为迫切。中国核试验的成功对日本的安全观产生了重大影响，它开始考虑如何应对来自中国的核威慑。佐藤的反华姿态因中国核试验的成功而进一步加强。如何应对中国拥有核武器给日本安全带来的新问题？佐藤荣作十分看重核武器的威慑力量，并曾私下讨论日本是否应当发展自己独立的核力量，同时他也认为日本应借助于美国的核威慑，加强美日同盟，利用美日安全条约将两国的安全紧紧地联系在一起。向美国核潜艇提供作战补给基地，这在佐藤看来正是加强安保条约的手段。

　　佐藤出任新首相的当天，日本政府改变了对核潜艇首次访问时机的判断，否定了 11 月 2 日时外务省认为新首相当选后不宜立即访问的看法，转而主张在首相选举后的国会休会期间立即安排核潜艇对日本的首次访问。赖肖尔据此要求华盛顿立即对核潜艇的访问作出安排。鉴于日本国会可能会在 11 月 16 日复会，他希望海军能够将实施首次访问任务的海龙号核潜艇尽量靠近日本，为在日本政府所同意的时间内尽快进入日本做好准备。如果海龙号的操作状况允许，他希望海龙号能够在 12 日上午 8 点开始对日本进行为期三天的访问。如果日本政府不能

---

　　① Paper Regarding the Effects of the 10/16/64 ChineseNuclear Device Detonation on the Security of the U. S. November 2, 1964. Declassified Documents Reference System. Farmington Hills, Mich.: Gale, 2011, Document Number: CK3100471530 – CK3100471542.

接受美国核潜艇于 11 月 12 日访问，他将会视日本国会的召开情况来决定是否向日本政府提出 16—18 日访问的建议。赖肖尔向华盛顿提出的建议尚未获得答复，他又收到日本外务省希望尽快实施访问的通知，这更加坚定了他于 12 日将核潜艇驶入日本的信念。他强烈要求华盛顿在 12 小时之内给大使馆下达同意访问的指令，这样他就可以在 11 月 11 日上午 8 点之前，正式通知日本政府美国核潜艇的访问计划，并在此之前秘密通知日本的最高层。①

在赖肖尔提的两个时间内美国核潜艇随时可以实施对日本的访问，经约翰逊总统批准后，国务院和国防部将访问的具体时间交由赖肖尔根据东京的实际情况决定，只要所选时间获得日本首相佐藤的认可，即可安排访问。② 11 月 10 日，即佐藤当选新首相的第二天，在日本天皇于赤坂皇家园林举行的赏菊会上，佐藤荣作将赖肖尔大使拉到一边，就两国间的各种问题进行了长时间的密谈。佐藤希望美国尽快实施核潜艇访日计划，赖肖尔大使向他保证该计划将会在当周内完成。③ 与佐藤的这次密谈使赖肖尔最终下定决心于 1964 年 11 月 12 日实施核潜艇对日本的首次访问。他当天深夜电告华盛顿和美国太平洋司令，他将会在第二天上午 7 点正式通知日本

① Ambassador Edwin O. Reischauer to Secretary Rusk, November 9, 1964, Tokyo 1648；November 10, 1964, Tokyo 1666. 石井修，我部政明，宫里政玄监修：《アメリカ合衆国対日政策文書集成，第 8 期——日米外交防衛問題：1964 年》，第 7 卷，東京：柏書房 2001 年版，第 297—298 頁、第 299 頁；Confidential U. S. State Department Central Files, Japan (February 1963 – 1966)：Internal Affairs and Foreign Affairs, Reel 33, pp. 385 – 386, p. 384.

② Department of State to Embassy Tokyo：Joint State-Defense Massage, November 10, 1964, Tokyo 1275. 石井修，我部政明，宫里政玄监修：《アメリカ合衆国対日政策文書集成，第 8 期——日米外交防衛問題：1964 年》，第 7 卷，東京：柏書房 2001 年版，第 300 頁；Confidential U. S. State Department Central Files, Japan (February 1963 – 1966)：Internal Affairs and Foreign Affairs, Reel 33, p. 381.

③ Edwin O. Reischauer, *My Life between Japan and America*, New York：Harper & Row, 1986, p. 280.

外务省，海龙号核潜艇将于当地时间 12 日上午 8 时抵达佐世保，进行为期三天的访问。[①]

二 核潜艇首访佐世保

日本外务省于 11 日上午 8：30 公布了美国海龙号核潜艇将于第二天对佐世保进行访问的相关信息，日本社会党当即向佐藤荣作抗议，这使他对此次访问的成败尤为关注。[②] 日本反对势力对赖肖尔在佐藤荣作出任首相后作出立即实施核潜艇对日本访问的这一决定颇感意外。日本社会党刚刚于上一个周末在佐世保和东京举行了大规模的抗议活动，赖肖尔和佐藤的突然动作使他们措手不及。日本社会党在日本政府公布美国核潜艇即将到访的消息之时，已经无力在东京和佐世保组织有效的抗议活动。在此情况下，日本社会党及时转变阻止日本政府允许美国核潜艇驶入日本港口的做法，转而寄希望于第二天核潜艇靠港时，在佐世保集中精力举行大规模的抗议活动。美国驻东京大使馆和日本政府安然地渡过了因公布美国核潜艇驶入日本港口所引发的政治动荡，除了日本民主社会党、日本共产党和日本社会党派出代表前往大使馆抗议外，在东京只是爆发了由全学联学生参加的小规模游行。

为了应对第二天核潜艇实际停靠佐世保港给日本普通民众带来的震撼，赖肖尔与驻日美军司令以及海军司令协商后，于 11 日当天下午紧急空运了 60 名支持核潜艇访问的记者前往佐世保港进行

---

① Ambassador Edwin O. Reischauer to CINCPAC, November 10, 1964, Tokyo 1678. 石井修、我部政明，宫里政玄监修：《アメリカ合衆国对日政策文書集成，第 8 期——日米外交防衛問題：1964 年》，第 7 卷，東京：柏書房 2001 年版，第 302 頁；Confidential U. S. State Department Central Files, Japan（February 1963 – 1966）：Internal Affairs and Foreign Affairs, Reel 33, p. 379.

② 佐藤榮作著，伊藤隆監修：《佐藤榮作日記》第二卷，東京：朝日新聞社，1998 年版，第 198 頁。

采访。① 11 月 12 日上午 8：50 海龙号在佐世保港顺利停靠。赖肖尔在日本媒体努力的成果这时显现了出来。东京电视台对海龙号核潜艇的整个驶入过程进行了现场直播，有关海龙号访问日本的新闻发布会进展良好，没有记者针对潜射导弹和核武器等敏感问题发问。② 虽然赖肖尔对自己与媒体的良好关系颇为自得，但是他仍然一度担心新闻发布会上会遇到媒体在核武器问题上的刁难，为应对此种局势，他还专门制订了预案。日本媒体在新闻发布会上的默契则完全打消了赖肖尔最后的忧虑，日本媒体在有关核武器问题上的配合，使美日两国避免了因此而引发的政治危机。③ 对于海龙号停靠佐世保期间的各种抗议活动，日本媒体也没有像 1960 年反安保斗争中那样推波助澜，他们虽然没有对此表示反对，但都呼吁游行者保持良好的秩序。

　　与五年前日本全国性的反安保斗争不同，核潜艇停靠日本港口更具地域性色彩，只有佐世保和横须贺港及其周边地区与之有直接关系。作为美国核潜艇首次来访的接待者，佐世保无论是政界、商界还是普通民众，都把美国核潜艇的到访视为他们的巨大商机。因此，他们不但未如反对势力所期待的那样支持其反对活动，反而是支持美国核潜艇的停靠，佐世保市长甚至在海龙号核潜艇停靠后第

---

① Ambassador Edwin O. Reischauer to Secretary Rusk, November 9, 1964, Tokyo 1688. 石井修，我部政明，宫里政玄監修：《アメリカ合衆国対日政策文書集成，第 8 期——日米外交防衛問題：1964 年》，第 7 卷，東京：柏書房 2001 年版，第 306 頁；Confidential U. S. State Department Central Files, Japan (February 1963 - 1966)：Internal Affairs and Foreign Affairs, Reel 33, p. 376.

② Ambassador Edwin O. Reischauer to Secretary Rusk, November 12, 1964, Tokyo 1698. 石井修，我部政明，宫里政玄監修：《アメリカ合衆国対日政策文書集成，第 8 期——日米外交防衛問題：1964 年》，第 7 卷，東京：柏書房 2001 年版，第 307—308 頁；Confidential U. S. State Department Central Files, Japan (February 1963 - 1966)：Internal Affairs and Foreign Affairs, Reel 33, pp. 371 - 372.

③ Ambassador Edwin O. Reischauer to Secretary Rusk, November 7, 1964, Tokyo 1641. Confidential U. S. State Department Central Files, Japan (February 1963 - 1966)：Internal Affairs and Foreign Affairs, Reel 33, pp. 388 - 389.

一个登舰参观，并给予了积极评价。日本社会党/总评、日本共产党以及全学联等左翼团体虽然积极组织游行，抗议美国向日本部署核潜艇，外地的抗议者在海龙号停靠期间陆续不断地赶到佐世保，但是在得不到佐世保当地居民支持的情况下，直到海龙号核潜艇于11月14日离开之时，反对者在佐世保能够聚集的人数也未超过5000人。即使是在人口密集并且处于政治风浪中心的东京，反对者能召集的抗议者也只有11000余人，远远低于东京都警视厅预测的15000人的规模。反对活动在声势上的不足，大大削弱了其在日本产生的影响。另外，在斗争策略上，反对势力中的主导者也不想继续1960年反安保斗争中的极端路线。作为这场反对运动的主力，日本社会党及其领导的工会组织"总评"希望能够避免暴力，通过和平方式实现此次运动的目标。日本社会党一名福冈县籍的国会议员在前往佐世保港组织领导抗议活动的途中，向美国驻福冈总领事馆的官员明确表示，"日本社会党打算以非暴力的方式赢得（这场斗争的）胜利"。即使是比日本社会党要远为激进的日本共产党，也反对诉诸暴力。①

这种局面的出现，一方面与赖肖尔长期以来所推行的与日本民间建立对话的理念密不可分，它使日本非官方力量可以通过正常途径畅通无阻地向美国大使馆表达自己的意愿，这使暴力手段这种极端方式已经没有必要。另一方面，赖肖尔对访问时间的把握也有效地避开了反对势力的优势力量。②结果在美国核潜艇首次驶入日本港口之时，两国政府面临的反对压力都大大减轻。海龙号停靠佐世

---

① Ambassador Edwin O. Reischauer to COMNAV for Japan, November 12, 1964, Tokyo 1691 (9607). 石井修，我部政明，宫里政玄监修：《アメリカ合衆国对日政策文書集成，第8期——日米外交防衛問題：1964年》，第7卷，東京：柏書房2001年，第309—311頁；Confidential U. S. State Department Central Files, Japan (February 1963 – 1966): Internal Affairs and Foreign Affairs, Reel 33, pp. 373 – 375.

② 臧扬勤：《日左翼反美核潜艇入日运动（1964）缘何失败》，《中南大学学报（社会科学版）》，2013年，第6期，第236—240页。

保港期间，赖肖尔虽然在大使馆收到了 1600 多封来自日本各地的抗议电报，但是亲自前往大使馆递交抗议的人却很少。^①赖肖尔对海龙号核潜艇首次访问日本港口实际遇到的阻力比预期的大为减少也颇感意外，^② 在海龙号于 11 月 14 日下午 2 点顺利驶离佐世保港后，他兴奋地向华盛顿汇报，虽然现在就海龙号的访问给日本民众带来的心理影响作出评估还为时尚早，但是他可以根据在此期间日本各界的反应断定，海龙号对日本的访问，将会成为日本战后防务发展中具有历史意义的决定性事件。^③

第四节　核潜艇靠港的常规化

一　赖肖尔对核潜艇首次访问佐世保的评估

从 1963 年 1 月美国向日本政府正式提出核潜艇停靠日本港口，到海龙号作为首艘核潜艇实现对日本佐世保港的访问，整个谈判过程历时 22 个月之久。赖肖尔作为美国驻日大使全程参与了与日本

---

① Ambassador Edwin O. Reischauer to Secretary Rusk, November 13, 1964, Tokyo 1719 (10878). 石井修，我部政明，宮里政玄監修：《アメリカ合衆国対日政策文書集成，第 8 期——日米外交防衛問題：1964 年》，第 7 巻，東京：柏書房 2001 年版，第 312—313 頁；Confidential U. S. State Department Central Files, Japan (February 1963 – 1966): Internal Affairs and Foreign Affairs, Reel 33, pp. 369 – 370.

② Edwin O. Reischauer, *My Life between Japan and America*, New York: Harper & Row, 1986, p. 280.

③ Telegram From the Embassy in Japan to the Department of State, November 14, 1964, Tokyo 1724. Foreign Relations of the United States, 1964 – 1968, Volume 29, pp. 44 – 46; National Security Archive, Japan and the United States: Diplomatic, Security, and Economic Relations, 1960 – 1976. ProQuest LLC., 2008. JU00362; Declassified Documents Reference System. Farmington Hills, Mich.: Gale, 2011, Document Number: CK3100357787 – CK3100357789; 石井修，我部政明，宮里政玄監修：《アメリカ合衆国対日政策文書集成，第 8 期——日米外交防衛問題：1964 年》，第 7 巻，東京：柏書房 2001 年版，第 314—316 頁；Confidential U. S. State Department Central Files, Japan (February 1963 – 1966): Internal Affairs and Foreign Affairs, Reel 33, pp. 365 – 367.

政府的谈判，他深知实现美国核动力舰只正常使用日本港口绝非易事。海龙号顺利实现对日本的首次访问后，赖肖尔即积极准备将成果扩大，意图实现美国核动力舰只停靠日本港口的常规化。

在成功实现美国核潜艇停靠日本港口常规化这一指导思想下，赖肖尔在向华盛顿汇报海龙号成功完成对日本首次访问的同时，对由此给日本带来的影响也进行了评估。他根据日本民众在此期间的表现，认为海龙号核潜艇对日本的访问是对日本左翼势力的一次沉重打击。在美国核潜艇抵达日本港口之前，日本左翼反对势力寄希望于美国在"二战"中轰炸广岛、长崎以及 1954 年福龙丸事件在日本国民中所带来的"核恐慌"（nuclear-phobia），认为日本公众会积极响应他们发起的反对运动。但海龙号抵达时的实际情况是，绝大部分日本民众较为平静地接受了美国核潜艇的到访，他们并没有如像日本左翼反对势力所期待的那样对他们的呐喊作出积极的回应。赖肖尔认为这种局面反映的是日本民众在政治上已经日益成熟，他们已经不再愿意随意对左翼和极端主义者的鼓动作出反应，日本政治中的这种变化已迫使日本左翼势力对他们长期坚持的街头政治的收益进行重新评估。

基于这种认识，赖肖尔虽然要求华盛顿在具体操作上要谨慎行事，但他对实现美国核潜艇访问日本常规化的前景十分乐观。在核潜艇进一步访问的设想方面，佐藤荣作与赖肖尔不谋而合。佐藤荣作希望至少接下来的两三次访问继续在佐世保停靠；赖肖尔认为将核潜艇对日本的第二、三次访问继续安排在佐世保，会给美日双方带来不少有利局面——继续访问佐世保将会比横须贺所吸引的注意力少，并且有助于日本公众和媒体形成美国核潜艇停靠日本港口是一种常规活动的印象。一旦在日本形成这种局面，届时安排核潜艇停靠横须贺的阻力将会大大减少。

在他看来实现核潜艇对横须贺的访问是顺理成章的事情。既然日本的反对势力在核潜艇首次驶入日本之时无力发起有效的抗议活动，那么他们在核潜艇驶入横须贺时的抗议活动也注定不会成功。鉴于横须贺位于人口密集的东京地区，赖肖尔希望在日本和美国政府对海龙号访问日本所带来的形势变化完成分析之前，暂时不安排核潜艇再次停靠日本港口。在此期间，日本国内会再次就核潜艇问题产生争论，但是就日本公众对海龙号的态度来看，赖肖尔认为这对刚刚执政的佐藤荣作或许并不是坏事，反对势力因缺乏公众的支持在国会将会逐步瓦解，而民众也会逐步接受核潜艇访问日本的常规化。①

赖肖尔的这种判断得到了美国驻福冈总领事以及美国驻日海军司令的支持。关于核潜艇第二次访问佐世保的时间，赖肖尔认为，为了维持当前因海龙号首次成功访问佐世保所带来的有利形势，如果核潜艇的行程允许的话，最好在 1964 年 12 月底实施。但是考虑到日本政府在国会内面临的压力，赖肖尔建议华盛顿接受武内龙次对日本时局的看法，将核潜艇对佐世保港的第二次访问安排在 1965 年 1 月，相关准备工作则可以在 1964 年 12 月底视日本的政治进程开始着手。②

---

① Telegram From the Embassy in Japan to the Department of State, November 14, 1964, Tokyo 1724. Foreign Relations of the United States, 1964 – 1968, Volume 29, pp. 44 – 46; National Security Archive, Japan and the United States: Diplomatic, Security, and Economic Relations, 1960 – 1976. ProQuest LLC., 2008. JU00362; Declassified Documents Reference System. Farmington Hills, Mich.: Gale, 2011, Document Number: CK3100357787 – CK3100357789; 石井修, 我部政明, 宫里政玄監修:《アメリカ合衆国対日政策文書集成, 第 8 期——日米外交防衛問題: 1964 年》, 第 7 卷, 東京: 柏書房 2001 年版, 第 314—316 頁; Confidential U. S. State Department Central Files, Japan (February 1963 – 1966): Internal Affairs and Foreign Affairs, Reel 33, pp. 365 – 367.

② Ambassador Edwin O. Reischauer to Secretary Rusk, November 18, 1964, Tokyo 1772 (14412). 石井修, 我部政明, 宫里政玄監修:《アメリカ合衆国対日政策文書集成, 第 8 期——日米外交防衛問題: 1964 年》, 第 7 卷, 東京: 柏書房 2001 年版, 第 320—321 頁; Confidential U. S. State Department Central Files, Japan (February 1963 – 1966): Internal Affairs and Foreign Affairs, Reel 33, pp. 361 – 362.

二 核潜艇再访佐世保

美国国务院和国防部于一周后（1964 年 11 月 25 日）批准了赖肖尔的这一建议。国防部同时提出初步预定在 1965 年 1 月 11—17 日访问佐世保，之后于 22—25 日访问香港。此次访问佐世保，对外公开的理由和之前的访问一样，是为了给船员提供休息和娱乐的机会。实际上美国军方更为深层的目的，是进一步提升和完善日本海军基地的功能。为此国防部指示赖肖尔与美国驻日海军司令秘密商讨核潜艇在佐世保港进行维修的可行性以及可以进行何种程度和规模的维修。[①]

实际上，确定核潜艇对佐世保港第二次访问的时间一事，因佐藤荣作访问美国而变得更加复杂。佐藤荣作访美行程迟迟不定，使得赖肖尔无法就核潜艇第二次访问佐世保期间日本国内的政治形势作出判断。按照计划，访问日本的核潜艇离开佐世保后将直接前往香港。为了与英国协调核潜艇的行程，美国国务院于 1964 年 12 月 2 日要求赖肖尔寻求日本政府批准美国核潜艇第二次访问佐世保的计划，并要求赖肖尔完成此行的相关评估。[②] 赖肖尔大使于 12 月 4 日复电罗伯特·费里（Robert A. Fearey），表示鉴于原定访问期间将会安排佐藤荣作首相访问美国，在此期间或之前执行核潜艇对佐世保的访问计划都是不明智的。由于腊斯克与椎名悦三郎 12 月 3 日在纽约会谈没能确定佐藤访问美国的具

---

① Department of State to Embassy Tokyo: Joint State-Defense Massage, November 25, 1964, Tokyo 1417（13208）. 石井修，我部政明，宫里政玄監修：《アメリカ合衆国対日政策文書集成，第 8 期——日米外交防衛問題：1964 年》，第 7 卷，東京：柏書房 2001 年版，第 323—324 頁。

② Under Secretary for Political Affairs of Department of State Averell Harriman to American Embassy Tokyo, London, American Consulate Hong Kong and CINPAC: Joint State-Defense Message, December 2, 1964, Tokyo1451（1272）. 石井修，我部政明，宫里政玄監修：《アメリカ合衆国対日政策文書集成，第 8 期——日米外交防衛問題：1964 年》，第 7 卷，東京：柏書房 2001 年版，第 325 頁。

体日期，他当前还不能就美国核潜艇的第二次佐世保之行提供国务院所需要的相关评估。他提醒国务院在安排核潜艇的访问计划时，要注意考虑两者之间的关联性。他相信这一困境很快就会因确定佐藤访问美国的具体日期而得到解决。因此，他不反对国务院就核潜艇于 1965 年 1 月 22—25 日访问香港一事同英国进行接触。同时他提醒国务院，考虑到核潜艇最终访问香港的日期将视其访问佐世保的日期而定，在实际操作中美国只会在核潜艇实际抵达的前一天才会通知日本政府。因此，国务院在与英国就此接触时应当慎重，要确保核潜艇即将访问日本的日期不会通过英国泄露出去。①

佐藤荣作于 12 月 5 日最终确定将于 1965 年 1 月 11 日开始访问美国，并在 12 日与约翰逊总统会晤。② 赖肖尔收到这一消息后立即与日本外务省联系，询问日本政府不希望美国核潜艇访问日本的日期。日本外务省表示，因椎名外相在纽约出席联合国大会尚未回国，因而不能就此作出答复。由于赖肖尔大使迟迟未能复命，腊斯克于 12 月 9 日亲自致电东京大使馆，敦促赖肖尔就核潜艇访问佐世保一事作出答复。③ 椎名外相返回东京后，日本外务省于 12 月 10 日通知美国大使馆，除佐藤荣作首相访美期间之外，其他时间美国均可安排核潜艇到访佐世保。据此赖肖尔建议将原定访问顺序倒转，美国核潜艇于 1965 年 1 月 11—17 日先行访问香港，然后视情况在 1 月 18—23 日或 1 月 25—30 日访问佐世保，同时为减轻访问

---

① Ambassador Edwin O. Reischauer to Secretary Rusk, December 4, 1964, Tokyo 1863 (3535). 石井修，我部政明，宫里政玄监修：《アメリカ合衆国対日政策文書集成，第 8 期——日米外交防衛問題：1964 年》，第 7 卷，東京：柏書房 2001 年版，第 327 頁。

② 佐藤榮作著，伊藤隆監修：《佐藤榮作日記》第二卷，東京：朝日新聞社，1998 年版，第 205 頁。

③ Secretary of State David Dean Rusk to American Tokyo Embassy, December 9, 1964, Tokyo 1510 (4746). 石井修，我部政明，宫里政玄監修：《アメリカ合衆国対日政策文書集成，第 8 期——日米外交防衛問題：1964 年》，第 7 卷，東京：柏書房 2001 年版，第 329 頁。

面临的反对压力，美国应当避免核潜艇在周六抵达。①

　　对于具体的访问时间，美国海军作战部部长倾向于选择前者，只有在此期间日本国内形势不允许访问的情况下，他才会建议选择后者，但是访问时间要缩短为 1 月 25—28 日 4 天。赖肖尔认为，为了确保日本原定于 1965 年 1 月 20 日的正常国会如期开幕，美国在它即将开始之时不应当刺激日本国内的反对势力。考虑到这一点，他认为日本国会进行期间是美国核潜艇到访佐世保的最佳时机，建议采纳海军所能接受的 1 月 25—28 日访问。鉴于 1 月 25 日是周一，如果核潜艇在这一天抵达佐世保，日本政府就会在周日获得相关信息并予以公布，这会为反对势力的聚集提供充足时间。由于此次访问是为核潜艇常规化停靠日本港口奠定基础，为了避免日本反对势力阻挠这一目标的实现，赖肖尔希望将此次访问的时间推迟一天，访问从 26 日开始，1 月 29 日或 30 日结束访问均可。如果核潜艇的行程不允许它离开佐世保的日期延期，那么他只能建议将此次访问的时间缩短为 1 月 26—28 日。② 华盛顿支持了赖肖尔的意见，于 1965 年 1 月 9 日佐藤荣作访问美国之前，授权太平洋司令和东京大使馆按照海龙号首次访问日本时的程序准备核潜艇于 1 月 26—29 日再次访问佐世保的相关事宜。

　　佐藤的华盛顿之行对日本的核防务观念产生了重大影响，使美国核潜艇对日本安全的作用进一步提升。佐藤荣作在访美之前向赖肖尔透露了他对发展日本独立核力量的兴趣。赖肖尔对佐藤的这一表态极为震惊，他认为佐藤的这种防务理念存在巨大的风险，因此

---

①　Ambassador Edwin O. Reischauer to Secretary Rusk, December 10, 1964, Tokyo 1911. Confidential U. S. State Department Central Files, Japan (February 1963 – 1966): Internal Affairs and Foreign Affairs, Reel 33, p. 351.

②　Ambassador Edwin O. Reischauer to Secretary Rusk: Second SSN Visit, December 29, 1964, Tokyo 2070 (20758). 石井修, 我部政明, 宮里政玄監修:《アメリカ合衆国対日政策文書集成, 第 8 期——日米外交防衛問題: 1964 年》, 第 7 巻, 東京: 柏書房 2001 年版, 第 330—331 頁。

建议约翰逊总统在华盛顿亲自对佐藤进行"教育"。①

    正如赖肖尔大使所预测的那样，佐藤荣作在 1965 年 1 月 12 日上午与约翰逊的会谈中提出了日本的防务问题。佐藤提出日本缺少核武器而依赖于《美日安保条约》，因此他向约翰逊总统询问，当日本遭受常规武器和核武器攻击时，美国是否会依据《安保条约》援助日本？② 他还向约翰逊抱怨日本国民对核防务的认识与现实严重脱节。③ 对于日本人的担忧，约翰逊向佐藤保证，日本可以完全信赖美国在太平洋地区的防务，日本的防务将依赖于美国，否则日本将不得不发展自己独立的防务体系。约翰逊对日本的处境表示理解，但是他不希望增加核国家的数量。④ 由于美国已经向佐藤明确表示不希望日本拥有核武器，而且约翰逊总统对日本的安全承诺的重申也令他十分满意，⑤ 佐藤荣作不得不放弃日本拥有独立核力量这一选择，将日本免受核威胁的希望完全寄托于美国。这样，实现

① Summary of Japanese Prime Minister Eisaku Sato's meeting with U. S. Ambassador Edwin Reischauer regarding Japanese defense issues, December 29, 1964. Tokyo 2067. National Security Archive, Japan and the United States: Diplomatic, Security, and Economic Relations, 1960 – 1976. ProQuest LLC. , 2008. JU00400; Declassified Documents Reference System. Farmington Hills, Mich. : Gale, 2011, Document Number: CK3100501321 – CK3100501323; Foreign Relations of the United States, 1964 – 1968, Volume 29, pp. 55 – 57.

② Memorandum of Conversation: Current U. S. -Japanese and World Problems, January 12, 1965. Declassified Documents Reference System. Farmington Hills, Mich. : Gale, 2011, Document Number: CK3100108993 – CK3100108997.

③ Memorandum for the Record: White House Meeting with Prime Minister Sato, 11 : 30 a. m. January 12, 1965. Declassified Documents Reference System. Farmington Hills, Mich. : Gale, 2011, Document Number: CK3100108998 – CK3100109010; Memorandum of Conversation: Current U. S. -Japanese and World Problems, January 12, 1965. Foreign Relations of the United States, 1964 – 1968, Volume 29, pp. 75 – 78.

④ Memorandum of Conversation: Current U. S. -Japanese and World Problems, January 12, 1965. Declassified Documents Reference System. Farmington Hills, Mich. : Gale, 2011, Document Number: CK3100108993 – CK3100108997.

⑤ Memorandum of Conversation: U. S. -Japan Security Ties, January 12, 1965. National Security Archive, Japan and the United States: Diplomatic, Security, and Economic Relations, 1960 – 1976. ProQuest LLC. , 2008. JU00446.

美国核潜艇在日本港口的常规化停靠就成了日本借助美国核威慑力量的最好选择。

佐藤荣作访美结束后，正值美国大使馆为核潜艇第二次访问佐世保做最后准备，日本外务省外务次官黄田多喜夫（Oda Takio）于 1965 年 1 月 19 日突然造访美国大使馆，转达佐藤荣作的私人请求，"希望下一次核潜艇访问不要发生在 1 月 29 日之前"。黄田解释说，日本要在此之前实现重组国会的目标，但是面临着日本社会党的阻挠。佐藤首相认为，为保证国会正常运作，就必须避免美国核潜艇在这一敏感时刻到访。佐藤还让黄田转告美国大使馆，"这可能是日本最后一次出于此种（政治）原因做出延期访问的请求"。海龙号虽然成功实现了对佐世保港的首次访问，但是在核潜艇停靠日本常规化尚未实现之前，核潜艇的到访仍然是日本政治中的敏感话题。佐藤荣作的这一请求，使美国原定于 1 月 26—29 日实施核潜艇对佐世保第二次访问的计划在政治上变得不可行。副大使埃默森认为，如果美国完全取消这次访问将会是不幸的，海龙号成功访问佐世保所带来的核潜艇持续访问的动力将会因此严重受损，如果核潜艇两次访问之间的间隔期过长，美国推动核潜艇常规化停靠日本的决心就会受到质疑。有鉴于此，埃默森虽然知道这会对美国海军的行动带来极大不便，他仍然希望华盛顿尽可能将此次访问改期进行。[①] 美国国务院收到埃默森的电报后立即与海军当局协调，确定可以将访问日期改为 1965 年 2 月 2—5 日，如果这一时间也不适于访问的话，由于核潜艇在西太平洋地区的行动需要，就只能将对佐世保的第二次访问延期至 5 月之后再进行。这一建议得

---

① American Tokyo Embassy John Emmerson to Secretary Rusk, January 19, 1965, Tokyo 2236 (13821). 石井修，我部政明，宫里政玄监修：《アメリカ合衆国対日政策文書集成，第 9 期——日米外交防衛問題：1965 年》，第 7 卷，東京：柏書房 2001 年版，第 117 頁；Confidential U. S. State Department Central Files, Japan（February 1963 – 1966）: Internal Affairs and Foreign Affairs, Reel 33, p. 950.

到了美国驻日本大使馆的认可，于是核潜艇对日本佐世保第二次访问的时间被再次更改为 2 月 2—5 日。[1]

美国核潜艇对佐世保的第二次访问计划因故一再延期，带来的问题就是在海龙号的访问之后长期没有核潜艇到访，这引起了日本媒体猜测美国核潜艇即将于 1 月底抵达佐世保港。日本政府担心媒体的宣传会给核潜艇对佐世保的第二次访问带来不利影响，于是日本外务省在 1 月 29 日晚请求美国大使馆提前通报核潜艇抵达的时间，以便日本政府对抵制活动制订充足的预防措施。外务省承认，这样做虽然有泄密的可能性，但是在日本政府看来提前警戒的需要更为迫切。美国驻东京大使馆认为提前公布核潜艇访问的时间不会超过 24 小时的默契是应日本政府的请求而作出的，现在日本政府因履行保护美国舰只及船员的责任而需要相关信息，美国应当遵从日本政府的意见。因此美国大使馆向日本外务省秘密通报了核潜艇预计抵达的时间，[2] 但是正式通知以及日本政府公布相关信息仍然按照两国之前达成的协议于核潜艇抵达前一天进行。

日本政府于 1965 年 2 月 1 日上午 9 时公布了海龙号核潜艇将于 2 月 2—5 日访问佐世保的消息，虽然日本社会党和日本共产党仍然像 1964 年 11 月 11 日获知美国核潜艇首次访日的消息后那样，立即派出了国会议员前往美国驻东京大使馆向美国当面抗议，但是他

---

[1] Secretary Rusk to American Tokyo Embassy, January 21, 1965, Tokyo 1803 (09931); American Tokyo Embassy John Emmerson to Secretary Rusk, Januray 22, 1965, Tokyo 2264 (17082). 石井修，我部政明，宫里政玄监修：《アメリカ合衆国对日政策文书集成，第 9 期——日米外交防衛問題：1965 年》，第 7 卷，東京：柏書房 2001 年版，第 118 頁、第 119 頁；Confidential U. S. State Department Central Files, Japan (February 1963 – 1966): Internal Affairs and Foreign Affairs, Reel 33, p. 949, p. 948.

[2] American Tokyo Embassy John Emmerson to Secretary Rusk, Januray 29, 1965, Tokyo 2357 (22887). 石井修，我部政明，宫里政玄监修：《アメリカ合衆国对日政策文书集成，第 9 期——日米外交防衛問題：1965 年》，第 7 卷，東京：柏書房 2001 年版，第 126 頁；Confidential U. S. State Department Central Files, Japan (February 1963 – 1966): Internal Affairs and Foreign Affairs, Reel 33, p. 941.

们这次能够组织的抗议活动明显比海龙号首访佐世保时弱得多。佐世保当地对海龙号首次访问的反应，使日本社会党和日本共产党等左翼反对力量意识到了他们在当地力量的不足，因此在反对海龙号第二次访问佐世保时，他们采取了联合行动。即使集合了两大反对党的力量，他们在 2 月 2 日海龙号抵达佐世保时能够召集的人数也仅有 1000 人左右。① 而在东京地区，反对势力则依然各自为政，并未给日本警方带来太多烦恼。此外，与海龙号第一次访问期间日本媒体铺天盖地的报道甚至是对它的停靠过程全程直播相比，日本媒体显然对海龙号再次到访佐世保失去了兴趣，它们只是在海龙号即将访问的消息公布以及抵达的当天给予了重大关注，之后则不再重点关注海龙号的这次访问活动。

海龙号顺利离开佐世保后，暂时代替赖肖尔主持大使馆工作的副大使埃默森于 2 月 6 日向华盛顿递交了对核潜艇第二次访问日本的评估报告。他确认海龙号此次的成功访问将是核潜艇访问佐世保常规化的一个积极进步，日本反对势力，无论是在活动目的、能力，还是在信心方面的弱点已经暴露无遗。除此之外，他特别提醒华盛顿注意，佐世保市长对核潜艇第二次访问日本的地点仍然是佐世保而不是横须贺表示了失望。虽然这明显是出于政治需要，但埃默森认为，正是基于这一形势，原来关于在首次访问横须贺之前先策划几次对佐世保的访问更为有利的评估，现在看来需要进行重新判断。他警告华盛顿，虽然佐世保地方当局不可能公开反对第三次访问，反对势力也无法获得当地居民的支持，但是除非美国能够确信第三次乃至第四次访问仍然选择佐世保将会使对横须贺的首次访问有明

① American Tokyo Embassy John Emmerson to Secretary Rusk, February 2, 1965, Tokyo 2392 (01282). 石井修，我部政明，宫里政玄监修：《アメリカ合衆国对日政策文书集成，第 9 期——日米外交防衛問題：1965 年》，第 7 卷，東京：柏書房 2001 年版，第 130 頁；Confidential U. S. State Department Central Files, Japan（February 1963 – 1966）：Internal Affairs and Foreign Affairs, Reel 33, p. 939.

显的不同；否则美国的行动将会被反对势力塑造为"只顾利用当前形势，而对佐世保当地的感受置若罔闻"，这样就会使佐世保当地对美国核潜艇停靠的态度发生不利于美国的转变。① 华盛顿并没有接受埃默森的警告，但是对他有关核潜艇访问常规化方面的分析颇为满意，于是在 1965 年 3 月 31 日，为推动核潜艇访问日本朝着常规化的方向发展，华盛顿在保留最终批准权的情况下，将制订核潜艇访日计划的权力授权给美国驻东京大使馆和美国太平洋地区总司令②，同时要求赖肖尔开始着手核动力水面舰只访问日本的相关准备工作。

就日本的政治形势而言，埃默森的警告是过分解读了佐世保市长对核潜艇访问的表态。从赖肖尔大使与佐藤荣作首相就美国核潜艇进一步访问的相关会谈报告来看，佐藤荣作首相出于对日本政治形势的认识也不认同埃默森的警告。1965 年 4 月 16 日，赖肖尔大使与佐藤荣作首相就美国核潜艇接下来的访日安排进行了单独会谈，之后赖肖尔根据佐藤荣作的意愿，向华盛顿请求于 5 月 25—29 日安排斯诺克号（Snook SSN592）核潜艇访问日本，停靠地点仍然为佐世保港。③ 该计划初步确立后，美军太平洋司令希望斯诺克号核潜艇完成对佐世保的第三次访问后接着执行对横须贺的首次访

① American Tokyo Embassy John Emmerson to Secretary Rusk, February 6, 1965, Tokyo 2435 (5228). 石井修，我部政明，宫里政玄监修：《アメリカ合衆国対日政策文書集成，第 9 期——日米外交防衛問題：1965 年》，第 7 卷，東京：柏書房 2001 年版，第 135—137 頁；Confidential U. S. State Department Central Files, Japan (February 1963 – 1966): Internal Affairs and Foreign Affairs, Reel 33, pp. 930 – 932.

② Secretary Rusk to American Tokyo Embassy, CINCPAC, March 31, 1965, Tokyo 2484 (19004). 石井修，我部政明，宫里政玄监修：《アメリカ合衆国対日政策文書集成，第 9 期——日米外交防衛問題：1965 年》，第 7 卷，東京：柏書房 2001 年版，第 140 頁；Confidential U. S. State Department Central Files, Japan (February 1963 – 1966): Internal Affairs and Foreign Affairs, Reel 33, p. 928.

③ Ambassador Edwin O. Reischauer to CINCPC, April 16, 1965, Tokyo 3319 (14116). 石井修，我部政明，宫里政玄监修：《アメリカ合衆国対日政策文書集成，第 9 期——日米外交防衛問題：1965 年》，第 7 卷，東京：柏書房 2001 年版，第 143 頁；Confidential U. S. State Department Central Files, Japan (February 1963 – 1966): Internal Affairs and Foreign Affairs, Reel 33, p. 924.

问，时间最好为它佐世保之行一个月后的 6 月 22—26 日，或者将
访问时间提前到 6 月 1—5 日，在它离开佐世保后直接前往横须贺。
赖肖尔大使私下试探了佐藤荣作对此计划的反应，佐藤荣作认为这
会对预订于 6 月 27 日举行的参议院选举造成不利影响，因此极力
反对。他希望赖肖尔在日本大选结束之后再与他讨论核潜艇访问横
须贺的相关事宜。赖肖尔认为在核潜艇访问横须贺方面，美国应当
接受佐藤荣作的意见，将核潜艇的首访日期安排在 7 月底，在此之
前美国应当首先向日本解释即将到访的核潜艇的特点，以消除日本
国民对美国核潜艇安全性的疑虑。[①]

　　与海龙号前两次访问佐世保之前深受日本媒体的各种猜测不
同，日本媒体和反对势力没有想到美国在日本上议院大选前会再
次安排核潜艇到访。在斯诺克号抵达之前，赖肖尔担心反对势力
会利用日本民众对越南战争的强烈反应而召集到更多的反对者，
但是为了核潜艇停靠日本常规化这一目标的早日实现，他认为美
国必须承担这种风险。[②]赖肖尔的担心并非空穴来风。海龙号对佐
世保的两次成功访问，使反对核潜艇停靠的势力认识到，他们将注
意力集中于核潜艇本身不可能获得成功，他们需要使日本公众认识
到停靠在日本港口的美国核潜艇与美国在东南亚的军事活动之间的

---

　　① Ambassador Edwin O. Reischauer to CINCPC, May, 1965, Tokyo 3608 （006451）. 石井
修，我部政明，宫里政玄監修：《アメリカ合衆国対日政策文書集成，第 9 期——日米外交防衛
問題：1965 年》，第 7 卷，東京：柏書房 2001 年版，第 146—147 頁；Confidential U. S. State De-
partment Central Files, Japan（February 1963 – 1966）：Internal Affairs and Foreign Affairs, Reel 33,
pp. 921 – 922. 长尾鲨号核潜艇在进行航行测试时意外沉没。
　　② Ambassador Edwin O. Reischauer to Secretary Rusk, May 24, 1965, Tokyo 3861（022193）.
石井修，我部政明，宫里政玄監修：《アメリカ合衆国対日政策文書集成，第 9 期——日米外交
防衛問題：1965 年》，第 7 卷，東京：柏書房 2001 年版，第 152 頁；Confidential U. S. State De-
partment Central Files, Japan（February 1963 – 1966）：Internal Affairs and Foreign Affairs, Reel 33,
pp. 915.

联系。① 因此日本社会党和日本共产党在斯诺克号核潜艇访问佐世保期间组织的反对运动，除了反对核潜艇访问和越南战争外，还打出了反对日韩谈判的标语，这是在海龙号访问中没有出现的新动向。

实际上，斯诺克号此次访问的突然性以及佐世保居民对核潜艇到访的认识，在很大程度上抵消了反对势力的优势，这使赖肖尔此次冒险一搏获得了丰厚回报。斯诺克号在 5 月 25 日突然到访佐世保之时，无论是日本社会党还是日本共产党都将精力放在了即将到来的参议院大选之上。这种状况给他们反对核潜艇停靠的运动带来了两个结果：一是缺乏在激烈的大选活动之外再精心策划反对核潜艇运动的精力，结果导致反对斯诺克号停靠佐世保的运动组织混乱，缺乏协调；二是竞选活动使各政党的资金出现了紧张，在资金缺乏的情况下，他们的动员和转运能力受到极大限制。缺乏佐世保当地居民的支持使左翼反对势力在佐世保面临的局面更加不利，这成为日本左翼发动大规模抗议活动的最主要障碍。美国驻福冈总领事馆的调查表明，佐世保大部分市民对核潜艇的访问以及反对访问的活动本身都没有兴趣。即使是参加抗议对运动的当地人，大部分也不是全心全意，而仅仅是因为依照他们所属工会的命令行事。佐世保当地民众的这一冷漠态度，令从外地赶到佐世保的抗议者抱怨不已。当地人尤其是生活更加直接依赖美军基地的人，对外来者在佐世保的表现极为不满。他们公开抨击外来者扰乱了他们的商业秩序。这些人欢迎美国核潜艇对佐世保的访问，在他们看来自从越南危机加剧以来，只有少数舰只停靠佐世保，他们认为核潜艇的抵达

---

① Ambassador Edwin O. Reischauer to Secretary Rusk, June 3, 1965, Tokyo 4026 (003630). 石井修，我部政明，宮里政玄監修：《アメリカ合衆国対日政策文書集成，第 9 期——日米外交防衛問題：1965 年》，第 7 卷，東京：柏書房 2001 年版，第 158 頁；Confidential U. S. State Department Central Files, Japan (February 1963 – 1966): Internal Affairs and Foreign Affairs, Reel 33, pp. 909.

代表着将会有更多舰只返回佐世保停靠。因此，佐世保市长响应这一群体的要求向美国建议平均每月安排核潜艇访问佐世保一次时，反对派也不敢冒着丧失民意的危险对他进行攻击。[①] 结果反对派在短期内只能召集 4600 人左右参加抗议活动，赖肖尔据此判断佐世保居民已经愿意将核潜艇的访问当作例行公事对待，虽然反对派一直试图努力扩大核潜艇停靠日本这一问题，但是除非亚洲形势严重恶化，否则佐世保未来反对核潜艇访问的力量不会增加。

斯诺克号核潜艇虽然成功地完成了对佐世保的第三次访问，但是美国进一步的访问计划受日本政局发展的影响也随之加深。越南战争问题以及日韩问题增加了日本国民对此次议会选举的关注，他们纷纷通过手中的选票表达自己的意愿，使这次选举的投票率达到了 67.1%。结果自民党的议席在选举结束后减少了 5 个，而日本社会党和日本共产党等反对党的议席则获得了大幅度增长，尤为引人注目的是自民党在东京地区的两个候选人全部落选。[②] 这种状况不但导致左翼的集会活动明显增加，而且也增加了《日韩基本条约》在国会通过的难度。为了减轻压力，安川壮在大选结束后向美国大使馆表示，日本欢迎美国核潜艇随时访问佐世保，但是希望在日本批准日韩关系正常化协定之前，美国不要将核潜艇驶入横须贺。日本外务省的这一意见致使赖肖尔大使原定 7 月底开创核潜艇访问横须贺的计划搁浅。

美国大使馆在 7 月初预测，日本会在 8 月末召集批准《日韩基本条约》的特殊国会，大约于 11 月初众、参两院结束审议，完成批准工作。实现日韩邦交正常化不仅是长期以来美国在远东所追求的战略目标，更是赖肖尔出任大使后积极推动的

---

① Left-Wing Opposition to Third SSN Visit, May 26, 1965. 石井修，我部政明，宫里政玄监修：《アメリカ合衆国对日政策文书集成，第 9 期——日米外交防衛問題：1965 年》，第 7 卷，东京：柏書房 2001 年版，第 163—164 頁。

② ［日］冈本文夫：《佐藤政权》，上海人民出版社 1975 年版，第 49 页。

重要课题,① 无论是华盛顿还是赖肖尔,都不希望日韩邦交正常化在最后时刻因日本国内政治分歧加剧而功亏一篑。因此,东京大使馆希望避免在日本召开审议日韩关系的特殊国会期间将核潜艇驶入日本港口。实际上,在日本于 9 月最终确定召开临时国会的日期后,也向赖肖尔大使明确表示,鉴于核潜艇与越南战争之间的关系,反对在批准日韩条约期间安排核潜艇访日。② 这样美国要等到11 月底或 12 月初才能安排核潜艇访问,东京大使馆担心这种安排会使第三、四次访问的时间间隔过大,从而不利于维持核潜艇访问日本常规化的有利动力。因此,大使馆希望能够在日本召开批准日韩协定的特殊国会之前,再安排一次核潜艇对佐世保的访问。

然而在美国大使馆准备核潜艇（由派瑞米特号执行,Permit,SSN594）访问期间,日本国内政治形势发生了转变,美国驻东京大使馆不得不重新评估派瑞米特号访日与佐藤荣作冲绳之行的互动关系。美国频繁在冲绳军事基地起飞 B - 52 轰炸机前往越南,引起了冲绳人和日本人的愤怒,他们对佐藤荣作 8 月 19 日的冲绳之行寄予了厚望。一方面,美国大使馆认为冲绳与越南战争之间的关联性极大地增强了佐藤荣作的敏感性,美国核潜艇在佐藤荣作前往冲绳期间驶入日本,将会带来不必要的负面效果。另一方面,日本政府已经决定将原定于 8 月下旬开始的临时国会延期至9 月 1 日之后,这就使美国大使馆之前所认为的在 8 月底访问的限制性因素不复存在。因此,为了避免增加佐藤荣作在冲绳面临的压力,美国大使馆将派瑞米特号核潜艇访问佐世保的时间延期

---

① 赖肖尔推动日韩邦交正常化的努力可参见张素菊《跨文化视角下的赖肖尔与美日关系》,博士学位论文,吉林大学,2011 年,第 117—138 页。

② Ambassador Edwin O. Reischauer to CINCPC, September 22, 1965, Tokyo 1063 (18044). 石井修,我部政明,宫里政玄监修:《アメリカ合衆国对日政策文书集成,第 9 期——日米外交防衛問題: 1965 年》,第 7 卷,東京:柏書房 2001 年版,第 192 页; Confidential U. S. State Department Central Files, Japan (February 1963 – 1966): Internal Affairs and Foreign Affairs, Reel 33, p. 877.

一周至 8 月24—28 日。①

　　派瑞米特号此行是美国核潜艇对日本（佐世保）的第四次访问，从东京大使馆发给华盛顿的电报的数量和关注的内容可以清晰地看出，它在佐世保访问期间不仅未遭遇严重的抗议游行，而且反对势力的活动能力也出现了明显的下降趋势。但同时，派瑞米特号此行也出现了新情况。《日本日报》在 7 月公开报道美国已经成功完成了潜射导弹的发射试验，并且很快将会装备所有攻击型潜艇。这一消息，使停靠在日本港口的核潜艇是否搭载核武器问题再次进入日本媒体的视野，为派瑞米特号的佐世保之行增加了许多不确定因素。

　　对于日本媒体和民众的质疑，美国采取的策略是，既不否认也不承认在某一具体舰只上是否部署有核武器。实际上，虽然派瑞米特号核潜艇已经确定要装备潜射导弹，但这要到 1965 年秋天才能实现，因此它此次佐世保之行并没有携带核武器。在 8 月 23 日下午为派瑞米特号访问举行的记者招待会上，当记者就核潜艇的潜射导弹问题向赖肖尔大使发问时，他明显避重就轻，回应"军事武器的发展不是我应当评论的问题"，并重申美国对于有关核武器具体部署问题的既定政策是"既不承认也不否认"，"美国将会一丝不苟地执行与日本政府的协定"②。与赖肖尔大使的模棱两可不同，针对《日本日报》记者的提问，日本外务次官黄田明确表示派瑞米特

　　① American Tokyo Embassy John Emmerson to Secretary Rusk, August 6, 1965, Tokyo 452 (04066). 石井修，我部政明，宫里政玄监修：《アメリカ合衆国对日政策文书集成，第 9 期——日米外交防衛問題：1965 年》，第 7 卷，東京：柏書房 2001 年版，第 172 頁；Confidential U. S. State Department Central Files, Japan（February 1963 – 1966）：Internal Affairs and Foreign Affairs, Reel 33, p. 895.

　　② Ambassador Edwin O. Reischauer to Secretary Rusk, August 23, 1965, Tokyo 653 (16960). 石井修，我部政明，宫里政玄监修：《アメリカ合衆国对日政策文书集成，第 9 期——日米外交防衛問題：1965 年》，第 7 卷，東京：柏書房 2001 年版，第 178 頁；Confidential U. S. State Department Central Files, Japan（February 1963 – 1966）：Internal Affairs and Foreign Affairs, Reel 33, p. 890.

号在这次访问中将不会携带潜射导弹，日本政府已经收到了美国政府对派瑞米特号核潜艇将不携带核武器的保证，装备核武器的核潜艇进入日本港口将会严格遵循《日美安保条约》的事前协商机制。

尽管如此，日本媒体因为潜射导弹问题而对派瑞米特号到访的关注明显增加，所有主流媒体在报道中，以几乎完全一致的标题强调派瑞米特号拥有发射携带核弹头的潜射导弹的能力。① 日本国内对卷入核战争的忧虑，进一步强化了媒体对核潜艇的这种关注。最明显的证据是《每日新闻》和《朝日新闻》除了报到派瑞米特号的到访消息之外，还专门发表了社论，批评美国漠不关心日本民众因 B - 52 和核潜艇而被卷入越南战争的忧虑。② 越南战争成为赖肖尔推动美日关系进一步深化的巨大障碍，他与日本媒体长期以来建立的互信关系因双方对越南战争的分歧而岌岌可危。

韩国于 1965 年 8 月先于日本批准了日韩条约，这在韩国引发了动乱。佐藤政府担心这场动乱会影响到日本，批准日韩条约的临时国会延期至 10 月 5 日才召开。由于受到日本社会党、日本共产党以及公明党等在野党的一致反对，直到 12 月 11 日日本自民党才强行完成了批准《日韩条约》的手续。赖肖尔当初建议安排核潜艇于 8 月访问佐世保的出发点是，确保核潜艇两次访问之间的间隔不会太长，从而推动核潜艇访问日本常规化的实现。按照日本政府的原定进程，美国正好可以于 11 月底安排核潜艇再次驶入日本港口，

① Ambassador Edwin O. Reischauer to Secretary Rusk，August 24，1965，Tokyo 677（17962）. 石井修，我部政明，宫里政玄監修：《アメリカ合衆国対日政策文書集成，第 9 期——日米外交防衛問題：1965 年》，第 7 卷，東京：柏書房 2001 年版，第 181—182 頁；Confidential U. S. State Department Central Files，Japan（February 1963 – 1966）：Internal Affairs and Foreign Affairs，Reel 33，pp. 887 – 888.

② Ambassador Edwin O. Reischauer to Secretary Rusk，August 25，1965，Tokyo 691（19020）. 石井修，我部政明，宫里政玄監修：《アメリカ合衆国対日政策文書集成，第 9 期——日米外交防衛問題：1965 年》，第 7 卷，東京：柏書房 2001 年版，第 183 頁；Confidential U. S. State Department Central Files，Japan（February 1963 – 1966）：Internal Affairs and Foreign Affairs，Reel 33，p. 886.

但是日本国会的一再延期与美国海军在远东地区的行程产生了冲突。为了不妨碍核潜艇的既定行程，美国太平洋司令致函赖肖尔大使，希望他能够安排核潜艇紧急访问日本。收到美国太平洋司令的请求后，赖肖尔于 11 月 20 日就核潜艇在日本临时国会召开期间访问日本一事与日本外务省进行了紧急协商。此时日本外务省也放弃了之前不希望核潜艇在日本召开批准《日韩条约》的国会之时访问的观点。外务省推测，国会内的争论在 12 月中旬之前不会结束，美国核潜艇访问佐世保已经很难进一步恶化日本当前的政治形势，因此日本不会要求核潜艇延期访问佐世保。在扫除了来自日本的后顾之忧后，赖肖尔大使立即电告美国太平洋司令和国务院，同意安排海龙号于 11 月 24—12 月 2 日访问佐世保。按照美国海军的部署，美国军方将会于次日（11 月 21 日）公布向第七舰队移交企业号核动力航空母舰和班布里奇号核动力导弹护卫舰。虽然原则上不反对进一步安排核潜艇访问佐世保，但是赖肖尔大使希望在完成日本国民对海龙号此行以及核动力水面舰只抵达第七舰队的反应的评估之后再作出具体安排。①

海龙号此行并没有受到就《日韩条约》问题而吵得不可开交的日本国会过多的影响。受制于日本政局的影响，赖肖尔未能趁势实现核潜艇对横须贺的访问，但他由此开启了美国核潜艇对佐世保港的密集访问。12 月 2 日，海龙号顺利离开佐世保后，赖肖尔向腊斯克国务卿汇报了他对海龙号此行的评估。鉴于海龙号此次访问时间长而且包含周末，反对势力有充足的时间组织反对活动，赖肖尔大使认为日本反对核潜艇停靠佐世保的游行已经彻底失败。赖肖尔承

①　Ambassador Edwin O. Reischauer to CINCPAC, November 20, 1965, Tokyo 1828 (016637). 石井修，我部政明，宫里政玄监修：《アメリカ合衆国对日政策文书集成，第 9 期——日米外交防衛問題：1965 年》，第 7 卷，東京：柏書房 2001 年版，第 207—208 頁；Confidential U. S. State Department Central Files, Japan（February 1963 – 1966）：Internal Affairs and Foreign Affairs, Reel 33, pp. 862 – 863.

认，左翼势力将主要精力和资金都用在了反对日韩条约的运动当中，这确实为海龙号减轻了不少压力，但是他认为更为重要的是"反对势力已经认识到继续在佐世保发动运动于事无补"，运动的参加者对游行漠不关心，他们已经失去了抵制核潜艇停靠的兴趣，这种变化将会使组织抗议活动变得更加困难。考虑到反对者以核潜艇的安全性和沦为"核基地"为口号争取当地居民支持的努力也完全陷入失败，赖肖尔认为虽然反对派仍然会反对核潜艇接下来对佐世保的访问，但是这种努力将会仅仅是象征性的。

左翼反对运动在佐世保面临的困境对佐世保官方也产生了影响。虽然在海龙号首次访问之时，佐世保市长曾亲自登舰参观以示支持，但是因为担心核潜艇的到访会给他们带来过度负担，佐世保官方对接下来的几次访问并不积极。为此埃默森还曾在第二次访问结束后，对核潜艇连续访问佐世保港向华盛顿发出过警告。但是 12 月 2 日结束的对佐世保的第五次访问表明，因为当地居民欢迎随核潜艇到访而来的巨大商机，佐世保官方此前担忧的基础已经消失，"当地保守的官方已经接受核潜艇作为例行公事访问佐世保"。赖肖尔大使依据一年多以来核潜艇访问佐世保的经验，认为日本左翼反对力量之所以未能成功发动反对核潜艇停靠的大规模政治运动，是因为日本公众相信"核潜艇入港既不涉及也不会阻止向日本运入核武器"。只要美国能够维持这样一种信任，那么美国核潜艇常规化使用日本港口，甚至是核动力水面舰只的停靠都会拥有良好的前景。①

基于以上判断，赖肖尔于 12 月 4 日同意接下来于 12 月 14—19

---

① Ambassador Edwin O. Reischauer to Secretary Rusk, December 2, 1965, Tokyo 1953 (001278). 石井修，我部政明，宫里政玄监修：《アメリカ合衆国对日政策文书集成，第 9 期——日米外交防衛問題：1965 年》，第 7 卷，東京：柏書房 2001 年版，第 223—225 页；Confidential U. S. State Department Central Files, Japan (February 1963 - 1966): Internal Affairs and Foreign Affairs, Reel 33, pp. 854 - 856.

日和 12 月 20—26 日分别安排重牙鲷号①和潜水者号②访问佐世保。除此之外，鉴于佐世保官方对核潜艇之外的其他舰只很少停靠该港感到失望，赖肖尔大使希望美国军方能够在核潜艇访问期间安排其他大型船只也访问佐世保。这样美国海军就会给佐世保带来更大收益；而作为回报，当地商人在协调佐世保民众和官方对待核潜艇的态度方面，自然会表现出更大的善意。③

三　核潜艇初访横须贺

赖肖尔大使在推动核潜艇停靠佐世保常规化的同时，也在与外务省积极协调，意图在 1965 年年底由潜水者号结束对佐世保的访问后开启核潜艇对横须贺的访问，并视初次访问的反响安排后续访问计划。他这一雄心勃勃的计划受到了日本国内政治形势的阻碍。日本政府高层认为在它面临国会因《日韩条约》问题而引发的混乱之时，不适合对核潜艇驶入横须贺作出决定。除非美国认为需要紧急访问，否则日本政府希望待日本国会处理完《日韩条约》后，再讨论核潜艇访问横须贺一事。因为日本外务省的这一答复并没有完全关闭访问横须贺的大门，并且当时距预定时间尚早，东京大使馆希望保持潜水者号实施访问计划的灵活性，并希望华盛顿尽量安排常规动力舰只与核潜艇同时访问佐世保，从而为东京大使馆与日本

---

① 重牙鲷号核潜艇（Sargo, SSN583）于 1956 年在马雷岛海军造船厂铺设龙骨，1957 年 10 月 10 日下水，1958 年 10 月 1 日正式服役，1988 年 4 月 21 日退现役。

② 潜水者号核潜艇（Plunger, SSN595）是美国海军中第三艘以"潜水者"命名的军舰，于 1959 年马雷岛海军造船厂承建时设计为巡航导弹核潜艇，但是在 1960 年 3 月 2 日铺设龙骨时，其设计被修改为攻击型核潜艇，于 1961 年 12 月 9 日下水，1962 年 11 月 1 日正式服役，至 1990 年 2 月 2 日正式退役。服役期间大部分时间以珍珠港为母港。

③ Ambassador Edwin O. Reischauer to CINCPAC, December 4, 1965, Tokyo 1999 (003281). 石井修，我部政明，宫里政玄监修：《アメリカ合衆国对日政策文書集成，第 9 期——日米外交防衛問題：1965 年》，第 7 卷，東京：柏書房 2001 年版，第 226 頁；Confidential U. S. State Department Central Files, Japan (February 1963 - 1966): Internal Affairs and Foreign Affairs, Reel 33, p. 853.

外务省在潜水者号于 12 月 20 日抵达佐世保时再讨论其访问横须贺的计划营造良好的氛围。①

日本政府在国会完成《日韩条约》的批准工作后，认为在安排核潜艇驶入横须贺之前，还需要对日本国民进行一番教育，使他们认识到美国核潜艇以及核动力水面舰只停靠日本港口是美国防卫日本的重要组成部分。外务省北美局局长安川壮于 12 月 18 日将日本高层的这一见解转达给了美国大使馆，要求美国推迟核潜艇首次访问横须贺的时间。由于遭到日本政府的反对，赖肖尔大使只能无奈地紧急取消潜水者号于 12 月 28—31 日访问横须贺的计划。②

由潜水者号在 1965 年年底开启对横须贺的访问计划搁浅后，赖肖尔大使在集中精力与日本外务省商讨核动力水面舰只（NPSS）访问日本问题的同时，也积极推动日本同意核潜艇对横须贺的访问。最终安川壮于 1966 年 4 月 7 日通知美国大使馆，日本高层决定批准美国核潜艇驶入横须贺，但是日本对访问的时机十分敏感。日本政府估计 1966 年的正常国会将会于 5 月 18 日结束，佐藤政府的预算议案在国会遭到了在野党的狙击，他担心核潜艇对横须贺的访问会在国会内进一步恶化双方的冲突，从而导致预算案的流产。因此，佐藤希望核潜艇在日本国会休会后再访问横须贺。考虑到日本官方的担忧，赖肖尔大使认为在 5 月 23—27 日安排核潜艇对横

① American Tokyo Embassy John Emmerson to CINCPAC, December 7, 1965, Tokyo 2023 (005275). 石井修，我部政明，宫里政玄监修：《アメリカ合衆国対日政策文書集成，第 9 期——日米外交防衛問題：1965 年》，第 7 卷，東京：柏書房 2001 年版，第 227 頁；Confidential U. S. State Department Central Files, Japan (February 1963 - 1966): Internal Affairs and Foreign Affairs, Reel 33, p. 852.

② Ambassador Edwin O. Reischauer to Secretary Rusk, December 20, 1965, Tokyo 2170 (015230). 石井修，我部政明，宫里政玄监修：《アメリカ合衆国対日政策文書集成，第 9 期——日米外交防衛問題：1965 年》，第 7 卷，東京：柏書房 2001 年版，第 243 頁；Confidential U. S. State Department Central Files, Japan (February 1963 - 1966): Internal Affairs and Foreign Affairs, Reel 33, p. 832.

须贺的首访是较为合适的日期。① 由于横须贺港靠近日本的人口中
心东京，赖肖尔担心提前走漏核潜艇将要访问横须贺的消息，其导
致大规模游行的可能性要比在佐世保大数倍。因此，他特意提醒国
务院要加强保密措施。②

　　日本政府同意核潜艇停靠横须贺后，具体实施时间受到两个
方面的制约。一个因素是美国同时期推动的核动力水面舰只访问
日本的计划；另一个因素则是日本国内政治形势的发展。与开启
核潜艇访问横须贺的新局面相比，华盛顿此时更为看重实现核动
力水面舰只停靠日本港口的意义。按照既定计划，企业号核动力
航空母舰和班布里奇号核动力导弹护卫舰将于 6 月 20 日离开西太
平洋地区，华盛顿希望在它们离开之前实现对日本的访问，时间
可以安排在 6 月 12—15 日。华盛顿认为核动力水面舰只首访最好
选择横须贺。为确保这一访问能够实现，可能要推迟 5 月 23—27
日核潜艇对横须贺的访问。③ 虽然日本外务省对赖肖尔与日本缔
结核动力水面舰只访问协定的迫切愿望表示谅解，但是双方的谈
判进展缓慢，于是 5 月 23 日核潜艇的横须贺之行被重新提上议

　　① Ambassador Edwin O. Reischauer to Commander in Chief, Pacific, April 7, 1966, Tokyo
3490 (05158). 石井修，我部政明，宫里政玄監修：《アメリカ合衆国対日政策文書集成，第
10 期——日米外交防衛問題：1966 年》，第 6 卷，東京：柏書房 2002 年版，第 170 頁；Confiden-
tial U. S. State Department Central Files, Japan (February 1963 – 1966)：Internal Affairs and Foreign
Affairs, Reel 33, p. 772.

　　② Ambassador Edwin O. Reischauer to Commander in Chief, Pacific, April 8, 1966, Tokyo
3522 (06485). 石井修，我部政明，宫里政玄監修：《アメリカ合衆国対日政策文書集成，第
10 期——日米外交防衛問題：1966 年》，第 6 卷，東京：柏書房 2002 年版，第 172 頁；Confiden-
tial U. S. State Department Central Files, Japan (February 1963 – 1966)：Internal Affairs and Foreign
Affairs, Reel 33, p. 770.

　　③ Under Secretary of State George W. Ball to American Tokyo Embassy, April 16, 1966, Tokyo
2981 (09045). 石井修，我部政明，宫里政玄監修：《アメリカ合衆国対日政策文書集成，第
10 期——日米外交防衛問題：1966 年》，第 6 卷，東京：柏書房 2002 年版，第 176—177 頁；
Confidential U. S. State Department Central Files, Japan (February 1963 – 1966)：Internal Affairs and
Foreign Affairs, Reel 33, pp. 765 – 766.

程。赖肖尔在 5 月 17 日向日本外务省确认了核潜艇访问横须贺没有政治障碍后，请求华盛顿执行此次访问计划并获得了授权。①美国自身的障碍消除之后，日本国内政治形势的突变又使此次访问出现了变数。5 月 18 日，日本国会因日本社会党对延长国会会期的决定不满而陷入了空转，佐藤首相担心核潜艇此时驶入横须贺会被日本社会党用来进一步拖延国会恢复正常进行的时间，导致诸如《亚洲开发银行设立协定》②等重要议案无法如期通过。佐藤荣作预测国会会在 5 月 23 日恢复正常运作，因此他请求美国将23 日的访问延期一周进行。尽管极不情愿，赖肖尔大使只能无奈地要求华盛顿将核潜艇访问横须贺的日期推迟一周至 5 月 30—6 月 3 日进行。③

应国务院要求，赖肖尔于 5 月 25 日向华盛顿汇报了即将由斯诺克号核潜艇执行的对横须贺首次访问的政治评估。日本国会已于24 日恢复正常，日本政府的后顾之忧已经消除。因此，日本政府视 5 月 30 日为实现核潜艇首次访问横须贺的最佳时机，其遭受的游行抗议将会在可控范围内。据此赖肖尔认为当前日本的政治形势

---

① Ambassador Edwin O. Reischauer to Commander in Chief, Pacific, May 17, 1966, Tokyo 3976 (14687). 石井修，我部政明，宫里政玄监修：《アメリカ合衆国対日政策文書集成，第 10 期——日米外交防衛問題：1966 年》，第 7 卷，東京：柏書房 2002 年版，第 15 頁；Confidential U. S. State Department Central Files, Japan (February 1963 – 1966): Internal Affairs and Foreign Affairs, Reel 33, p. 625.

② 该协定于 1965 年 12 月 4 日在马尼拉签署，要求参加国在 1966 年 9 月 30 日以前提交批准书。亚洲开发银行是日本积极推动的区域性开发组织，启动资金为 10 亿美元，日本和美国同是亚洲开发银行的最大捐资者，各认捐 2 亿美元。有关亚洲开发银行建立以及日本与亚洲开发银行的关系参见：Dennis T. Yasutomo, *Japan and the Asian Development Bank*, New York: Praeger Publishers, 1983, 以及臧扬勤：《美国、日本于亚洲开发银行的建立》，载徐蓝主编：《近现代国际关系史研究》，第五辑，世界知识出版社 2013 年版，第 95—119 页。

③ Ambassador Edwin O. Reischauer to Commander in Chief, Pacific, May 20, 1966, Tokyo 4023 (17953). 石井修，我部政明，宫里政玄监修：《アメリカ合衆国対日政策文書集成，第 10 期——日米外交防衛問題：1966 年》，第 7 卷，東京：柏書房 2002 年版，第 18 頁；Confidential U. S. State Department Central Files, Japan (February 1963 – 1966): Internal Affairs and Foreign Affairs, Reel 33, p. 622.

允许实施此次访问计划，其成功访问将会影响日本民众对待日本防务的态度，从而推动核动力水面舰只访问的谈判。①

　　对于斯诺克号核潜艇于 5 月 30 日的到访，赖肖尔向华盛顿汇报横须贺当地民众反应较为平静，很少有人支持，但是也很少有人激烈地反对，他们默许了核潜艇的出现。与此形成鲜明对比的是日本媒体和政党。核潜艇在横须贺的出现引起了日本媒体铺天盖地的报道，他们除了继续质疑核潜艇的安全性问题外，还批评美国在日本尚未考虑其自身防卫的基本问题之时，将核潜艇驶入日本，是意图将日本卷入它所不希望的战局之中。尽管如此，这些媒体的论调要比海龙号首次抵达佐世保时要克制得多，并且他们也承认核潜艇对日本的访问是合法的，它得到了日本政府的批准，因此他们也更加关注游行的表现。日本国会内对核潜艇驶入横须贺进行了激烈辩论，日本自民党对此表示支持，认为这完全符合美日安保条约；其他政党，包括一直以来比较中立的民主社会党和公明党，则在核潜艇访问与越南战争的关系、核潜艇安全性以及核武器问题上提出严厉批评。日本社会党除了派出议员前往大使馆抗议外，还派遣委员长佐佐木更三（Sasaki Kozo）和书记成田知巳（Narita Tomomi）亲赴横须贺领导抗议活动。② 为了加强动员能力，日本社会党和日本共产党决定在横须贺联合组织集会和游行。虽然与斯诺克号

① Ambassador Edwin O. Reischauer to Secretary Rusk, May 25, 1966, Tokyo 4081 (22263). 石井修，我部政明，宫里政玄监修：《アメリカ合衆国对日政策文书集成，第 10 期——日米外交防衛問題：1966 年》，第 7 卷，東京：柏書房 2002 年版，第 27 頁；Confidential U. S. State Department Central Files, Japan (February 1963 – 1966): Internal Affairs and Foreign Affairs, Reel 33, p. 613.

② Ambassador Edwin O. Reischauer to Secretary Rusk, May 30, 1966, Tokyo 4142 (27014). 石井修，我部政明，宫里政玄监修：《アメリカ合衆国对日政策文书集成，第 10 期——日米外交防衛問題：1966 年》，第 7 卷，東京：柏書房 2002 年版，第 36—37 頁；Confidential U. S. State Department Central Files, Japan (February 1963 – 1966): Internal Affairs and Foreign Affairs, Reel 33, pp. 606 – 607.

到访当天的游行发生了激烈的冲突①，但其停靠期间的游行活动苍白无力，每次游行的规模与其组织者的预期相去甚远。

斯诺克号离开横须贺后，赖肖尔大使就此行向华盛顿作了总结汇报，核潜艇停靠期间横须贺本身并没有出现重大问题，反对者内部的分歧致使整个运动的规模和强度都远远低于他们的预期。日本政府对访问问题的处理，充分展现了它在应对日本国内政治形势方面的智慧，使公众对核问题的领悟能力大为提升。因此，他认为斯诺克此行是成功的和有益的，但这只是漫漫长路的第一步，在核动力舰只访问横须贺成为惯例之前，美国仍需与日本政府密切合作。②

除此之外，赖肖尔还提醒国务院注意斯诺克号访问横须贺期间日本的两个动向。其一，是核潜艇另一个停靠地佐世保出现的反对核潜艇停靠横须贺的抗议活动规模很小，连续三天参加者均未超过500人。赖肖尔认为这是日本民众对核潜艇访问日本的基本态度的反映，对核潜艇到访的抗议活动缺乏当地民众的支持，这一点对佐世保和横须贺都适用。其二，是日本官方对越南战争的表态出现了有利于美国的变化。受日本国内反战情绪高涨的影响，长期以来日本政府对待越南战争闪烁其词。斯诺克号驶入横须贺后，日本参议院外交关系委员会于 5 月 31 日举行了听证会，椎名悦三郎外相"首次以官方身份确认，日本通过允许核潜艇访问间接帮助美国在越南的努力"。椎名认为日本既没有在越南战争中"积极配合美国"，也不认为北越是"敌国"，但是因为日本与美国有条约，日本就不会完全中立。他认为美国在越南的活动是为了维护《新美日安保条约》

---

① 5 月 30 日的游行中分别有 37 名警察和 27 名游行者受伤，其中前者有 4 人住院，后者 3 人住院。

② Ambassador Edwin O. Reischauer to Secretary Rusk: Yokosuka Port Call by Snook, June 3, 1966, Tokyo 4216（03151）. 石井修，我部政明，宫里政玄监修：《アメリカ合衆国対日政策文書集成，第 10 期——日米外交防衛問題：1966 年》，第 7 卷，東京：柏書房 2002 年版，第 53 頁；Confidential U. S. State Department Central Files, Japan（February 1963 – 1966）: Internal Affairs and Foreign Affairs, Reel 33, p. 590.

中第六条所规定的远东地区的和平与安全①，日本有义务忠实地执行条约，为美国提供相关设施和基地。因此日本政府对待美国核潜艇访问的立场，虽然不能完全描述为"欢迎"，但是对此日本政府完全"没有拒绝的理由"。②虽然日本外务省内对椎名外相的这一突然表态颇有微词，但是赖肖尔认为这表明了日本对美日安保关系认识的深化，是推动核潜艇停靠日本常规化的一个有利信号。

斯诺克号成功开创对横须贺的访问后，美国太平洋司令希望趁势确立核潜艇访问日本的常规化，并为核动力水面舰只的访问奠定基础，因此他于6月23日向赖肖尔大使建议安排斯诺克号于8月1—4日重返横须贺，并于7月7日再次致电赖肖尔，要求同意此次访问，以便他向华盛顿递交访问计划。③赖肖尔大使与日本外务省沟通后同意了斯诺克号的此次访问，但是由于日本外务省要求对横须贺可能的反应进行研究，他希望具体计划视日本的判断而定，如果日本对横须贺之行反应消极，则应当调整斯诺克号此次访问的计划。日本外务省研究后认为核潜艇于8月访问横须贺是不明智的。一是这一时期反对派和左翼纪念轰炸广岛和长崎的周年活动，会使其可以召集更多的支持者参加游行；另一个是东京至横须贺地区在

①　《新日美安保条约》第六条规定：为了日本的安全以及维护远东的国际和平与安全，授权美国陆军、海军和空军使用日本的设施及区域。《日美新安保条约》参见：細谷千博，有賀貞，石井修，佐々木卓也：《日米関係資料集：1945—97》，東京：東京大学出版会1999年版，第460—462頁、463—465頁。

②　American Tokyo Embassy to Secretary Rusk, June 1, 1966, Tokyo 4177 (00497). 石井修，我部政明，宮里政玄監修：《アメリカ合衆国対日政策文書集成，第10期——日米外交防衛問題：1966年》，第7巻，東京：柏書房2002年版，第43—44頁；Confidential U. S. State Department Central Files, Japan (February 1963 – 1966): Internal Affairs and Foreign Affairs, Reel 33, pp. 596 – 598.

③　Commander in Chief, Pacific to American Tokyo Embassy, July 7, 1966, Navy Dept. (04888). 石井修，我部政明，宮里政玄監修：《アメリカ合衆国対日政策文書集成，第10期——日米外交防衛問題：1966年》，第7巻，東京：柏書房2002年版，第67頁；Confidential U. S. State Department Central Files, Japan (February 1963 – 1966): Internal Affairs and Foreign Affairs, Reel 33, p. 579.

8月进入旅游旺季，会吸引神奈川县大量警力，如果此时核潜艇再访问横须贺，将会使警方面临巨大压力。因此，日本外务省希望核潜艇在8月之后再访问横须贺，但是可以在8月9日长崎召开反核会议之前访问佐世保。美国大使馆也同意外务省对日本政治局势的判断，因此建议斯诺克号按既定日期访问佐世保或延期至9月访问横须贺。①

四 赖肖尔离任与实现核潜艇常规化停靠

鉴于斯诺克号佐世保之行异常顺利，赖肖尔希望他在离任之际至少能够实现核潜艇停靠佐世保的常规化。为此，他对离任之际核潜艇对日本的访问作出了精心安排。美国太平洋司令希望斯诺克号能够在8月底重返佐世保，进行包括机密部件在内的保养和维修，由于此行的特殊性，其停留时间为8月22—9月6日共计15天。因为斯诺克号此次停靠涉及对极为敏感的核部件的维护，赖肖尔大使担心这会对美国使用日本海军基地带来不利影响，因此对太平洋司令的这一要求颇为谨慎。美国军方认为，核潜艇在佐世保维修可以克服在横须贺维修所遇到的困难，并向赖肖尔保证核部件的保养不会为公众获知，更不会引起佐世保居民对核反应堆安全性的恐慌。有了军方的保证，赖肖尔同意了自核潜艇驶入日本港口以来时间最长的访问计划。② 除了确定斯诺克号在佐世保的行程外，赖肖尔于

---

① American Tokyo Embassy John Emmerson to Commander in Chief, Pacific: Snook Visit to Japanese Port, July 19, 1966, Tokyo 468 (15600). 石井修，我部政明，宫里政玄监修:《アメリカ合衆国对日政策文書集成，第10期——日米外交防衛問題:1966年》，第7卷，東京:柏書房2002年版，第74—75頁; Confidential U. S. State Department Central Files, Japan (February 1963 – 1966): Internal Affairs and Foreign Affairs, Reel 33, pp. 569 – 570.

② Ambassador Edwin O. Reischauer to Commander in Chief, Pacific: Snook Visit Sasebo, August 5, 1966, Tokyo 958 (05344). 石井修，我部政明，宫里政玄监修:《アメリカ合衆国对日政策文書集成，第10期——日米外交防衛問題:1966年》，第7卷，東京:柏書房2002年版，第84—85頁; Confidential U. S. State Department Central Files, Japan (February 1963 – 1966): Internal Affairs and Foreign Affairs, Reel 33, pp. 551 – 552.

8 月 11 日还同意了海龙号于 9 月 5—9 日实施对横须贺的第二次访问。他认为核潜艇同时停靠佐世保和横须贺，将会成为推动其访日常规化进程中的重要里程碑。

赖肖尔于 1966 年 8 月 19 日辞去大使职务离开日本，8 月 22 日斯诺克号驶入佐世保港，公众和媒体对此反应冷淡。日本媒体普遍发表评论认为日美两国已经将核潜艇访日发展成为常规事务，除非能够明确显示核潜艇直接参与了越战，否则其在日本停靠将不会遭受更大阻力。海龙号于 9 月 5 日驶入横须贺，虽然也引起了媒体的关注，但已经没法与斯诺克号首次驶入横须贺时相提并论。日本社会党和日本共产党联合组织了对海龙号的抗议活动，但是由于海龙号在横须贺的停留时间避开了周末，组织者没有能力充分发挥他们的动员组织能力。此外，即将到来的大选对资金的巨大需求，也限制了他们进行大规模抗议活动的能力。因此，虽然反对活动的组织方宣布了他们雄心勃勃的抗议计划，但实际规模与其目标相去甚远，甚至都远远低于警方的预期，这样抗议的效果大大降低。日本全学联的极端学生在参加 9 月 7 日的游行时脱离队伍，他们内部不但发生了不同派别之间的打斗，而且他们还挑衅警方并与警方发生了大规模的冲突。这使原本效果欠佳的抗议运动更加雪上加霜。结果学生暴动和公众骚乱取代反对核潜艇的运动成为媒体关注的焦点，它所造成的人员伤亡和财产损失使抗议活动给民众留下了不利印象，进一步削弱了日本社会党和日本共产党发动大规模反核潜艇运动的能力。①

海龙号离开横须贺后，代办埃默森在向华盛顿的汇报中，肯定

① USNAVINVSERVO, Japan to Secretary Rusk, September 7, 1966, Navy Dept. （05682）. 石井修，我部政明，宫里政玄监修：《アメリカ合衆国对日政策文书集成，第 10 期——日米外交防衛問題：1966 年》，第 7 卷，東京：柏書房 2002 年版，第 100—102 页；Confidential U. S. State Department Central Files, Japan（February 1963 - 1966）: Internal Affairs and Foreign Affairs, Reel 33, pp. 536 - 538.

了日本媒体对核潜艇访问的分析。[①] 此后不久，媒体的分析得到了日本官方的证实，外务省北美局局长安川壮于 9 月 19 日正式通知美国代办埃默森——日本政府认为核潜艇访问佐世保已经达到了常规事务的程度，因此除了仍需提前 24 小时通知外，日本政府对其访问不再有所保留。虽然日本外务省之前避免周末访问佐世保和横须贺的请求已经不再适用，但是日本政府仍然更倾向于在平时进行访问。[②] 至此赖肖尔在任期间积极推动的核潜艇常规化停靠日本港口的目标终于实现。

第五节　核动力水面舰只停靠日本

一　赖肖尔对核动力水面舰只访日谈判的设想

随着美国海军决定在 1965 年 10 月以及 1966 年分别向太平洋舰队移交企业号航空母舰（Enterprise，CVAN）和班布里奇号导弹护卫舰（Brainbridge，DLGN）以及长滩号导弹巡洋舰（Long-Beach，CGN）和特拉克斯特号导弹护卫舰（Truxtun，DLGN）等核动力水面舰只（Nuclear Powered Surface Ships，NPSS），华盛顿希望这些军舰能够像太平洋舰队的其他军舰一样使用日本的军港和设施。由此核动力水面舰只停靠日本问题提上美国的日程。海

---

① American Tokyo Embassy John Emmerson to Secretary Rusk，September 9，1966，Tokyo 1913（007560）. 石井修，我部政明，宫里政玄监修：《アメリカ合衆国対日政策文書集成，第 10 期——日米外交防衛問題：1966 年》，第 7 卷，東京：柏書房 2002 年版，第 108—109 頁；Confidential U. S. State Department Central Files，Japan（February 1963 – 1966）：Internal Affairs and Foreign Affairs，Reel 33，pp. 520 – 521.

② American Tokyo Embassy John Emmerson to Commander in Chief，Japan：SSN Port Visits，September 19，1966，Tokyou2123（0168387）. 石井修，我部政明，宫里政玄监修：《アメリカ合衆国対日政策文書集成，第 10 期——日米外交防衛問題：1966 年》，第 7 卷，東京：柏書房 2002 年版，第 111—112 頁；Confidential U. S. State Department Central Files，Japan（February 1963 – 1966）：Internal Affairs and Foreign Affairs，Reel 33，pp. 517 – 518.

龙号于 1964 年 11 月开启对日本的访问，并在 1965 年 2 月通过再次访问巩固了对日本港口的利用后，鉴于美国军方已经公开宣布会将核动力水面舰只移交给太平洋舰队，腊斯克国务卿于 1965 年 3 月 31 日指示赖肖尔开始为美国核动力水面舰只访问日本的相关谈判工作做准备。核潜艇访问谈判的漫长过程以及双方对核潜艇安全性的激烈争论，令华盛顿颇为苦恼。因此，腊斯克希望赖肖尔能够通过将有关核潜艇访问的安排扩大到水面舰只的方式，来避免两国在安全性问题上继续纠缠。① 华盛顿希望尽快解决有关核动力水面舰只停靠日本的谈判问题，赖肖尔大使对此很乐观。赖肖尔对腊斯克的策略深表认同，他认为美国于 1964 年 8 月 24 日交给日本政府的《关于核动力战舰在海外港口操作的声明》不仅包含了核潜艇，而且也涵盖了核动力水面舰只。因此，华盛顿相关部门需要做的仅是重新起草美国于 1964 年 8 月 17 日递交给日本政府的有关核潜艇访问的《帮助备忘录》，以便将其适用范围扩大到核动力水面舰只。

赖肖尔大使向腊斯克提出了两条谈判策略，征求华盛顿的同意。其一是在此之前先与日本就非军用的核动力水面船只进入日本进行谈判。如果能够将萨瓦娜号（Savannah）商船驶入日本，这既可以在日本舆论中确立一种核动力水面船只到访日本的先例，也可以减轻日本政府就核动力水面舰只停靠进行谈判时在国内面临的压力。赖肖尔认为就民用船只驶入问题与日本的交涉，在华盛顿或东京进行都可以，但是应当尽早开始。赖肖尔的另一个策略是与日本外务省高层（比如北美局局长安川壮）直接交涉，秘密请求日本外

① Secretary Rusk to American Tokyo Embassy and CINCPAC, March 31, 1965, Tokyo 2485 (19005). 石井修，我部政明，宫里政玄監修：《アメリカ合衆国対日政策文書集成，第 9 期——日米外交防衛問題：1965 年》，第 7 卷，東京：柏書房 2001 年版，第 141 頁；Confidential U. S. State Department Central Files, Japan（February 1963 - 1966）：Internal Affairs and Foreign Affairs, Reel 33, p. 487.

务省进行相关研究，待外务省准备充分时，再公开进行正式接触。鉴于核潜艇在佐世保停靠已经用事实证明它没有放射性危险，赖肖尔认为核动力水面舰只的安全性问题，将不会像它的武器装备以及它与远东形势之间的关系那样受到高度关注。从这种乐观的判断出发，赖肖尔认为美国大可以放心地将具体谈判进程交给日本掌握，他会提醒日本外务省在 10 月企业号移交给太平洋舰队之前完成相关谈判工作，因为美国有权依据《美日安保条约》将核动力水面舰只驶入日本，而且公众届时也想知道企业号是否会驶入日本港口。①

美国国务院虽然接受了赖肖尔重新起草帮助备忘录的建议，但是该问题却被华盛顿搁置了 5 个月，直至 9 月 15 日美国国务院才将新备忘录电告赖肖尔②，并授权他开始与日本政府讨论核动力水面舰只驶入日本港口的问题。对于日本政府以及赖肖尔所关心的冷却水排放问题，国务院认为战舰可以在港口收集和存储冷却水，但是为了防止日本政府或者舆论请求美国作出承诺，限制所有核动力军舰在港口的冷却水排放，赖肖尔不能将这一消息透露给日本政府。

二　赖肖尔与核动力水面舰只访日谈判

按照国务院的上述指示，赖肖尔与日本外务省北美局局长安川

---

① Telegram from the Embassay in Japan to the Department of State, April 6, 1965, Tokyo 3163. Foreign Relations of the United States, 1964 – 1968, Volume 29, pp. 85 – 86; Cable from Edwin Reischauer to Secretary Rusk on Hopes the Japanese Will Agree to Calls by Nuclear-powered Surface Warships and Will Extend Agreement on SSNs to Cover All Warships, April 6, 1965. Declassified Documents Reference System, Farmington Hills, Mich.: Gale, 2011, Document Number: CK3100093606 – CK3100093607.

② 虽然从美国迫切希望解决核动力水面舰只停靠日本问题的逻辑性来分析，华盛顿将之搁置 5 个月显得不可思议。但是根据赖肖尔在 1965 年 4 月 6 日发给国务院的电报中所询问的问题以及 9 月 15 日国务院给东京大使馆的电报的内容判断，后者明显是对前者的直接回复。因缺乏在此期间讨论这一问题的相关文件，所以华盛顿长期搁置的原因不详。

壮秘密讨论了核动力舰只进入日本的问题。他向安川壮保证核动力水面舰只的冷却水排放要求与核潜艇相同，鉴于其安全性已经被核潜艇的访问所证明，因此，他希望能够将有关核动力水面舰只停靠日本的讨论和正式文件削减到最低限度。由于日本国会正在对《日韩基本条约》进行着激烈争论，日本政府对美国于此时提出核动力水面舰只访问问题十分敏感。安川壮在会谈中对此问题小心翼翼，保留了对赖肖尔的相关建议的评论，他认为核动力水面舰只访问日本问题应当交由更高层面决断，并建议赖肖尔大使在椎名悦三郎外相从联合国返回后与其直接交涉。依据安川壮的反应，赖肖尔判断日本政府不希望在国会完成日韩条约之前讨论核动力水面舰只访问问题，他提醒华盛顿对由此可能带来的延期要有所准备。①

虽然赖肖尔大使没有按照安川壮的建议直接与椎名讨论核动力水面舰只问题，但是安川壮履行了对赖肖尔的承诺，与椎名外相以及内阁官房长官桥本对此进行了讨论。安川告诉赖肖尔大使，日本政府的最终立场还需等待佐藤荣作首相的批准，不过美国可以放心，他们的一致看法是鉴于核动力水面舰只访问的安全因素与核潜艇相同，日本没有理由反对它们的访问。与上次会谈中安川壮对缔结相关协定的进程保留意见不同，他在此次会谈中向赖肖尔大使明确表达了日本政府期望。日本政府认为，他们当前最为迫切的任务是在国会通过《日韩条约》，为了避免反对势力利用此问题进一步发难，日本政府希望将正式接触推迟到相关舰只移交给第七舰队之后，这样日本政府在面对反对派的质问时，就可以回答尚未与美国政府正式接触。日本政府希望届时美国不要否认它的这种声明。因此安川壮询问移交的日期并希望越晚越好，这样日本政府在国会内

---

① Ambassador Edwin O. Reischauer to Secretary Rusk, September 27, 1965, Tokyo 1112 (22014). 石井修，我部政明，宫里政玄监修： 《アメリカ合衆国対日政策文書集成，第9期——日米外交防衛問題：1965 年》，第7巻，東京：柏書房 2001 年版，第 193 頁。

就会有更多的时间推动《日韩条约》的批准，同时也可以利用这段时间为正式讨论准备更多相关信息。^① 可见日本外务省或者至少是安川壮对谈判工作也很乐观，除了日本国内的政治形势外，他也不认为安全问题会成为双方迅速达成协议的巨大障碍。

美国国务院支持日本政府优先处理日韩条约问题的策略，但是鉴于距离 11 月 21 日向第七舰队移交企业号和班布里奇号的日期已经很近，因此它希望赖肖尔尽快与日本外务省进行非正式讨论，并就协议的文本达成共识，这样在需要时就可以尽快将之公布。^② 由于企业号和班布里奇号实际抵达第七舰队的时间由预计的 10 月底推迟到了 11 月底，同时也考虑到日本国会审议《日韩基本条约》的进程，美国将其预定驶入日本港口的时间推迟到了 1966 年 2 月底至 3 月初。东京大使馆向安川壮通报了美国的初步计划，要求与外务省就核动力水面舰只的入港问题进行非正式讨论，并希望最终交换的照会尽量简洁。对此，安川壮承诺日本政府内部会进行讨论，日本政府的最终决定可能会需要日本原子能委员会的批准。在核潜艇入港谈判时，兼重博士的帮助起了重要的推动作用，但是他现在已经离开了日本原子能委员会，安川壮预计核动力水面舰只的安全性问题遇到的阻力可能会加大。稍后与日本外务省安全局局长浅尾（Asao）进行非正式的工作层面讨论时，他告诉赖肖尔大使此事已经上报佐藤荣作首相，但是日本政府尚未向日本原子能委员会通报，因此双方只能就外务省所关注的问题进行讨论，之后日本原子能委员会也会提出他们的问题。

---

① Ambassador Edwin O. Reischauer to Secretary Rusk, October 8, 1965, Tokyo 1317 (06111). 石井修，我部政明，宫里政玄監修：《アメリカ合衆国対日政策文書集成，第 9 期——日米外交防衛問題：1965 年》，第 7 卷，東京：柏書房 2001 年版，第 198 頁。

② Secretary Rusk to American Tokyo Embassy, October 19, 1965, Tokyo 1151 （09796）. 石井修，我部政明，宫里政玄監修：《アメリカ合衆国対日政策文書集成，第 9 期——日米外交防衛問題：1965 年》，第 7 卷，東京：柏書房 2001 年版，第 200 頁。

1965 年 8 月，在美国核潜艇停靠的英国霍利湾发现放射性明显增长，这引起了日本的忧虑。浅尾指出，这对美国于 1964 年递交给日本政府的关于核动力舰只操作的声明构成了挑战。他承认虽然日本自己的监测可以辨明核潜艇的访问从未给佐世保带来污染，但是日本政府希望鉴于霍利湾的经验，美国能够对此进行澄清，向日本政府再次保证美国的承诺依然有效。此外，浅尾还提出照会的措辞要谨慎，在帮助备忘录中可以只提"核动力水面舰只"，从而避免反对派将之过度引申。虽然浅尾没有要求美国提供有关霍利湾事件的详细情报，但是赖肖尔认为，日本政府明显希望美国能够在此事件上更加坦诚，向他通报为避免类似事件在日本重蹈覆辙而采取的措施。①

国务院认为日本外务省没有必要担心，美国核潜艇在霍利湾辐射增加后已经多次访问英国，但英国并没有质疑美国的保证。赖肖尔按照国务院的指示告诉浅尾，美国可以接受日本外务省在措辞方面的表述，在安全性方面，美国核动力舰只在英国和日本的停靠都遵循相同的保证，霍利湾辐射量的微增并不影响美国对日本政府的这种承诺。因此，美国希望日本像对待常规动力舰只那样对待核动力水面舰只，就其驶入缔结尽量简洁的协定。浅尾对此表示接受，外务省很快就会研究帮助备忘录和美国的声明对核动力水面舰只的适用性问题。由于日本原子能委员会已经介入，外务省也会很快转交他们的问题。浅尾希望美国能够提供企业号和班布里奇号到访的外国港口名单，以推动日本政府内部的相关研究。②赖肖尔依据佐世

---

① Ambassador Edwin O. Reischauer to Secretary Rusk, November 17, 1965, Tokyo 1803 (13410). 石井修, 我部政明, 宫里政玄监修：《アメリカ合衆国对日政策文书集成，第 9 期——日米外交防衛問題：1965 年》，第 7 卷，東京：柏書房 2001 年版，第 204—205 頁。

② Ambassador Edwin O. Reischauer to Secretary Rusk, December 1, 1965, Tokyo 1959 (000369). 石井修, 我部政明, 宫里政玄监修：《アメリカ合衆国对日政策文书集成，第 9 期——日米外交防衛問題：1965 年》，第 7 卷，東京：柏書房 2001 年版，第 222 頁。

保当地对海龙号于霍利湾事件后到访的反应判断，核动力舰只的安全性在日本已经不是难以克服的困难，反对势力很难利用这一问题对核动力水面舰只的停靠发难。而且更为重要的是，佐世保政府热烈欢迎像企业号这种能给当地带来数以万计商机的大型舰只到访，这是佐世保市长秘书亲自向赖肖尔大使转达的当地政府意愿。有鉴于此，赖肖尔认为核动力水面舰只驶入日本的前景良好，最起码可以按时驶入佐世保。①

在赖肖尔大使与浅尾此次会谈的半个月后，日本外务省向美国大使馆转交了日本原子能委员会对核动力水面舰只访问所关心的问题：

A. 核动力水面舰只比核潜艇拥有更多反应堆，因而事故波及的范围会更广。希望获知美国为阻止此类事故以及对此类事故影响的评估；

B. 美国关于核潜艇的声明和备忘录中有关放射性排放的保证是否适用于更大结构的舰只；

C. 虽然核潜艇不影响正常海上交通，但是鉴于企业号的规模，是否有必要采取特殊海上管制以避免发生事故；

D. 核动力水面舰只放射性废弃物的处理标准及记录；

E. 美国对霍利湾污染的评估信息；

F. 包括核动力水面舰只在内的核舰只事故信息。

对于日本原子能委员会的疑问，赖肖尔当场答复了日本外务省：关于 B 项已经包含在了帮助备忘录的草案中，美国的保证完全适用于核动力水面舰只；C 项也涵盖在美国的声明中，即核动力水面舰只港口交通的考虑与同样结构的常规动力舰只一样。对于日本

---

① Ambassador Edwin O. Reischauer to Secretary Rusk, December 2, 1965, Tokyo 1953 (001278). 石井修，我部政明，宫里政玄監修：《アメリカ合衆国対日政策文書集成，第 9 期——日米外交防衛問題：1965 年》，第 7 卷，東京：柏書房 2001 年版，第 223—225 頁。

原子能委员会所关心的核动力水面舰只事故以及霍利湾事件，美国已经向日本提供了相关信息，没有新的信息可以提供。赖肖尔虽然如此答复日本外务省，同时他也完全清楚华盛顿在这些问题上的态度，但他还是希望华盛顿能够向日本作出更完整的答复。赖肖尔在答复日本外务省的同时，希望日本政府能够避免长时间讨论和提出一系列问题。对此日本外务省表示，他们是否还有问题将取决于日本原子能委员会是否满意美国对上述问题的答复。① 美国国务院和国防部肯定了赖肖尔大使对日本外务省的这种答复，对于他所要求的更为完整的答复，华盛顿指示赖肖尔，美国有关核动力舰只事故影响的评估涉及美国海军核动力数据的保密问题，因此，不可能提供给日本。但是讨论中赖肖尔可以向日本政府保证"核动力水面舰只的安全性方面都经过了美国原子能委员会的评估"，美国的安全保证是建立在这一评估结果之上的。对于霍利湾事件，华盛顿没有新的信息，如有必要，赖肖尔可以向日本政府重申，霍利湾的发现不会改变美国对核潜艇反应堆安全性的保证，并强调核动力水面舰只的推进器从未发生过任何事故。②

赖肖尔在将华盛顿的意见转达给日本政府后的数次会谈中，不断地向外务省表达希望企业号和班布里奇号尽早访问的愿望，强调两国迅速就核动力水面舰只停靠问题达成谅解的重要性。对于赖肖尔的催促，日本外务省安全局局长浅尾于 1 月 21 日告诉赖肖尔，外务省已经完成了会谈文件的准备工作，只待椎名外相从莫斯科返回批准后即可交给大使馆。虽然浅尾拒绝透露具体内容和外务省内

① Ambassador Edwin O. Reischauer to Secretary Rusk, December 15, 1965, Tokyo 2114 (061142). 石井修，我部政明，宫里政玄監修：《アメリカ合衆国对日政策文書集成，第 9 期——日米外交防衛問題：1965 年》，第 7 卷，東京：柏書房 2001 年版，第 233—234 頁。

② Secretary Rusk to American Tokyo Embassy, December 30, 1965, Tokyo 1901（15423）. 石井修，我部政明，宫里政玄監修：《アメリカ合衆国对日政策文書集成，第 9 期——日米外交防衛問題：1965 年》，第 7 卷，東京：柏書房 2001 年版，第 245—246 頁。

部是否需要继续讨论，但是他向赖肖尔保证将会作出有利于美国的答复。根据同浅尾的会谈，赖肖尔认为核动力水面舰只访问横须贺会遇到障碍。一方面，与日本国内政治相关。长期以来，日本政府都希望将防卫厅的级别升级到省级，为此日本自民党每届国会都会准备相应的法案，但是都未能向国会实际提出，今年取得了突破性进展，终于正式提交国会。日本自民党在本届国会中没有提出其他重要的法案，因此此次对升级防卫厅的法案颇为重视，希望能够一次通过。日本政府认为在该法案实际生效前，美国将核潜艇或核动力水面舰只驶入横须贺将会危及它的通过，因此希望将核动力水面舰只的首次访问安排在日本国会结束之后。另一方面，日本原子能委员会希望核潜艇能够先于核动力水面舰只访问横须贺。这样日本部署在横须贺的监测设施就可以启动监测程序，并为核动力水面舰只的访问确立背景辐射的基础。对此，赖肖尔大使一边继续向日本外务省施压，希望在确定企业号和班布里奇号访问日本的计划之前完成相关准备工作。同时在向国务院的汇报中，他建议先等日本方面的会谈文件，确认日本的最终反应，然后再就核动力水面舰只首次访问的时间和地点问题与日本政府交涉。①

日本原子能委员会和科技厅对美国就核动力水面舰只安全性的答复仍有疑虑。因此在等待椎名外相批准外务省的会谈文件期间，日本外务省于 1 月 27 日向美国提出了日本原子能委员会所关心的一系列新问题：

A. 核动力水面舰只在佐世保或横须贺停靠时的目标区域；

B. 因为美国声明"核潜艇的活动对港口交通的影响将不会比其他潜艇多，而且要比其他大型战舰的影响小"，由此日本认为核

① Ambassador Edwin O. Reischauer to Commander in Chief, Pacific, January 25, 1966, Tokyo 2579 (019087). 石井修, 我部政明, 宫里政玄監修：《アメリカ合衆国对日政策文書集成，第 10 期——日米外交防衛問題: 1966 年》，第 6 卷，東京：柏書房 2002 年版，第 141—142 頁。

动力水面舰只对港口交通的影响要比核潜艇多，因此希望美国提供为畅通这些大型舰只的港口交通而采取的具体措施；

C. 日本认为 1954 年由美国核动力部门制定的放射性污染物处理标准只适用于核潜艇，这与美国声称的核动力水面舰只与核潜艇的标准一样产生了冲突，因此，日本希望澄清该处理标准是否完全适用核动力水面舰只；

D. 由于霍利湾事件，日本质疑美国对反应堆安全性的保证，希望美国能够给出霍利湾事件"不构成改变之前有关核潜艇反应堆安全性保证的基础"的理由；

E. 日本希望有一个关于霍利湾放射性仍在继续或者是已经消失的声明。

外务省希望赖肖尔大使能够谅解日本原子能委员会的疑虑，并保证日本原子能委员会提出这些问题并不意味着停止准备工作，而是日本确实需要这些信息在国会内抵御反对派对日本政府的质询和指责。日本原子能委员会提出的这些新问题，大部分已经由美国大使馆在答复它第一次的疑问中作出了回答。因为美国　直表示包括企业号在内的核动力水面舰只应当以同型号的常规舰只的方式对待，赖肖尔对通报核动力水面舰只港口具体交通措施的要求颇为不满，他直言不讳地表示无法理解日本原子能委员会认为核动力水面舰只会影响港口交通的逻辑。面对赖肖尔的质问，日本外务省表示对企业号这种规模的舰只入港停靠没有采取特殊措施的答复感到满意。对于日本有关反应堆安全性的质疑，赖肖尔认为这明显是日本原子能委员会不满意美国就霍利湾事件所提供的相关信息，并且按照他们预测的在核动力水面舰只驶入日本的问题上，日本社会党和日本共产党对他们进行刁难的相同方式，对美国有关核反应堆安全性的声明吹毛求疵。赖肖尔大使告诉日本外务省，对于霍利湾事件美国没有新信息可以提供。关于美国核舰只的安全性问题，对核潜艇停靠佐世保期间的放射性监测，日本已经完成了 8 次，所以日本应该很清楚佐世保背景环境的放射性并没有因核潜艇的到访发生变化，因此美国的安全性保证依然有效。为了进一步消除日本政府在反应堆安全性上的疑虑，并帮助日本原子能委员会在国会克服因霍利湾事件带来的困难，赖肖尔认为，除建议由华盛顿向日本政府声明"霍利湾放射性的增加比苏联或中国大气核试验的放射性尘埃带来的结果要安全得多"之外，他对此别无良策。①

在日本原子能委员会对核动力水面舰只的安全性审查举步不前时，日本国内的舆论和政治动向也影响了对企业号访问的实际安排，这引起了赖肖尔大使的忧虑。1966 年 1 月 26 日，日本媒体突然宣称佐藤荣作发表声明，表示他"不认为美国核动力军舰将会访问横须贺"。日本媒体将之解释为佐藤确定美国将不会轻易向日本政府提出访问横须贺这一如此靠近东京港口的要求，并认为这一声明是对最近日本媒体有关企业号将在近期访问横须贺报道的回应。为此赖肖尔大使指令埃默森专程拜会日本外务省北美局局长安川壮，要求日本政府澄清此事。面对美国大使馆的质问，安川壮表示外务省事前没有得到佐藤首相会作出此种声明的暗示，他告诉埃默森，佐世保市副市长也要求外务省对此作出解释，并威胁说如果日本政府在美国核舰只访问佐世保和横须贺问题上采取区别对待的政策，佐世保官方将会停止与日本政府的合作。因此，外务省现在比美国大使馆更为忧虑，椎名外相会尽快与佐藤首相澄清此事。由于日本外务省不能给出满意的答复，赖肖尔大使向华盛顿提出，作为临时应对措施，如果被媒体问起此事，他将会确认已经与日本政府非正式地讨论过核军舰的访问问题，希望华盛顿相关部门与他保持

---

① Ambassador Edwin O. Reischauer to Secretary Rusk, January 27, 1966, Tokyo 2615 (021208). 石井修, 我部政明, 宫里政玄監修：《アメリカ合衆国対日政策文書集成，第 10 期——日米外交防衛問題：1966 年》，第 6 卷，東京：柏書房 2002 年版，第 145—147 頁。

一致。①

2月3日，安川壮就此答复美国大使馆，媒体是在对佐藤的讲话捕风捉影，佐藤首相会寻找适当时机对此进行说明。同时安川壮还转达了佐藤荣作的个人请求，出于国内政治原因，他希望美国将核动力水面舰只对日本的首次访问延期至日本国会结束之后。对此，安川壮希望美国不要将之理解为日本政府在以任何方式否认美国依据《安保条约》将它们驶入日本的合法权利。除非美国有紧急军事需求，日本政府希望双方尽快完成有关核动力水面舰只访问的协定，并确定其首次访问的具体日期，然后在日本国会结束之前先将访问计划暂时搁置起来。根据安川壮转达的佐藤荣作的个人意见以及对日本国会的预期，美国大使馆认为，核动力水面舰只对日本的首次访问可能要延期至6月，甚至更晚才能实现，并建议华盛顿首先安排核潜艇对横须贺的首访。②

按照安川壮转达的承诺，佐藤荣作在2月14日借参议院审计委员会上日本共产党议员的询问之机，表明了他对美国核动力水面舰只访问的态度。佐藤说"当前尚未从美国收到核动力水面舰只访问日本港口的正式建议，如果在未来收到此种建议，只要舰只的安全性得到保障，并且明确这不会引入核武器，他将会依据《安保条约》批准其访问"，而且在他看来，只要舰只的安全性得到确认，那么它们访问佐世保或横须贺将不会有区别。③ 在赖肖尔看来，佐

① Ambassador Edwin O. Reischauer to Secretary Rusk, January 27, 1966, Tokyo 2613 (021209). 石井修，我部政明，宫里政玄监修：《アメリカ合衆国对日政策文书集成，第10期——日米外交防衛問題：1966年》，第6卷，東京：柏書房2002年版，第143—144页。

② American Tokyo Embassy John Emmerson to Secretary Rusk, February 3, 1966, Tokyo 2684 (002058). 石井修，我部政明，宫里政玄监修：《アメリカ合衆国对日政策文书集成，第10期——日米外交防衛問題：1966年》，第6卷，東京：柏書房2002年版，第151—152页。

③ Ambassador Edwin O. Reischauer to Secretary Rusk and Commander in Chief, Pacific, February 15, 1966, Tokyo 2843 (011828). 石井修，我部政明，宫里政玄监修：《アメリカ合衆国对日政策文书集成，第10期——日米外交防衛問題：1966年》，第6卷，東京：柏書房2002年版，第157页。

藤荣作公开支持核动力水面舰只访问，一方面是为了澄清之前媒体对他讲话的猜测，另一方面也是向美国表明他的积极态度，希望美国能够谅解他在国内面临的压力。

待日本高层的态度明确以后，美国国务院就日本原子能委员会的一系列新问题做出了答复：赖肖尔大使可以向日本政府通报核动力水面舰只在佐世保和横须贺停靠的目标位置，这些位置都经过了美国原子能委员会和海军作战部的审查，而且美国也会接受东道国在停靠位置方面的意见；关于日本所关心的港口交通以及反应堆安全性方面，美国的答复没有变化；关于霍利湾事件，英国官方已经公开声明放射水平正在降低，因此赖肖尔大使只应当重申，霍利湾的发现不构成改变之前美国帮助备忘录和声明中为核潜艇确立的保证的基础，除此之外赖肖尔无须对其进行进一步解释，因为那样将会涉及对"环境整体背景放射性"的定义的讨论，与日本政府卷入这种讨论并不符合"我们"的利益。①

为了推动日本政府尽快就核动力水面舰只的访问作出决定，赖肖尔大使希望借鉴海龙号首次访问时的经验，邀请日本相关人士在企业号访问之前登舰参观。在与第七舰队司令以及驻日海军司令协商后，他向日本外务省提出了这一邀请。但是日本外务省内部经过商讨并与日本防卫厅以及日本原子能委员会讨论后谢绝了赖肖尔大使的邀请。日本外务省认为，日本政府承认美国有依据《安保条约》将核动力水面舰只驶入日本港口的合法权利，这一立场不会因政府官员访问企业号而得到加强或改变，但是此种访问却会吸引民众、媒体以及在野党和左翼反对势力的注意力，怀疑日本政府对美国核舰只的安全性或其他方面存在疑虑。因此日本外务省认为，当

① Department of State to American Tokyo Embassy, February 20, 1966, Tokyo 2443 (1198?). 石井修, 我部政明, 宫里政玄监修：《アメリカ合衆国対日政策文書集成，第 10 期——日米外交防衛問題：1966 年》，第 6 卷，東京：柏書房 2002 年版，第 158—160 頁。

前最好的策略是将核动力水面舰只淡出民众的视野，日本政府从美日安全关系入手，加强对民众在防务方面的教育。①

日本外务省告诉赖肖尔，当前的障碍来自日本科技厅，它们对美国有关核动力水面舰只安全性的答复不满，它们要求获得更为详细的信息。因此，外务省希望能像核潜艇访问之前两国的接触那样，派出美国原子能委员会专家与日本科技厅讨论有关核动力水面舰只安全性和操作方面的问题。赖肖尔认为双方就核潜艇安全性的讨论效果良好，但是现在日本原来的专家兼重已经退休，而且美国原子能委员会驻日本的代表也出现了空缺，因此他希望华盛顿能够满足日方的要求，派出专家在允许的范围内与日本进行相关讨论。他认为，即使讨论并不能给日本提供更多的信息，这也会成为推动与日本政府完成核动力水面舰只访问协定的最好和最快的方式。②

按照美国海军的部署，企业号核动力航空母舰将于 6 月 20 日离开西太平洋地区，华盛顿希望企业号在启程前的 6 月 12—15 日访问横须贺。③ 因此为了加快谈判进程，华盛顿按照赖肖尔大使的建议，派出了里科弗将军和美国原子能委员会海军反应堆局副主任韦格纳（Wegner）于 4 月 23 日与日本专家进行了相关讨论。日本原子能委员会对此非常满意，很快就向日本政府提交了它们的评估意见。日本外务省安川壮表示，虽然他没有权力缔结协定，现在也不能就核动力水面舰只的首次访问作出明确答复，但

---

① American Tokyo Embassy John Emmerson to Commander of Seventh Fleet, February 28, 1966, Tokyo 3010 (023099). 石井修，我部政明，宫里政玄监修：《アメリカ合衆国対日政策文書集成，第 10 期——日米外交防衛問題：1966 年》，第 6 卷，東京：柏書房 2002 年版，第 162—163 頁。

② Ambassador Edwin O. Reischauer to Secretary Rusk, March 23, 1966, Tokyo 3313 (20301). 石井修，我部政明，宫里政玄监修：《アメリカ合衆国対日政策文書集成，第 10 期——日米外交防衛問題：1966 年》，第 6 卷，東京：柏書房 2002 年版，第 167—168 頁。

③ Under Secretary of State George W. Ball to American Tokyo Embassy, April 16, 1966, Tokyo 2981 (09045). 石井修，我部政明，宫里政玄监修：《アメリカ合衆国対日政策文書集成，第 10 期——日米外交防衛問題：1966 年》，第 6 卷，東京：柏書房 2002 年版，第 176—178 頁。

是他会推动尽快缔结相关协定，以便及时实现企业号原定在 6 月中旬的访问。①

　　1966 年 5 月底，安川壮通知美国大使馆，日本外务省已经在准备有关核动力水面舰只访问的照会，他认为双方达成协议，尽早实现访问已经没有障碍。由于国会内自民党和社会党正在就《国际劳工组织条约》进行着激烈的争论，日本政府担心核动力水面舰只的访问会为日本社会党提供新的火药，因此，希望首次访问在日本国会休会之后再进行，并询问赖肖尔是否可以在 7 月中旬进行访问。赖肖尔也希望企业号能够在此次停留西太平洋期间实现对日本的首次访问。鉴于日本强烈反对企业号在 6 月访问日本，他希望企业号和班布里奇号能够为实现在 7 月中旬访问日本而推迟离开西太平洋的行程。② 国务院答复赖肖尔，企业号和班布里奇号的行程不会改变，仍于 6 月 20 日离开西太平洋，因此它们访问日本的最后日期可以是 6 月 15—18 日。核动力水面舰只重新部署到西太平洋要等到 1966 年年底，华盛顿不希望将首次访问延期数月之后进行，因此国务院指示赖肖尔大使，可以将核动力水面舰只离开西太平洋的日期告诉日本政府，从而使日本政府改变主意，允许企业号在 6 月 20 日之前访问日本。③ 佐藤首相和椎名外相并没有为之所动，仍然坚持认为出于日本国内政治形势的考虑，要求推迟核动力水面舰只的访问。赖肖尔大使希望华盛顿能够尊重日本政府对时局的判断，

　　① Ambassador Edwin O. Reischauer to Secretary Rusk, May 4, 1966, Tokyo 3803（02416）. 石井修，我部政明，宫里政玄监修：《アメリカ合衆国对日政策文书集成，第 10 期——日米外交防衛問題：1966 年》，第 7 卷，東京：柏書房 2002 年版，第 7 頁。

　　② Ambassador Edwin O. Reischauer to Secretary Rusk, May 27, 1966, Tokyo 4133（25187）. 石井修，我部政明，宫里政玄监修：《アメリカ合衆国对日政策文书集成，第 10 期——日米外交防衛問題：1966 年》，第 7 卷，東京：柏書房 2002 年版，第 129—30 頁。

　　③ Under Secretary of State George W. Ball to American Tokyo Embassy, June 3, 1966, Tokyo 3431（02758）. 石井修，我部政明，宫里政玄监修：《アメリカ合衆国对日政策文书集成，第 10 期——日米外交防衛問題：1966 年》，第 7 卷，東京：柏書房 2002 年版，第 52 頁。

建议国务院取消企业号 6 月的原订访问计划。[①]

三 核动力水面舰只访日计划的延期

由于日本政府的反对，美国只能被迫放弃在 1966 年上半年实现核动力水面舰只首次访问日本的计划，将目标时间延期至企业号在年底重返西太平洋之时。赖肖尔意识到自己已经不可能实现将核动力水面舰只驶入日本的壮举之后，将更多的精力用在了稳固核潜艇对日本港口的利用上。因此，两国就核动力水面舰只的交涉明显放慢，直至 6 月 27 日，在日本政府内部经过一个多月的讨论后，才就有关核动力水面舰只访问日本的帮助备忘录和照会文本草案达成共识。[②] 国务院全盘接受了日本外务省提出的照会文本，但是对

---

① Ambassador Edwin O. Reischauer to Secretary Rusk, June 8, 1966, Tokyo 4266（07551）. 石井修，我部政明，宫里政玄监修：《アメリカ合衆国対日政策文書集成，第 10 期——日米外交防衛問題：1966 年》，第 7 卷，東京：柏書房 2002 年版，第 54 頁。

② 日本外务省向美国大使馆递交的协定草案如下：帮助备忘录文本：A. 最近大使馆的代表和外务省的代表就美国核动力水面舰只访问日本问题进行了讨论。鉴于这些战舰与美国海军的其他水面舰只仅在推动系统存在区别，以及它们的访问并不在《日美安保条约》的事前协商范围之内，美国政府意识到日本人民的关注，就如同核潜艇访问那样，因此选择在实施它的条约权利之前与日本政府讨论这一问题。B. 大使馆的代表指出美国政府关于美国核动力舰只在国外港口操作的声明，不仅适用于核潜艇，而且也适用于他的核动力水面舰只在任何外国港口和水域的操作。C. 他们声明，关于核潜艇访问的 1964 年 8 月 17 日帮助备忘录的所有方面，包括放射废弃物的处理，同样适用于美国核动力水面舰只。美国核动力水面舰只访问日本的安全标准同样适用于它们访问美国港口的标准。他们声明美国核动力水面舰只对其打算停泊地点附近的居民不构成危害，安全分析是建立在最大可能的事故基础上的。大使馆还声明核动力水面舰只的港口交通问题与同型号的常规动力舰只相同。照会文本：A. 美国："关于建议的美国核动力水面舰只访问日本，美国大使馆代表荣幸地指出美国政府关于美国核动力舰只在海外港口的操作的 1964 年 8 月 24 日的声明。大使馆进一步荣幸地向外务省保证，在它们访问日本港口和水域时，核动力水面舰只将会按照上面声明中所提到的备忘录进行操作。"B. 日本的复照："外务省，关于美国核动力水面舰只访问日本，很荣幸地通知收到了美国大使馆×× 日的照会。外务省注意到美国核动力水面舰只访问日本将会按照美国照会中所提的美国政府声明进行，并且认为访问是依据《日美安保条约》，外务省进一步荣幸地确认它对访问没有意见。"Ambassador Edwin O. Reischauer to Secretary Rusk, June 27, 1966, Tokyo 4595（26470）. 石井修，我部政明，宫里政玄监修：《アメリカ合衆国対日政策文書集成，第 10 期——日米外交防衛問題：1966 年》，第 7 卷，東京：柏書房 2002 年版，第 64—66 頁。

于帮助备忘录，国务院鉴于美国不会给予某一东道国特殊保证，因而认为作出适当修改才能接受。为避免因核动力水面舰只与核潜艇的不同而给其停靠带来额外限制，国务院希望明确限定适用于核动力水面舰只的是 1964 年帮助备忘录中有关核反应堆的安全性（包括放射性废弃物的处理）以及赔偿责任方面的共识。①

直到赖肖尔大使于 8 月 19 日离任返回华盛顿之时，日本仍未对美国的修改意见作出答复。赖肖尔大使离任后，虽然美日两国就帮助备忘录应当遵循的原则没有分歧，但是直到 1967 年 5 月双方才就备忘录的基本表述达成一致。而此时日本政府又因为在国会内面临的困境，希望将访问延期至 7 月之后。在两国外交机构于 8 月商定交换相关文件的程序后，美国大使馆于 9 月 7 日正式向日本外务省提出了核动力水面舰只访问日本的要求。1967 年 10 月底至 11 月初，美国大使馆和日本外务省完成了核动力水面舰只访问日本的备忘录和照会的交换工作，并最终确定企业号在 1968 年 1 月 20 日首次访问日本佐世保港。自此，经过赖肖尔和约翰逊两任大使的努力，美国海军完整使用日本海军基地的目标终于实现。

小　结

为美国提供军事基地，是在《美日安保条约》下日本的基本义务。美国之所以在将由核能作为动力的海军舰只驶入日本海军基地前与日本协商，是因为日本人对原子能的特殊感情。赖肖尔大使作为谈判的直接执行者和两国沟通的桥梁，他对日本国内政治形势

---

① Under Secretary of State George W. Ball to American Tokyo Embassy, July 3, 1966, Tokyo 4605（04605）. 石井修，我部政明，宫里政玄監修：《アメリカ合衆国対日政策文書集成，第 10 期——日米外交防衛問題：1966 年》，第 7 卷，東京：柏書房 2002 年版，第 68—70 頁。

的解读就成为华盛顿决策的重要依据。从赖肖尔正式向日本政府提出接受美国核潜艇停靠的要求，到海龙号核潜艇开创访问日本港口的局面，其谈判之所以历时两年之久，主要因为核武器问题在日本国内政治中的敏感性。当核潜艇的安全性得到保证之后，问题也就随之迎刃而解。但是随着美国越来越深地卷入越南战争中，日本国内政治进程的限制性就越加明显。这就导致了这样一种两难局面的出现：一方面是赖肖尔大使对扩大美国核舰只对日本港口的利用信心满满；另一方面实际情况却使他与日本政府的谈判迟迟无法取得进展。赖肖尔依然坚持按部就班，为贯彻其"美日平等伙伴关系"的理念，在日本政府准备充分之后再推动美国海军舰只实施到访。在整个过程中，赖肖尔对日本时局的把握，充分显示了他作为日本问题专家在认识日本国情方面的优势。美日两国通力合作，在教育日本国民接受美国核动力舰只到访问方面起到了很好的作用。

第四章

赖肖尔与美日东南亚
开发合作

美日平等伙伴关系，不仅体现在双边关系层面。美日两国在东南亚地区的合作，则表明其伙伴关系进一步深化到国际事务的合作层面。由于经济发展不平衡，第二次世界大战后独立的东南亚国家陷入了长期的动荡之中。为了在全球范围内与苏联争夺新兴国家，美国承担起了对东南亚不发达国家的援助责任，并且其负担越来越重。肯尼迪上台后面临的是艾森豪威尔时期黄金大量外流的残局，这使他在维持国际收支平衡和继续援助不发达国家间面临两难选择。面对不断恶化的国际收支状况，美国开始寻求其他国家的合作。具体到东南亚地区，美国则寄希望于日本，不断寻找适当的途径，使日本分担美国在这一地区的责任。

第一节　战后经济处理与
对东南亚援助

肯尼迪政府和池田政府都希望通过解决两国财政收支平衡问题来改善两国关系。肯尼迪政府刚成立不久，池田就寻求访美与肯尼迪会见。美国也有相同的意向，国务院认为，这不仅会密切两国关系，而且也会建立总统与首相之间的私人联系。① 在确认池田访美后，日本方面的亲善之举更为明显。在前首相吉田茂、岸信介以及自民党实力派领导人佐藤荣作等人的支持下，池田勇人决定在出访之前，就美日两国长期争议的战后美国 "占领地区政府救济资金"（GARIOA）问题达成初步解决意向，以消除两国关系深化的障碍，同时密切两国在对不发达国家经济援助方面的合作。② 实际上，池田勇人对向美国返还 "占领地区政府救济资金" 一事并不陌生，在该问题产生之初，代表日本政府高层与美国接触的正是池田勇人。

一　美日关系中的 "占领地区政府救济资金"

第二次世界大战结束后，美国代表盟国单独占领日本时期，向日本提供了大约 20.456 亿美元的经济援助。1953 年 2 月，美国与联邦德国签署战后经济援助返还协定后，艾森豪威尔政府开始考虑日本返还 "占领地区政府救济资金" 一事，初步计划要求日本分 32 年，每年向美国偿还 3200 万美元，共计 10.24 亿美元的救济资金。③ 1953 年 10 月，时任日本自民党政务调查会会长的池田勇人作为吉田茂首相的特使赴美，寻求美国的进一步援助。美国决定利用这一机会推动解决 "占领地区政府救济资

---

① Appointment with Ambassador Asakai of Japan, January 27, 1961. Digital National Security Archive, Japan and the United States: Diplomatic, Security, and Economic Relations, 1960 – 1976. ProQuest LLC., 2008. JU00083

② Meeting of Eisaku Sato and William Leonhart, April 15, 1961. Digital National Security Archive, Japan and the United States: Diplomatic, Security, and Economic Relations, 1960 – 1976. ProQuest LLC., 2008. JU00094.

③ Memorandum by the Director of the Office of Northesat Asian Affairs (Young) to the Assistant Secretary of State for Far Eastern Affairs (Robertson): Policy on Loans to Japan, April 28, 1953. Foreign Relations of the United States, 1952 – 1954, Volume XⅣ, China and Japan, part2, pp. 1416 – 1421.

金"问题。① 池田勇人与远东事务助理国务卿沃尔特·罗伯逊
（Walter S. Robertson）就日本防务建设、美国对日援助、战后美国
对日经济援助处理、日本对东南亚的赔偿、对日投资以及对华贸易
等问题进行了长达一个月的会谈。池田在美期间，美国国务院、国
防部、财政部以及美国驻日大使馆讨论后决定按照美国与联邦德国
确定的先例，要求日本分 35 年返还 7.5 亿美元。② 在会谈期间，虽
然罗伯逊一再向池田强调尽早解决"占领地区政府救济资金"的重
要性，但是池田除了承认"占领地区政府救济资金"不是美国的赠
予，日本对此负有偿还的义务外，并不愿对日本返还的具体数额作
出任何承诺。③ 池田认为，鉴于很多国家正在要求日本进行战争赔
偿，日本没有能力向美国支付该笔资金，而且这也会引发日本国内
纠纷，进而对美日关系的发展产生不利影响。美国接受了池田勇人
的解释。作为妥协，池田则同意双方尽快在东京就如何缔结解决这
一问题的协定进行谈判，并将这一共识写入最终的联合公报中。④

---

① The Ambassador in Japan (Allison) to the Department of State, September 7, 1953 (033.941/
9 - 753); Memorandum by the National Advisory Council Staff Committee to the Council: Settlement of
Postwar Economic Assistance to Japan (NAC Document No. 128), September 15, 1953 (NAC files,
lot 60 D 137). Foreign Relations of the United States, 1952 - 1954, Volume XIV, China and Japan,
part2, pp. 1497 - 1502; pp. 1505 - 1506.

② The Secretary of State to the Embassy in Japan, October 20, 1953 (033.9411/10 - 2053:
Telegram); The Secretary of State to the Embassy in Japan, October 22, 1953 (033.9411/10 - 2253:
Telegram). Foreign Relations of the United States, 1952 - 1954, Volume XIV, China and Japan, part2,
pp. 1534 - 1536; pp. 1538 - 1539.

③ The Secretary of State to the Embassy in Japan, October 28, 1953 (033.9411/10 - 2853:
Telegram). Foreign Relations of the United States, 1952 - 1954, Volume XIV, China and Japan,
part2, p. 1542.

④ 池田特使·ロバートンソ国務次官補会談，共同声明，会談内容，新聞発表（Ikeda-Ro-
bertson Talks）（1953 年 10 月 5 日 ~ 30 日）。細谷千博，有賀貞，石井修，佐々木卓也：《日米関
係資料集：1945—97》，東京：東京大学出版会 1999 年版，第 233—252 頁；Memorandum of Con-
versation, by Edward G. Platt of the Executive Secretariat, October 30, 1953 (Secretary's Memorandum
of Conversation, Lot 64 D199); The Secretary of State to the Embassy in Japan, November 2, 1953
(033.9411/10 - 2353). Foreign Relations of the United States, 1952 - 1954, Volume XIV, China
and Japan, part2, pp. 1548 - 1549; p. 1551.

　　按照上述协议，美日两国于 1953 年 11 月 15 日开始在东京就如何解决日本返还"占领地区政府救济资金"问题进行初步接触，双方对日本应返还的数额分歧很大。1954 年 5 月，正式谈判开始后，美国方面要求日本偿还 7 亿美元，分 30 年还清，年息 2.5%；但是日本大藏省和外务省只同意返还 5.5 亿—6 亿美元，并且是在 5 年后才开始按照年息 2.5% 分 30 年还清。日本对资金的偿还还提出了两个附加条件：一是允许日本在外汇状况恶化时延期偿还；二是允许日本以日元支付前 5—7 年的还款，并要求美国将这笔资金返还给日本，用于日本的经济发展或东南亚经济开发，日本政府保证专款专用。日本的反提案与美国的预期出入很大，因此，美国拒绝接受日本提案中的数额。但是对于这笔资金的使用安排，当时负责与日本谈判的美国驻日大使艾利逊认为，日本的提案与美国的设想并无本质上的区别，利用这笔资金帮助日本恢复它与东南亚国家的政治和经济关系符合美国的利益。因此，艾利逊倾向于在这一方面接受日本政府的建议。[1] 日本国内的政治斗争很快就终结了这一积极趋势。吉田茂疲于应对重返政界的鸠山一郎、重光葵等人的挑战，无力解决在国内容易引起巨大争议的返还美国战后对日经济援助问题，而于 1954 年年底取代吉田茂出任首相的鸠山一郎，对该问题则有着不同的认识。在这种情况下，虽然美国在对日政策中，明确提出尽快解决包括"占领地区政府救济资金"在内的因战争和占领日本而引发的财产要求[2]，但是面对日本的政局，美国不得不

① The Ambassador in Japan（Allison）to the Department of State, August 24, 1954（794.5 MSP/8 - 2454）. Foreign Relations of the United States, 1952 - 1954, Volume XIV, China and Japan, part2, pp. 1712 - 1713.

② National Security Council Report NSC5516/1: U. S. Policy toward Japan. Foreign Relations of the United States, 1955 - 1957, Volume XXIII, part1, pp. 52 - 62; Digital National Security Archive, Presidential Directives on National Security from Truman to Clinton, ProQuest LLC., PD00456.

静待保守政权的出现。①

美国所期待的保守政权在 1957 年岸信介出任日本首相后终于出现。考虑到日本的国际收支平衡问题,美国没有在岸信介首次出访美国时在"占领地区政府救济资金"问题上向他发难,但是日本此时已经表现出积极姿态。岸信介首相和大藏大臣一万田尚登(Hisato Ichimada)承认,这个问题是"我们必须要解决的问题",并希望在与印度尼西亚就赔偿问题达成协议后,尽快解决这一问题。② 尽管如此,美日两国在岸信介任期内仍然未能达成一致,但是双方在日本应当返还的数额方面的意见日益接近。

1960 年 1 月,岸信介为签署《美日新安保条约》而访美,美国相关职能部门希望赫特国务卿和艾森豪威尔总统能够直接出面与岸信介交涉此事,从而推动两国在 1961 年能够尽快展开秘密谈判,寻找到双方都能接受的方案。③ 在 1 月 19 日举行的首脑会谈中,艾森豪威尔向岸信介指出,美日关系中的诸多障碍随着《美日新安保条约》的签订而消除,长期拖延不决的"占领地区政府救济资金"问题成为两国间存在的唯一重大问题,这将会为政客们所利用,从而有损两国的友好关系。艾森豪威尔向岸信介表示,鉴于尽快解决"占领地区政府救济资金"问题对两国的迫切性,他并不介意日本返还的具体金额,双方在美国提出的 6.43 亿美元和日本提出的 5.5 亿美元之间达成的任何方案他都能接受。对此,岸信介向艾森豪威

---

① Memorandum of a Conversation: Third Meeting with Shigemitsu, August 31, 1955. Foreign Relations of the United States, 1955 – 1957, Volume XXⅢ, part1, pp. 111 – 116.

② Memorandum From the Assistant Secretary of State for Far Eastern Affairs (Robertson) to the Secretary of State: Follow-up Actions on Kishi Visit, August 16, 1957; Telegram From the Department of State to Embassy in Japan, September 25, 1957. Foreign Relations of the United States, 1955 – 1957, Volume XXⅢ, part1, pp. 443 – 448; pp. 507 – 508.

③ Visit of Prime Minister Kishi, January 13, 1960; Your Meeting with Prime Minister Kishi, January 14, 1960. Digital National Security Archive, Japan and the United States: Diplomatic, Security, and Economic Relations, 1960 – 1976. ProQuest LLC., 2008. JU00024; JU00029.

尔明确承诺，他会积极推动解决日本的这一战后责任问题，[①] 并且
在与国务卿赫特讨论具体安排时表示，鉴于日本已经与东南亚国家
缔结了赔偿协定，日本政府没有了因偿还对美债务而在东南亚地区
带来不利影响的后顾之忧，因此日本政府将会迅速推动"占领地区
政府救济资金"问题的解决。岸信介保证他返回东京后就会在外务
省和美国驻日大使馆之间开始工作层面的会谈，以奠定双方在《美
日新安保条约》完成后进行正式会谈的基础。国务卿赫特也不希望
因"占领地区政府救济资金"谈判问题而使《美日新安保条约》
的批准受阻，因此他接受了岸信介的这种安排，并依据麦克阿瑟大
使的建议，同意双方秘密进行工作层面的会谈。[②]

二 赖肖尔与返还"占领地区政府救济资金"谈判

岸信介因面临国内反安保斗争而未能与美国就返还"占领地区
政府救济资金"达成协议，这一问题随之移交给了于 1960 年 7 月
继任的池田勇人。池田勇人出任首相后继承了岸信介的立场，并向
美国承诺会尽快达成协定。池田勇人上台后面临的最重要的问题，
是缓和反安保斗争引发的日本国内政治的极端对立。为了减少解决
返还"占领地区政府救济资金"问题在日本遇到的阻力，美国同意
池田勇人先稳定政局，待日本 11 月国会大选结束之后双方再开始
谈判，并就解决方案尽快达成协定。[③] 池田勇人在 11 月的大选中大
获全胜，巩固了自己的地位，自民党高层很快就统一了意见，全力

① U. S-Japanese Relations, January 19, 1960; Visit of Prime Minister Kishi to Washington, D. C. (January 17 – 21 1960), January 19, 1960. Digital National Security Archive, Japan and the United States: Diplomatic, Security, and Economic Relations, 1960 – 1976. ProQuest LLC., 2008. JU00031; JU00032.

② Memorandum of Conversation: U. S. -Japanese Economic Problems, January 19, 1960. Foreign Relations of the United States, 1958 – 1960, Volume XVIII Japan; Korea. pp. 268 – 271.

③ Memorandum of Conversation: Visit of Japanese Finance Minister (Mikio Mizuta), September 30, 1960. Foreign Relations of the United States, 1958 –1960, Volume LXVIII Japan; Korea. pp. 409 –413.

支持池田勇人与美国解决返还"占领地区政府救济资金"问题。[①]

日本的这种氛围，不仅为池田勇人在美国新总统上任后寻求访美提供了良好基础，也为赖肖尔解决长期以来困扰美日两国的悬案创造了条件。池田勇人的尝试因准备1961年3月的财政预算而被迫中断。当日本的预算问题暂告一段落后，为了给池田访美创造良好的条件，日本政府重新启动了高层之间在返还"占领地区政府救济资金"问题上的谈判。日本外务次官武内龙次于赖肖尔大使到任的一周后，向他正式提出了日本的解决方案——日本政府分25年支付4.3亿美元，年息2.5%。同时，美国应当保证将日本支付的资金用于两国的"共同事业"，比如美日之间的教育交流项目或对东南亚的援助等。武内龙次向赖肖尔强调，美国的这种保证对双方达成的协定获得日本国会批准很有裨益。[②]

实际上，两国政府在这一问题上的设想不谋而合。肯尼迪政府在解决战后对日本经济援助问题时，已经在考虑利用日本强化对东南亚的经济援助，准备将日本偿还的援助资金用于援助不发达国家。在《美日新安保条约》中，美国明确了将发展平等的美日关系，把日本视为其在远东地区的主要盟友。肯尼迪政府继承了对日本的这一认识，确定了美国对日本的长期目标是"使日本重新成为亚洲的主要力量中心"，因此，美国需要在短期内扩大日本在国际社会（尤其是亚非国家）中的作用。正是在这一背景下，"占领地区救济资金"的返还问题在美日关系中就具有了特殊意义。肯尼迪政府上台伊始通过的《美国对日政策指导方针》中明确了"占领

<hr>

① Current Political Developments, December 21, 1960. Digital National Security Archive, Japan and the United States: Diplomatic, Security, and Economic Relations, 1960 – 1976. ProQuest LLC., 2008. JU00080.

② Visit of Prime Minister Ikeda to Washington (June 20 – 23, 1961): GARIOA, June 16, 1961. Declassified Documents Reference System, Farmington Hills, Mich.: Gale, 2011, Document Number: CK3100013193 – CK3100013196.

地区救济资金"对实现美国对日政策的两个重要作用：一个作用是在不损害日本政治形势和自民党执政基础的前提下解决美日之间的分歧，有利于保持美日联盟；另一个作用就是美日两国可以利用"占领地区救济资金"来援助远东地区的经济开发和教育交流计划，以"占领地区救济资金"为引导，通过增加日本对不发达国家援助的方式，实现增强日本国际作用的对日政策目标。[①]

　　为了弥合国内严重的政治分歧，池田勇人采取了在政治上低姿态，经济上高调推进"经济倍增计划"的应对之策。赖肖尔大使重建美日对话的理念与池田勇人弥合国内政治分歧的理念有着共通之处，因此，他在准备池田访美的相关文件时，特别关注日本政治形势的发展对池田勇人的影响。赖肖尔认为池田在政治上所采取的"低姿态"有利于美日关系的发展，但是他就池田的华盛顿之行与日本自民党主要领导人沟通时，发现池田在自民党内的政治基础过于狭小，自民党内对池田的这种"低姿态"暗伏不满。由此赖肖尔认为，池田华盛顿之行的成败事关池田的政治命运。为了美日关系的良性发展，美国有必要在华盛顿帮助池田渡过难关，使他美国之行的收获足以应对自民党内的反对之声。具体到美日关系方面，赖肖尔认为当前两国间存在的重大问题只有三项——美国对日本的贸易限制、冲绳以及占领地区救济资金问题，如果两国能够就返还占领地区救济资金问题达成协议，那么不仅可以清除美日双边关系中的一个重要障碍，而且也可以有力地推动美日两国在亚洲经济援助政策和计划方面的合作。[②]

----

① Guidelines of U. S. Policy toward Japan, May 3, 1961. Digital National Security Archive, Japan and the United States: Diplomatic, Security, and Economic Relations, 1960 - 1976. ProQuest LLC., 2008. JU00098.

② Ambassador Reischauer's discussions with Liberal Democratic Party Leaders, June 8, 1961. Digital National Security Archive, Japan and the United States: Diplomatic, Security, and Economic Relations, 1960 - 1976. ProQuest LLC., 2008. JU00100.

　　与日本政府就返还"占领地区政府救济资金"一事进行谈判，是赖肖尔在东京处理的日美关系中的第一件重大课题，这也是对他身为学者是否具备职业外交官能力的重大考验。虽然这一问题在美日之间长期拖延不决，但这一问题在赖肖尔看来是一个"有趣"的问题。① 为了确保这一问题的解决，1961 年 4 月重新开始谈判是高层会谈，主要是在赖肖尔大使与日本外相小坂善太郎之间进行。与之前进行的秘密谈判不同，赖肖尔与小坂善太郎的会谈并没有向公众隐瞒，而是在每次会谈结束后主动举行联合新闻发布会，选择性地向媒体透露会谈进程。赖肖尔采取的这一策略不仅使日本公众对"占领地区政府救济资金"一事有了充分的了解，从而为日本国会批准美日间达成的协定奠定了基础，而且给日本公众营造出两国的谈判进展顺利的氛围，也迫使双方在谈判中保留了回旋的余地，不至于走向破裂。赖肖尔大使后来回忆跟日本的谈判，他认为虽然池田政府希望尽快解决"占领地区政府救济资金"问题，但是日本的积极性显然没有美国方面高。佐证他这一认识的证据，就是所有需要达成的倡议都是由赖肖尔代表美国提出来的，而日本只是被动地作出反应。对于这种现象，赖肖尔也深表奇怪。②

　　尽管如此，美国仍然对解决这一问题很有诚意。为了推动谈判的进行并表现自己的诚意，赖肖尔在与小坂善太郎举行第 8 次会谈时，代表美国向日本政府递交了一张 600 万美元的支票，用以补偿小笠原群岛原岛民因不能被遣返所带来的损失。③ 赖肖尔的善意很快就得到了回应。日本驻美国大使朝海浩一郎在回国为池田首相的访美作准备之前，于 5 月 23 日专程拜访了腊斯克国务卿。朝海浩一郎在腊斯克确认了美国的对华政策以及对池田访美日程的初步看

---

　　① Edwin O. Reischauer, *My Life between Japan and America*, New York: Harper & Row, 1986, p. 201.

　　② Ibid..

　　③ Ibid..

法后，他向腊斯克提出日本政府建议返还"占领地区政府救济资金" 4.75 亿美元，不再坚持原来返还 4.3 亿美元的方案，并希望美国政府能够尽快同意这一数额。对于日本方面的这一新举措，腊斯克没有立即作出回应，但表示会尽快答复日本政府。① 在美日两国都表现出足够诚意的氛围中，双方的立场在随后的谈判中迅速接近。在 6 月 10 日赖肖尔与小坂善太郎的第 10 次会谈中，双方对日本应当返还的数额都作出了妥协，最终就"占领地区政府救济资金"的处理方案达成了一致，并共同起草了谅解备忘录将之确认：

1. 日本政府将在 15 年内向美国政府支付 4.9 亿美元，其中 4.4 亿美元在前 12 年内分 24 期支付，另外 5000 万美元在后 3 年内分 6 期支付。日本每半年支付一次，剩余部分年息 2.5%。

2. 日本政府在任何时候都可以选择提前支付，这样应支付的利息也随之作出相应调整。

3. 美国同意，依据相应的法律将其中的 2500 万美元用于美日两国之间的教育交流项目，剩余的大部分资金用于对不发达国家的经济援助。

4. 双方继续会谈以缔结正式协定执行上述谅解。②

此外，赖肖尔还与小坂善太郎确定了返还资金应当主要来自由"占领地区政府救济资金"资助建立的日本开发银行，这样不仅使日美双方的谅解更容易为日本国民所接受，而且也避免了从常规预算中拨款支付给美国的烦琐程序，只需要日本国会批准两国达成的偿付协议即可。

---

① Discussion between Secretary of State Rusk and Japanese Ambassador Asakai, May 23, 1961. Digital National Security Archive, Japan and the United States: Diplomatic, Security, and Economic Relations, 1960 – 1976. ProQuest LLC. , 2008. JU00099.

② Visit of Prime Minister Ikeda to Washington (June 20 – 23, 1961): GARIOA, June 16, 1961. Declassified Documents Reference System, Farmington Hills, Mich. : Gale, 2011, Document Number: CK3100013193 – CK3100013196.

虽然赖肖尔大使与小坂外相确定的 4.9 亿美元的返还额，远远低于此次正式谈判之前美国要求日本至少偿付 5.5 亿美元的预期，但是华盛顿显然对赖肖尔能够消除长期困扰美日关系发展的这一障碍十分满意。最明显的例证就是美国在 6 月 16 日准备的有关美日立场的文件中，建议总统以适当的方式感谢池田首相在处理这一棘手的问题上的努力。① 华盛顿在返还金额上的这种巨大让步，一方面是因为肯尼迪政府在国际收支平衡方面迫切需要来自日本的资金缓解压力。另一方面不可忽视的是，赖肖尔大使对日本国内政治以及自民党内形势的分析在华盛顿决策层引起了共鸣，在美日关系中形成了美国政府的善意更符合美国的长远利益的共识。6 月 20 日，在池田勇人访问华盛顿第一天举行的首脑会谈中，两国政府最高层正式确定了赖肖尔大使与小坂外相之间的妥协方案。腊斯克国务卿向来访的池田勇人一行表示，美国政府对赖肖尔大使和小坂外相确定的日本向美国返还 4.9 亿美元美国经济援助的解决方案十分满意，并承诺美国会将大部分资金用于支持不发达国家。财政部长道格拉斯·狄龙对由赖肖尔确定的这一解决方案也表示支持。②

在确定了解决战后美国对日经济援助问题的基本原则后，赖肖尔按照这一原则与日本政府就缔结正式协定继续进行谈判。最终于 1962 年 1 月 9 日，赖肖尔与小坂善太郎外相在东京签署了解决战后对日经济援助问题的相关协定。池田政府积极寻求日本国会在 1962 年 5 月能够批准该协定，但是这一协定遭到了日本社会党的反对。日

① Visit of Prime Minister Ikeda to Washington, June 20 – 23, 1961: Summary of United States and Japanese Positions Following Preliminary Discussions with the Japanese Embassy, June 16, 1961. Digital National Security Archive, Japan and the United States: Diplomatic, Security, and Economic Relations, 1960 – 1976. ProQuest LLC., 2008. JU00111.

② Memorandum of Conversation: United States and Japanese Balance of Payments Problems, June 20, 1961. Foreign Relations of the United States, 1961 – 1963, Volume ⅩⅫ, China, Korea, Japan. No. 331.

本社会党仍然坚持战后美国对日经济援助属于美国的赠予而无须返还。为了抵制该协定在国会通过，日本社会党在国会内攻击战后对日经济援助的解决方案将会使日本已经恶化的国际收支平衡问题雪上加霜，同时也批评池田勇人政府在对华政策上与美国的合作，希望以此来阻止这一协定的通过。池田政府在国会采取的策略是，强调解决长期困扰两国关系发展的障碍对美日关系发展的促进作用，以及这笔付款的性质和用途，并成功推动国会按照预期于5月批准了这一协定。但是考虑到日本国内政治斗争的形势，该协定直到1962年9月11日才正式生效。赖肖尔与小坂善太郎签订的最终解决协议，贯彻了他们在池田勇人访美之前达成的谅解备忘录的四条指导原则，美国在换文中正式承诺将会在1962年的《对外援助法》中规定将日本偿付的"占领地区政府救济资金"的款项用于对外援助。①

　　赖肖尔大使赴任伊始就积极推动自日本独立以来长期困扰美日两国的对日经济援助问题的解决，不仅消除了美日两国关系发展的障碍，而且通过对战后美国对日经济援助资金的处理，在美国对东南亚经济援助与日本之间建立了直接联系，更是以此为美日平等伙伴关系增加了实质性内容。

三　肯尼迪与池田政府东南亚援助政策的协调

　　赖肖尔与日本政府就返还"占领地区政府救济资金"谈判的顺利进行，有力地推动了池田访美的准备工作。1960年的《美日新安保条约》确定了两国的平等伙伴关系，但是条约的精神需要付诸

---

①　Paper Prepared in the Department of State: Settlement of the United States Claim for Postwar Economic Assistance to Japan（GARIOA），March 22，1962. Foreign Relations of the United States，1961-1963，Volume XXII，China，Korea，Japan. No. 353；GARIOA Settlement Agreement，January 9，1962，細谷千博，有賀貞，石井修，佐々木卓也：《日米関係資料集：1945—97》，東京：東京大学出版会1999年版，第534—540頁；鹿島和平研究所編：《日本外交主要文書・年表，第2卷1961—1970》，東京：原書房1984年版，第399—401頁。

实际才能得以贯彻。长期以来，美日关系与美国和西方国家之间的关系相比缺乏定期协商机制，因此，日本担心自己在美国的盟国中处于次要的地位。另外，日本也担心美日关系过于强调《新安保条约》中的安全层面而忽视两国经济关系的重要性。因此，池田勇人希望能够借他访问华盛顿之机，与美国确立在《新安保条约》下两国平等伙伴关系的新形式。为此他希望能够借鉴 1953 年建立的美加委员会的模式，建立美日贸易和经济委员会，就美日之间的政治、经济事务进行定期协商。美国国务院注意到了日本的这种忧虑，就此特意征询了赖肖尔大使的意见。

赖肖尔通过与日本自民党高层会谈得出结论，认为在解决了"占领地区政府救济资金"问题后，美日两国间仍然存在的分歧就剩下经济关系和冲绳问题。这种状况中也同样蕴含着影响美日关系发展的不确定因素。在日本国内政治斗争中，中立主义拥有广阔的市场，支持中立的日本社会党在安保斗争之后，进一步扩大了在日本国会中的势力。为了对抗这一趋势，日本社会形成的共识是密切日本与西方国家的经济联系并加强美日伙伴关系。[①] 在赖肖尔看来，这一新机构可以有效地消除日本人对美日关系的忧虑；在推动美日关系发展方面，它虽然不适于用来讨论冲绳问题，但显然在当前日本加入经济合作与发展组织（OECD）这一欧洲俱乐部还存在巨大困难的情况下，这一新机构的设立将会为两国讨论双边经济和贸易问题提供与经济合作与发展组织相类似的平台。另外，赖肖尔也认为，这一新机构是对《新安保条约》所确定的美日平等伙伴关系的践行，而这方面的进展无疑将会增加池田勇人的政治资本，有利于他稳定国内形势。赖肖尔对美日贸易和经济委员会的大力支持还来

---

① Visit of Prime Minister Ikeda to Washington, June 20 - 23, 1961, June 16, 1961. Digital National Security Archive, Japan and the United States: Diplomatic, Security, and Economic Relations, 1960 - 1976. ProQuest LLC. , 2008. JU00114.

自他对这一委员会另一功效的认识，那就是为在高层间协调双方对不发达地区的经济开发工作提供一个固定的平台。因此当国务院与赖肖尔讨论池田勇人有关建立美日贸易和经济委员会的建议时，赖肖尔积极支持了这一设想，认为这是有力推动两国关系发展的"建设性举措"。[①]

华盛顿接受了赖肖尔对建立美日贸易和经济委员会的分析，积极响应了池田勇人的倡议，不仅财政部、商务部和农业部在与国务院讨论时表示支持，而且美加委员会中所不包含的内政部和劳工部也向国务院强烈要求成为新设立的美日贸易和经济委员会的成员。因此美国决定接受池田勇人的倡议，在他访问华盛顿期间由国务卿腊斯克与外相小坂善太郎交换建立美日贸易和经济委员会的照会，并由肯尼迪总统在联合公报中将之公布。池田勇人在与肯尼迪的会见中虽然抱怨美国没能在日本加入经济合作与发展组织中提供强有力的支持，但是因为肯尼迪在建立美日贸易和经济委员会上的大力支持使他足以在国内政治斗争中获得足够的政治资本，池田勇人同意将日本加入经济合作与发展组织问题暂时搁置。[②]

在准备池田勇人访问的预备性会谈中，美国明确其对日目标之一就是敦促日本对"自由世界"的事业承担更大的责任，这就要求日本增加对不发达国家的援助，尤其是对日本有重要利益的越南和韩国。[③] 虽然日方也同意增加对外援助，但这要在其解决自身的收

---

① Memorandum From Secretary of State Rusk to President Kennedy: U. S. -Japan Committee on Trade and Economic Affairs, June 9, 1961. Foreign Relations of the United States, 1961 – 1963, Volume XXII, China, Korea, Japan. No. 329.

② Memorandum of Conversation: International Economic Groupings and U. S. -Japan Economic Relationships, June 21, 1961. Foreign Relations of the United States, 1961 – 1963, Volume XXII, China, Korea, Japan. No. 336.

③ Visit of Prime Minister Ikeda to Washington, June 20 – 23, 1961, June 16, 1961. Digital National Security Archive, Japan and the United States: Diplomatic, Security, and Economic Relations, 1960 – 1976. ProQuest LLC., 2008. JU00114.

支平衡问题之后，它才会与西方资本输出国讨论共同援助政策的可行性问题，并且强调在对外援助上要与美国相协调。① 为了提高日本的国际地位，推动美日平等伙伴关系的实现，池田勇人在 1961 年 6 月的华盛顿之行中向肯尼迪总统作出了让步。他表示日本作为自由世界的一员，将会在对东南亚经济援助中采取积极态度，以承担自己相应的责任。实际上在池田勇人访问华盛顿之前，借助 1961 年 3 月设立的海外经济合作基金和 1961 年 5 月开始的印度－巴基斯坦债权国会议，日本对中国周边地区的援助就已经朝着扩大的方向发展。美日两国"占领地区政府救济资金"问题的解决以及池田勇人华盛顿之行的成功，为日本扩大对外经济援助营造了良好氛围，使日本的对外援助额由 1960 年的 2.45 亿美元增长到 1961 年的 3.81 亿美元。② 这种增长虽然绝对数值尚不足 1.4 亿美元，但是其增长的比例却高达 55.6%，这充分表现出池田勇人政府在承担国际责任方面的积极姿态。

对于日本在亚洲发展的经济领域发挥更为积极的作用的这种努力，腊斯克国务卿借 1961 年 11 月赴日参加美日贸易和经济委员会首次会议之机，向池田勇人表达了美国的认可，并盛赞了赖肖尔在推动日本在亚洲承担更多责任方面所作出的良好开端。③ 在箱根举行的正式会谈中，美国充分利用了其设想的美日贸易和经济委员会的职能，将之作为美日两国讨论对不发达国家援助的平台，在会

① Visit of Prime Minister Ikeda to Washington, June 20 – 23, 1961: Summary of United States and Japanese Positions Following Preliminary Discussions with the Japanese Embassy, June 16, 1961. Digital National Security Archive, Japan and the United States: Diplomatic, Security, and Economic Relations, 1960 – 1976. ProQuest LLC., 2008. JU00111.

② 波多野澄雄編著：《池田・佐藤政権期の日本外交》，京都：ミネルヴァ書房 2004 年版，第 97 頁。

③ Telegram From Secretary of State Rusk to the Department of State, November 4, 1961 (Central Files, 411.9441/11 – 461). Foreign Relations of the United States, 1961 – 1963, Volume XXII, China, Korea, Japan. No. 347.

上要求日本以更低的利息和更长的偿还期限向不发达国家提供其经济开发所需要的资金。日本则希望两国能在具体援助项目以及技术援助项目上合作。① 出于在冷战对抗中遏制中国的迫切需要，美国希望日本能够在越南和韩国的经济发展中发挥积极作用。与美国的这一理念相一致，在池田勇人对外经济援助的理念中，除了借此建立日本工业增长所需要的稳定的工业材料来源和商品出口市场外，也蕴含着极强的安全观。池田将经济援助视为在中国周边地区围堵中国的手段，同时他认为对不发达国家的援助不仅是争夺国际力量，也是日本履行作为西方阵营一员义务的重要手段。这一点，日本政府内部已经逐步形成了共识。池田勇人将中国视为东南亚地区不安定的根源，他认为中国的颠覆和渗透工作对其周边邻国构成了巨大威胁。在池田看来，这些受到中国的共产主义直接威胁的国家应当采取经济优先的策略，通过强化经济来实现社会的安定。为此日本将会在美国承担自由世界防务责任的前提下，与东南亚国家在经济、文化和技术援助等方面进行合作。②

尽管目标一致，但是池田政府选择发挥影响的地区却与美国的期待有所不同。日本与韩国长期以来未能达成和解，而对于越南形势的性质，美日两国存在着明显的不同。这种状况就限制了日本在韩国和越南的活动效果。在此情况下，池田勇人将对东南亚援助的重点集中在缅甸和印度尼西亚，希望通过日本的援助改变这两个国家（尤其是缅甸）对（共产党）中国的认识。③ 1960

① The John F. Kennedy National Security Files, National Security Files 1961 - 1963: Asia and the Pacific, First Supplement. Universit Publications of America, 2001. MF0501122.

② 波多野澄雄，佐藤晋:《現代日本の東南アジア政策: 1950—2005》，東京: 早稲田大学出版部 2007 年版，第 83 頁。

③ 波多野澄雄編著:《池田・佐藤政権期の日本外交》，京都: ミネルヴァ書房 2004 年版，第 97 頁; Telegram From Secretary of State Rusk to the Department of State, November 4, 1961 (Central Files, 411.9441/11 - 461). Foreign Relations of the United States, 1961 - 1963, Volume XXII, China, Korea, Japan. No. 347.

年，中缅两国签订了《友好互不侵犯条约》①和《边境条约》②，周恩来总理在 1961 年访问缅甸时，中缅双方签署《了经济技术合作协定》③，使两国的友好关系得到进一步加强，中国将向缅甸提供 8400 万美元的经济援助并向缅甸大规模派遣技术援助人员。中缅两国关系的深化引起了池田勇人的忧虑，他担心缅甸会由此被逐步纳入中国的势力范围中。④ 正是在这种背景下，池田勇人于 1961 年出访印度和东南亚，力图改善日本与东南亚国家的关系，并强化日本在这一地区的存在。因此，池田勇人在此次东南亚之行中，极力向缅甸总理吴努（UNu）推荐日本战后经济重建的经验，希望缅甸能够采取与中国对立的政策，从而使缅甸脱离中国的影响。池田勇人还建议吴努在外交政策和经济发展中寻求其他国家的援助，并放弃对美国的怀疑。对此吴努表示，缅甸对美国的怀疑，是由其对国民党在缅甸的残留势力上的态度引起的，在这一怀疑消除后，缅甸已经开始为与美国建立密切的友好关系而努力。关于缅甸寻求对外援助问题，吴努明确表示希望能

---

① 即 1960 年 1 月 28 日签订的《中华人民共和国和缅甸联邦之间的友好和互不侵犯条约》。详见：中华人民共和国外交部编：《中华人民共和国条约集 第九集（1960）》，法律出版社 1961 年版，第 44—45 页。

② 中缅边境条约包括 1960 年 1 月 28 日签订的《中华人民共和国政府和缅甸联邦政府关于两国边界问题的协定》，以及 1960 年 10 月 1 日周恩来总理访问缅甸期间签订的《中华人民共和国和缅甸联邦边界条约》和《中缅两国总理关于两国边界条约的换文》。详见：中华人民共和国外交部编：《中华人民共和国条约集 第九集（1960）》，法律出版社 1961 年版，第 65—79 页；法律出版社编：《中华人民共和国和缅甸联邦边界条约文件集》，法律出版社 1960 年版；世界知识出版社编：《中华人民共和国对外关系文件集 第 7 集 1960》，世界知识出版社 1962 年版，第 272—282 页。

③ 即 1961 年 1 月 19 日周恩来总理与缅甸总理吴努签订的《中华人民共和国政府和缅甸联邦政府经济技术合作协定》。根据该协定中国将在 1961—1967 年向缅甸提供 3000 万英镑（当时英镑与美元的汇率为 2.80：1）的无息贷款，并向缅甸提供相关设备和人员、技术援助。同时签订的还有《中华人民共和国政府和缅甸联邦政府支付协定》。详见：中华人民共和国外交部编：《中华人民共和国条约集 第十集（1961）》，法律出版社 1962 年版，第 369—372 页。

④ 波多野澄雄，佐藤晋：《現代日本の東南アジア政策：1950—2005》，東京：早稲田大学出版部 2007 年版，第 83 頁。

够与日本在科技和经济方面合作。①

　　为了以新对日政策取代 1960 年由艾森豪威尔政府制定的
NSC6008/1 号文件，美国国务院于 1961 年 10 月起草了《美国对日
政策指导方针》，并分发给华盛顿 10 个相关部门以及美国驻日大使
馆征询意见。② 负责国际安全事务的代理助理国防部长威廉·邦迪
于 11 月 17 日将之转交参谋长联席会议征求军方的意见，军方支持
了这一文件中所确立的观点。该文件对日本给予了高度评价，不但
确认日本是其第二大贸易伙伴，而且明确表明美国视日本为其在东
亚的主要盟友，认为它不仅是美国军事设施的前进基地，同时也是
对东南亚国家实施经济开发的技术和资金来源以及"对抗正在崛起
的（共产党）中国的重要政治、工业甚至有可能是军事力量"。在
该文件中，为了实现美国对日长期和短期目标，日本增加对不发达
国家的经济援助被赋予了双重意义。一是缓和美国的财政收支平衡
问题，二是提升日本的国际地位需要日本增加对不发达国家的贡献
和所承担的责任。③ 为了推动日本增加对东南亚国家的经济援助，
肯尼迪总统的弟弟、司法部长罗伯特·肯尼迪借其 1962 年 2 月访
问日本之机向池田勇人提出，希望日本能够谅解美国在国际收支平
衡方面遇到的问题，并同他探讨了美日两国在东南亚开发方面进行
合作的可能性。罗伯特希望日本能够更加积极地向这一地区提供专
家和技术援助，他认为美日两国的伙伴关系在计划和援助不发达国

① The John F. Kennedy National Security Files, National Security Files 1961 – 1963: Asia and the Pacific, First Supplement. Universit Publications of America, 2001. MF0501122.

② Department of State Guidelines Paper: Guidelines of U. S. Policy and Operations toward Japan, Undated. Foreign Relations of the United States, 1961 – 1963, Volume ⅩⅫ, China, Korea, Japan. No. 354, Note.

③ Note by the Secretaries to the Joint Chiefs of Staff on Guidelines for U. S. Policy toward Japan, November 11, 1961. Digital National Security Archive, Japan and the United States: Diplomatic, Security, and Economic Relations, 1960 – 1976. ProQuest LLC., 2008. JU00136; Department of State Guidelines Paper: Guidelines of U. S. Policy and Operations toward Japan, Undated. Foreign Relations of the United States, 1961 –1963, Volume ⅩⅫ, China, Korea, Japan. No. 354.

家开发方面将会发挥重要作用。池田勇人承诺他将会在东南亚地区遵循这一合作路线，并向肯尼迪部长介绍了他在缅甸经济开发中已经根据此方针所作出的努力。①

尽管池田勇人向肯尼迪总统多次作出将会增加对外经济援助的承诺，日本政府内部对日本在对外援助方面的利益也有共识，但是在池田勇人时期，日本的对外援助因遭到大藏省极力反对而在实际上并没有明显增加。虽然日本政府已经与东南亚国家就战争赔偿达成了协定，但是其赔偿义务尚未完成，同时日本与韩国之间的交涉仍在进行之中，届时日本定会对韩国承担新的义务。因此，日本大藏省担心，在日本尚有巨额赔偿义务有待履行之时，增加对外经济援助将会给日本的财政带来沉重负担。实际上，日本大藏省反对增加对不发达国家的经济援助更深层次的原因，是日本经济高速发展所引发的国际收支平衡问题。日本作为资源贫乏的岛国，其经济高速发展需要大规模增加原材料和能源的进口，由此形成日本经济对外汇的巨大需求。而增加对外经济援助则势必会减少日本的进口，从而影响日本经济的发展。日本经济的高速发展与增加对发展中国家的经济援助形成了一个二律背反的难题。在这二者之间，池田勇人将国内经济增长放在了优先位置。日本于1961年和1963年陷入国际收支平衡危机之时，池田政府在对外经济援助方面采取了消极姿态。② 继1961年日本大规模增加对外援助之后，日本在1962—1964年的对外经济援助额又重新下降到1960年的水平，并且出现了逐年递减的趋势。③

---

① Memorandum of Conversation, Tokyo, February 5, 1962. Foreign Relations of the United States, 1961–1963, Volume XXII, China, Korea, Japan. No. 349.

② 参见波多野澄雄编著《池田·佐藤政权期の日本外交》，京都：ミネルヴァ书房2004年版，第99頁。

③ 参见波多野澄雄编著《池田·佐藤政权期の日本外交》，京都：ミネルヴァ书房2004年版，第97—98頁。

　　·出于自身在对外经济援助方面的困境，池田勇人寻求其他国家增加对东南亚地区的经济援助。1962 年 11 月，池田勇人访问英国在与麦克米伦（Harold Macmillan）首相的会谈中，极力向他强调东南亚地区在南北问题上的重要性，希望英国能够增加对东南亚非英联邦地区的经济援助。同时日本政府也在国际场合明确表示，日本受制于自身国际收支平衡和财政能力的限制，在放宽对外经济援助条件方面面临着巨大困难。因此，它的对外经济援助既会考虑受援国的承受能力，也需要受援国的自助。借此他希望西方社会能够对日本的对外经济援助政策予以谅解。[1] 日本自身面临的这种困境获得了赖肖尔大使和美国的同情。日本已经清醒地认识到了对不发达国家的经济援助对日本经济发展的重要性，赖肖尔对此予以肯定，同时也承认在日本自身经济能力有限的情况下，池田政府在对外经济援助方面已经采取了积极的措施。正如同日本外务省在增加对外援助上所担忧的那样，赖肖尔认为日本履行对外经济援助的能力受到日本财政收支状况、战争赔偿以及国内经济高速发展需要巨额资本支持等诸多状况的限制。这些不利条件是确实存在的，为了维持日本国内的稳定，美国不应当在此问题上对池田政府过分施压。[2]

第二节　美国东南亚援助政策的转变

　　自肯尼迪政府后期开始，美国加大了在寻求日本增加对东南亚

---

　　① 参见波多野澄雄編著《池田・佐藤政権期の日本外交》，京都：ミネルヴァ書房 2004 年版，第 100—101 頁。

　　② Japan's Economic Assistance Activities, 1961, June 27, 1962. Confidential U. S. State Dpartment Central Files：Japan（1960 – January 1963）：Internal Affairs and Foreign Affairs, Reel 14, pp. 362 – 366.

不发达国家援助方面的努力，并考虑调整自己的对外经济援助政策。原定于 1963 年 11 月在日本箱根举行的第三届美日贸易和经济委员会，因肯尼迪总统突然遇刺而被迫延期举行。继任的约翰逊总统利用池田勇人首相赴华盛顿吊唁之机与池田举行了美日首脑会谈。约翰逊总统向池田首相介绍了美国在对外援助方面所遇到的困境。美国自第二次世界大战结束以来，耗费了 1000 亿美元用来援助其他国家，但是现在美国的对外援助在国会面临越来越多的困难。约翰逊告诉池田勇人，这些困难的产生并不是因为美国国内缺少繁荣，而是因为美国国会的议员们认为在对外援助方面，现在其他发达国家应当承担比美国更多的责任。这导致了美国国会在对外援助项目上的拨款出现了严重削减的情况，美国政府对外援助法案的命运已经到了关键时刻。经过战后近 20 年的发展，日本现在已经成为世界上主要的发达国家之一，因此，约翰逊总统希望在对外援助方面获得日本政府的帮助，这样他就可以告诉国会，美国对外援助的努力已经获得了其他国家的帮助，唯有如此，美国国会才会批准美国政府增加对外经济援助。池田勇人对约翰逊在国内遇到的困境表示理解，承诺会与美国一道扩大对不发达国家（尤其是东南亚地区）的经济援助，并通过外交途径就此进行友好协商。约翰逊肯定了池田在对外援助方面的积极姿态，并期待美日两国在这方面取得实质性进展。① 第三届美日贸易和经济委员会因为推迟而需要准备新的会议日程，赖肖尔希望华盛顿避免在日本采购美国军事物资问题上对日本施加太大压力，而是将注意力集中在第 16 次关税和贸易总协定（GATT）会议和日本的意图、美国在日本的投资待遇以及日本对不发达国家的援助等三个主要的经济问题上。赖肖尔认为在这些问题上，美国应当迅速采取行动并寻找合适的机会将美

---

① Memorandum of Conversation: United States-Japan Relations, November 25, 1963. Foreign Relations of the United States, 1961–1963, Volume XXII, China, Korea, Japan. No. 385.

国的观点通知大平正芳外相。①

　　为了探讨增加日本对不发达国家援助的有效形式，美国国务院政策设计委员会对此进行了深入研究后，提出了两个解决方案。一个是日本可以在国内扩大和提高对不发达国家相关人员的培训规模和水平；另一个可能的方式是，日本在一个或多个发展中国家承担主要责任，或者是扩大日本在这些国家已经承担的责任。比如，美国可以考虑让日本在缅甸和印度尼西亚承担主要责任。但是美国在这一方面不能走得太快。政策设计委员会认为，日本可能会认为作为世界上的先进工业国之一，其利益是全球性的，如果美国试图将日本的努力集中于远东地区，而不考虑日本在其他地区的利益的话，日本可能会对此耿耿于怀，这反而不利于实现美国的目标。因此，美国应当以让日本获得更广泛的利益的方式来对待日本，这样它反而会在远东地区做出更大的努力。②

　　政策设计委员会的这一策略，在美国国务院于 1964 年 6 月 26 日完成的长篇对日政策评估报告《日本的未来》（*The Future of Japan*）中得到进一步确认。展望未来十年的日本，国务院认为，可以预见日本将会出现一个亲西方的自信而且强大的民族主义政权。日本将会以自己的方式寻找在世界事务中的存在，并以此平衡当前美日关系在美国外交中地位过重的局面。伴随着日本在自由世界承担更多的责任，日本在东亚以及世界事务重大决策中的发言权将会上升。美国应当乐于承认并支持这一局面的出现，因为这种变化意味着日本将会成为美国西欧式的主要盟友，日本出于自身民族利益的考虑，将会更加深刻地认识到它对自由世界的

---

　　① U. S. Embassy Advice on Agenda for Upcoming U. S. -Japan Economic Conference, November 29, 1963. Digital National Security Archive, Japan and the United States: Diplomatic, Security, and Economic Relations, 1960 – 1976. ProQuest LLC. , 2008. JU00287.

　　② The Futre of Japan, May 11, 1964. Digital National Security Archive, Japan and the United States: Diplomatic, Security, and Economic Relations, 1960 – 1976. ProQuest LLC. , 2008. JU00321.

责任，实际上美国将会成为这种变化的最终受益者。尽管如此，未来美国对日本做什么或不做什么，仍然对日本未来的道路很重要，并且会因日本的抉择而最终影响美国在远东及世界的地位。因此除了继续坚持对日本的安全承诺并要求日本稳定地建设防务力量以外，美国还应当鼓励日本勇于承担责任，为了自由世界的利益制订相应的国内外计划，这其中就包括扩大和改进日本的开发援助项目。①《日本的未来》中提出的这种认识，标志着美国开始寻求转变对东南亚经济援助的政策，谋求扩大日本在其中的作用。

在美国的政策开始出现转变趋向的同一时期，在西方国家的压力下，日本政府对外援助方面的态度也开始发生变化。为了敦促日本在对不发达国家的经济援助方面作出更大贡献，美国开始联合西方发达国家在国际舞台上向日本施压。在 1962 年联合国第17 次大会上决定成立联合国贸易与开发委员会，以推动世界范围内的贸易发展和对不发达地区的开发。1964 年 3 月，联合国贸易与开发委员会在日内瓦召开首次会议。会议期间，在对不发达国家的援助方面，日本遭到了来自西方发达国家的巨大压力。日本代表团团长宫泽喜一（Miyazawa Kiichi）会后向池田勇人首相汇报了日本在会议上所面临的困境。池田勇人为此召集内阁讨论后认为，日本作为已经放弃战争的发达工业国，对不发达国家的援助是其民族使命，因此决定将对不发达国家的援助额逐步增加到

---

① Department of State Policy on the Futre of Japan, June 26, 1964. Digital National Security Archive, Japan and the United States: Diplomatic, Security, and Economic Relations, 1960 – 1976. ProQuest LLC., 2008. JU00329; Declassified Documents Reference System, Farmington Hills, Mich.: Gale, 2011, Document Number: CK3100366703 – CK3100366753; Document Number: CK3100339132 – CK3100339221; Document Number CK3100064648 – CK3100064746; Foreign Relations of the United States, 1964 –1968, Volume 29, pp. 15 –18. 其中数字国家安全档案馆（DNSA）与解密文件参考系统（DDRS）中均有该文件的完整版，共计 100 页；美国外交文件（FRUS）内容严重缺失。

日本国民生产总值的 1%。① 在这一背景下，当南越政府要求日本为其提供收音机并向越南学校提供书本和工业技术专家时，日本政府迅速接受了南越的请求。虽然池田政府对南越的承诺在实际操作上因日本外务省和大藏省的分歧而被拖延，但是池田对东南亚援助的积极姿态已经很明显。② 东京湾事件发生后，池田勇人更是不顾日本国内政治势力的反对，立即对约翰逊总统 8 月 5 日的声明表示了支持。这在赖肖尔大使看来更是池田政府在东南亚问题上难能可贵的进步。③

　　1964 年 11 月，池田勇人因病辞职，佐藤荣作接任首相一职。赖肖尔认为日本政局的这种变化将会对美国更为有利。他向华盛顿汇报，根据以往的记录可以初步判断，在与美国结盟方面，佐藤荣作将会比池田勇人更坦率和直接，这对美国推动日本在东南亚地区承担更大的责任将会发挥令人鼓舞的实际作用。④ 池田勇人时期日本所追求的经济高速发展给日本的国际收支平衡带来巨大压力，佐藤荣作接任首相后开始转变经济政策，从池田勇人时期的高速发展转向稳定发展，以防止日本国际收支平衡的恶化。在这种思路下，佐藤政府虽然没有将东南亚地区置于优先考虑的位置，但是佐藤政府深信，东南亚局势的紧张以及政治上的不稳定，影响的不仅是美国与东南亚国家之间的关系，日本自身的国家安全也将会受到巨大

---

　　① 波多野澄雄編著：《池田・佐藤政権期の日本外交》，京都：ミネルヴァ書房 2004 年版，第 107 頁。

　　② Current U. S. -Japan Problems，July 2，1964. Digital National Security Archive，Japan and the United States：Diplomatic，Security，and Economic Relations，1960 – 1976. ProQuest LLC.，2008. JU00331.

　　③ Reply from Prime Minister Ikeda to President Johnson's Message of August 5，1964 on Gulf of Tokin Attacks，August 12，1964. Digital National Security Archive，Japan and the United States：Diplomatic，Security，and Economic Relations，1960 – 1976. ProQuest LLC.，2008. JU00345.

　　④ Political Views of Eisaku Sato，November 4，1964. Digital National Security Archive，Japan and the United States：Diplomatic，Security，and Economic Relations，1960 – 1976. ProQuest LLC.，2008. JU00358.

威胁。为了应对这种不利形势，赖肖尔认为佐藤政府很快就会制定
具体的政策来加强日本与东南亚国家之间的经济和文化联系，以便
日本在东南亚地区发挥更大的作用，使东南亚形势朝着有利于日本
的方向发展。

在维护东南亚稳定的具体措施方面，佐藤政府的外相椎名悦三
郎根据其 20 世纪 30 年代在中国满洲"剿匪"的经验，已经有所侧
重，那就是通过对东南亚的经济开发，逐步引导普通民众主动断绝
与引起东南亚动荡不安的"共产主义势力"的联系。① 另外，赖肖
尔大使也确认了国务院对日政策评估报告《日本的未来》中对美日
双边关系的分析，认为这种变化并不意味着美国缺乏对日本的影响
力，而是表明美国必须要承认美日关系的平等性并满足日本的适当
需求，这就需要两国进行充分的沟通协调。② 因此当佐藤荣作提出
赴美与约翰逊总统会见时，赖肖尔极力建议美国尽早安排佐藤荣作
的华盛顿之行，以便美国能够在东南亚不发达国家经济援助方面，
对佐藤政府的新经济和外交政策施加最大的影响。

椎名外相利用前往纽约参加联合国大会之机，与腊斯克国务卿
商定了佐藤首相于 1965 年 1 月的访美事宜。此后，赖肖尔大使开
始按照国务院的指令与日本高层探讨日本加入对不发达国家的援助
事宜，获得了日本高层的良好反应。为帮助华盛顿准备佐藤荣作访
美事宜，赖肖尔于 1964 年 12 月 23 日向国务院提交了近期日本在

① Secretary's Delegetion to the Nineteenth Session of the United Nations General Assembly: Japa-
nese Policy toward Southeast Asia, December 3, 1964. 石井修，我部政明，宫里政玄监修：《アメ
リカ合衆国対日政策文书集成，第 8 期——日米外交防衛問題：1964 年》，第 4 卷，東京：柏書
房 2001 年版，第 181—183 頁。

② Airgram from the Embassy in Japan to the Department of State: Political-Economic Assesment:
Japan, as of Decemeber 1 1964, December 4, 1964. Foreign Relations of the United States, 1964 -
1968, Volume 29, pp. 46 - 52；石井修，我部政明，宫里政玄监修：《アメリカ合衆国対日政策
文書集成，第 8 期——日米外交防衛問題：1964 年》，第 2 卷，東京：柏書房 2001 年版，第
102—108 頁。

对不发达国家援助方面的报告，高度赞赏了日本在对外援助方面已经做出的努力。日本增加对不发达国家的经济援助有其内在动因。作为亚洲唯一的发达国家，日本遭到了来自不发达国家要求其按照联合国精神提供大规模援助的巨大压力。另外，日本因为与东南亚国家间的贸易长期顺差而面临出口受限的风险。佐藤政府已经明确意识到了它有义务帮助东南亚的不发达国家克服社会发展所带来的政治动荡，为此佐藤荣作政府以及日本企业界正在就增加对不发达国家的经济援助问题进行激烈的讨论。但是日本增加对外援助仍然面临着诸多困难。因为外汇有限，日本大藏省希望优先考虑商业贷款，反对将政府资金用于收益较少的优惠贷款。赖肖尔认为日本当前的对外援助政策正处于犹豫不决的十字路口，美国需要鼓励日本继续扩大和完善其对外经济援助政策。因此，赖肖尔建议约翰逊总统在佐藤荣作访问之时，与他讨论对东南亚的援助问题。赖肖尔认为，最好是由佐藤荣作在会谈中主动提出日本增加对东南亚经济援助的意向，如果佐藤荣作没有在这一问题上采取主动，那么美国政府就应当主动向佐藤荣作提出。

　　关于谈判策略，赖肖尔建议约翰逊总统在与佐藤荣作首相的讨论中，应当首先对日本已经做出的努力明确表示感谢（尤其是感谢日本对南越和老挝提供的援助），并对日本在增加对外经济援助方面受制于自身有限的资源以及国内政治、经济的需要表示充分的谅解；其次，总统应当强调在不发达国家还款能力有限的现实情况下，日本作为自由世界发达工业国的一员，增加对不发达国家的经济援助以及向他们增加优惠贷款具有重要意义；再次，鉴于日本在东南亚地区具有重要的国家利益，总统应当同意日本将亚洲作为它对外经济援助的重点区域，但是考虑到日本对全球利益的追求和民族尊严，总统同时也应当敦促日本时刻准备为了自由世界的目标和日本自己的商业利益而在其他地区作出相应贡献（比如，总统可以敦促日本向土耳其提供贷款）；最后，在日本承担对不发达国家经济援助的形式方面，总统需要强调日本可以在技术援助领域为亚洲、非洲以及其他有需要的地区作出巨大贡献，在这方面总统可以向日本提供美国和平队所积累的相关经验。①

在威廉·邦迪的推动下，华盛顿接受了赖肖尔的这些建议，将日本对不发达国家的援助问题列为佐藤荣作访美会谈的重要内容之一。佐藤荣作在访美之前，也通过驻美大使武内龙次向美国确认，他的华盛顿之行将会就美日在对东南亚援助方面的合作问题进行讨论。② 在 1965 年 1 月 13 日的会谈中，佐藤荣作首相向腊斯克国务卿表示，日本希望在世界事务中发挥更为强大和有效的作用，但是现在日本国内普遍担心会因此承担过重的负担。因此，日本虽然会逐步扩大对亚洲事务的参与，但是同时他不得不对日益增加的海外承诺进行限制。对此，他希望美国能够理解。佐藤荣作还告诉腊斯克，日本打算以自己的方式履行作为发达国家的一员的责任，将来借助于正在筹建的亚洲开发银行对东南亚地区实施经济援助。佐藤荣作向腊斯克透露，日本银行家、原世界银行重建与发展局局长渡边武（Watanabe Takeshi）正在同亚洲与远东委员会所委派的其他专家对建立亚洲开发银行的可行性进行研究。佐藤荣作认为，虽然当前美国还不需要公开参加这一组织，但是他希望美国能够支持亚洲开发银行的建立。腊斯克国务卿当即对建立亚洲开发银行的创意

① Sato Visit-Japanese Assistance to LDCs, December 23, 1964, Tokyo 2016 (16869). Digital National Security Archive, Japan and the United States: Diplomatic, Security, and Economic Relations, 1960 – 1976. ProQuest LLC., 2008. JU00381；石井修，我部政明，宫里政玄监修：《アメリカ合衆国对日政策文书集成，第 8 期——日米外交防衛問題：1964 年》，第 4 卷，東京：柏書房 2001 年版，第 251—253 頁。

② Aide-Memoire from the Japanese Outling Subjects for Discussion during Visit of Prime Minister Sato, January 7, 1965. Digital National Security Archive, Japan and the United States: Diplomatic, Security, and Economic Relations, 1960 – 1976. ProQuest LLC., 2008. JU00419；石井修，我部政明，宫里政玄监修：《アメリカ合衆国对日政策文书集成，第 9 期——日米外交防衛問題：1965 年》，第 9 卷，東京：柏書房 2001 年版，第 450—455 頁。

表示了支持，并承诺会发挥适当的积极作用。①

　　1964 年东京湾事件以后，美国在越南的军事介入日益加深。在佐藤访美结束后，美国于 1965 年 2 月开始实施"火箭行动"，进而实施"雷鸣行动"，对北越进行轰炸，同时美国海军陆战队还在岘港登陆南越，对越南战争的介入进一步升级，迈出了大规模军事介入越南战争的关键一步。② 尽管美国在远东地区每年的支出多达150 亿美元，给美国的国际收支平衡带来沉重负担，但是这一地区仍然没有朝着美国所期望的方向发展。佐藤荣作虽然对美国在越南的努力表示支持，但受制于国内民众对越南战争的反对，日本政府为了避免与美国在越南的军事行动产生直接联系，所以在对越南进行经济援助方面进展缓慢。美国在东南亚地区遇到的这种困境促使华盛顿开始考虑转变对外援助的模式，而1965 年 3 月发生的两件事情则加速了约翰逊政府调整对外政策的步伐。

　　首先是世界范围内区域主义的发展。中美洲开发银行与非洲开发银行的相继建立，极大地刺激了亚洲地区通过类似机构展开合作的意愿。1963 年 3 月，亚洲与远东委员会第 19 届会议根据泰国代表建立"亚洲贸易银行"的建议，作出了加速亚洲区域合作开发的决议。③ 为此而设立的专家组对其可行性进行了研究，最终于 1964年 10 月完成了建立亚洲开发银行的报告，并于 1965 年 3 月提交于

　　① 　U. S. -Japan Relations and Related World Problems, January 13, 1965. Digital National Security Archive, Japan and the United States: Diplomatic, Security, and Economic Relations, 1960 – 1976. ProQuest LLC., 2008. JU00453；石井修，我部政明，宫里政玄监修：《アメリカ合衆国対日政策文書集成，第 9 期——日米外交防衛問題：1965 年》，第 9 卷，東京：柏書房 2001 年版，第212—2155 頁。

　　② 　时殷弘：《美国在越南的干涉和战争（1954—1968）》，世界知识出版社 1993 年版，第198 页。

　　③ 　327th Meeting: Asian International Trade Fair, March 25, 1965, in United Nations, *Resolutions of the Economic and Social commission for Asia and the Pacific 1947 – 2000*, Volume Ⅱ, Compendium of Resolutions, 1947 – 2000, New York, 2000, p. 55.

惠灵顿举行的亚洲与远东经济委员会第 21 届议进行讨论。① 虽然佐藤荣作在华盛顿之行中表达了对美国支持亚洲开发银行的热切期望并且也获得了满意回应，但是约翰逊政府自 1964 年就开始谋求的对外援助政策的转变，在惠灵顿会议召开之时仍未成型。因此在 3 月 25 日亚洲与远东经济委员会上讨论建立亚洲开发银行时，美国对它的态度并不积极。美国代表沃尔特·科奇尼格（Walter Kotschnig）在会议上声明美国政府认为亚洲开发银行可以为亚洲的经济开发发挥有效作用，但是美国政府当前还没有向亚洲开发银行制订出捐款的计划。对亚洲开发银行的命运产生不利影响的是科奇尼格对拟议建立的银行的实际能力的质疑，他认为单独提供技术援助或联合贷款项目对亚洲开发银行来说可能会过于庞大。② 美国对建立亚洲开发银行计划的消极态度也影响到了其他西方发达国家，即使是已经于 2 月公开表示强烈支持亚洲开发银行的日本，态度也变得不明朗起来。美国对亚洲开发银行的消极应对，遭到了迫切希望建立自己的融资机构的亚洲国家代表的猛烈批评。科奇尼格于会中紧急致电华盛顿，要求国务院授权他改变美国对亚洲开发银行的冷漠态度。

与科奇尼格的认识相一致的是惠灵顿会议之前美国远东使团在马尼拉举行的会议上得出的结论，他们认为，由美国所倡议建立的东南亚开发组织将会有效地推动这一地区的和平建设，因此美国应

---

① 亚洲开发银行是在联合国亚洲与远东经济委员会的推动和主导下建立的，但是其核心思想来源于日本。早在 1963 年年初日本银行家渡边武就完成了亚洲开发银行的蓝图。1964 年日本大藏省官员千野忠男（亚洲开发银行第七任行长，任期 1999—2004 年）在协助亚洲与远东委员会的专家组起草所起草计划时依据的就是渡边武的构想。同年 10 月渡边武本人更是出席了曼谷的专家会议并使与会专家接受了其理念。这一过程可参见臧扬勤《美国、日本与亚洲开发银行的建立》，载《近现代国际关系史研究》第五辑，世界知识出版社 2013 年版，第 102—105 页，以及：Dennis T. Yasutomo, *Japan and the Asian Development Bank*, New York：Praeger, 1983. pp. 30–54.

② Dennis T. Yasutomo, *Japan and the Asian Development Bank*, New York：Praeger, 1983. p. 68.

当积极支持亚洲开发银行的建立。^① 美国驻外使团的报告推动了华盛顿的决策机关加速寻找新的对外援助政策。国务院政策设计委员会主席沃尔特·罗斯托（Walt Rostow）研究了亚洲的相关形势后认为，自 20 世纪 60 年代以来，世界形势出现了新变化，随着世界各地区民族主义的发展，各国对独立自主的外交政策有了更多的追求。为了应对这种变化了的形势，罗斯托向约翰逊总统提出美国政府应当考虑改变传统的对外政策，以区域主义政策推动各个地区的内部合作，从而引导世界各地正在勃兴的民族主义逐步走向健康的发展方向。这样美国不仅可以调集更多的力量对东南亚的经济开发提供最有效的援助，从而抑制由极端民族主义所引发的地区纠纷，并遏制共产主义的政治、军事渗透，同时还可以以此方式抑制美国国内孤立主义思潮的发展。罗斯托的这一认识直接推动了美国对外援助的方式由直接的双边援助向多边的开发援助方式的转变。^②

第三节　东南亚援助计划

一　赖肖尔对美日东南亚援助计划的协调

为了更好地推动对东南亚国家的经济援助，从而减轻美国在这一地区的沉重负担，约翰逊总统接受了罗斯托的建议，于 1965年 4 月 7 日在约翰·霍普金斯大学发表了题为《没有征服的和平》的演说，开始转变美国的对外援助政策，承认东南亚地区冲突的和平解决在短期内是无法实现的，美国必须在越南继续坚持

---

① Highlight Conclusions of the Far East Mission Chiefs' Conference, March 23, 1965. Digital National Security Archive, Japan and the United States: Diplomatic, Security, and Economic Relations, 1960 – 1976. ProQuest LLC. , 2008. JU00462.

② 崔丕：《〈美日返还冲绳协定〉形成史论》，《历史研究》2008 年第 2 期。

军事介入的同时，通过其他方式寻求和平的到来。约翰逊总统在演说中解释美国在越南的行动的动因和目标的同时，呼吁东南亚国家联合起来，在经济开发方面进行合作。为此他表示，将向国会要求提供 10 亿美元，用于湄公河谷开发、向东南亚地区提供现代医疗服务、建立学校以及扩大对东南亚地区的食品和物资援助等项目，并希望包括苏联在内的发达国家共同参与到这种努力当中。他还表示，稍后将会任命原世界银行行长尤金·布莱克（Eugene Robert Black）组建一个专门小组，推动美国联合开发东南亚计划的实施。①

约翰逊政府作出这种转变并抛弃成见邀请苏联参加到东南亚地区的和平进程之中，表明或许文安立（Odd Arne Westad）对全球冷战的判断是正确的。在文安立看来，无论是苏联还是美国都坚信自己的制度是美好的，因此都希望在刚独立的新兴国家推行自己的制度。他们本身或许并无恶意，但是正是他们对自己制度的自信，导致了双方在第三世界的争夺和对抗。② 约翰逊总统所任命的尤金·布莱克在当时就持有类似的观点。因此当约翰逊总统找到这位已经退休的前世界银行行长，要求他承担美国在亚洲地区寻求和平的重任之时，他欣然应允，并在越南战争激烈进行之时奔走于亚洲和欧洲之间，为东南亚地区的和平寻找出路。③ 为了更好地帮助布莱克的行动，约翰逊政府在 4 月 9 日还通过了第 329 号国家安全行动备忘录，要求各相关部门，在总统国家安全事务特别助理麦克乔治·邦迪的领导下建立一个东南亚经济和社会开发特别小组，就东南亚

---

① Address at John Hopkins University: Peace Without Conquest. Lyndon Baines Johnson Library and Museum, (http://www.lbjlibrary.org/collections/selected-speeches/1965/04 - 07 - 1965.html).

② Odd Arne Westad, *The Global Cold War: Third World Interventions and the Making of Our Times*, New York: Cambridge University Press, 2005, pp.181 - 194. 中译本见：［挪］文安立：《全球冷战：美苏对第三世界的干涉与当代世界的形成》，牛可译，世界图书出版公司 2012 年版，第 180—194 页。

③ Eugene R. Black, *Alternative in Southeast Asia*, New York: Praeger, 1969. pp. ⅵ - ⅶ.

开发的有效形式等诸多问题向约翰逊总统本人以及布莱克提供建议。[①]

在东京的赖肖尔对约翰逊总统的演说极为兴奋，他高度评价了总统所宣布的援助计划的意义。在他看来，约翰逊总统为了稳定东南亚局势而提出的大规模援助计划，首先是为美国在南越阻止共产主义侵略的努力赢取了更多的国际道义支持。在约翰逊总统发表演说之后不久，佐藤荣作首相亲自给赖肖尔打电话表示对总统的计划的支持，日本公众也立即给予了积极响应。更重要的是，它为解决远东地区所面临的最基本的问题提供了新框架。日本作为亚洲地区唯一的捐资国，可以在推动亚洲国家积极回应约翰逊总统的演说方面发挥特殊作用。美国可以顺应日本人民日益增长的民族意识和民族自尊的需要，推动日本在远东地区承担更大的责任。

基于上述认识，赖肖尔大使在4月9日请求华盛顿授权他在与佐藤荣作首相讨论约翰逊总统的演说时，趁机向佐藤荣作首相建议日本建立与约翰逊总统的东南亚计划匹配的日本和平计划，并作为发起国发出双重邀请。一方面是作为捐资国邀请西方发达国家中的潜在捐资国加入，与日本共同捐资；另一方面是以亚洲国家的身份，邀请东南亚国家与日本一道对约翰逊总统的援助计划作出积极主动的回应。同时赖肖尔要求美国改变传统的援助方式，将美国一直坚持的双边援助转变为多边援助，并将美国资金使用的决定权交给受援国。为此他向华盛顿提出，美国应当鼓励日本领衔建立一个与尤金·布莱克所领导的工作组相对应的亚洲国家领导人集团，以协调各国间如何分配和使用所获得的外部援助。为了推动亚洲国家作出积极的反应，赖肖尔还建议约翰逊总统尽早安排其远东之行，

① NSAM329：Task Force on Southeast Asian Economic and Social Development, April 9, 1965. Lyndon Baines Johnson Library and Museum（http：//www. lbjlib. utexas. edu/johnson/archives. hom/NSAMs/nsam329. asp）.

以向世界表明美国对亚洲人福祉的关注丝毫不弱于其对西方人福祉的关注，从而将全世界对东南亚地区的关注集中到美国在这一地区的建设性作用方面。[①]

华盛顿立即同意了赖肖尔提出的针对日本的试探性建议，并指令赖肖尔向佐藤荣作转交约翰逊总统感谢他支持的信件。总的来说，佐藤荣作对赖肖尔的这些建议十分赞同，他对美国认为应当由日本领导亚洲相关国家的领导人与布莱克的委员会进行协作尤为满意，但是他也表现出了部分疑虑和犹豫。佐藤荣作向赖肖尔坦诚，由于他尚未确定约翰逊总统如何平衡其政策中的军事和经济方面，因此除了对约翰逊总统的演说表示强烈支持外，他现阶段不得不在行动上保持节制，以免使他在国内陷入政治困境。此外，佐藤也担心日本的援助与美国 10 亿美元的援助相比较会被忽视，因此在提供日本援助方面也颇不情愿。[②]

为了对美国在对东南亚经济援助方面所作出的积极转变进行呼应，佐藤荣作在接见了赖肖尔之后，又亲笔致信约翰逊总统，感谢总统寻求和平解决越南事务的诚意，表示他会全力支持约翰逊总统开发东南亚地区的宏伟计划。他还向约翰逊总统承诺，为了实现并完善总统的东南亚开发计划，日本已经准备好根据自己的能力扩大与美国的相关合作，同时他也会敦促相关国家对总统的建设性倡议作出积极回应并尽快加入到相关讨论之中。[③]

---

① Program for a Stabilized Southeast Asia, April 9, 1965, Tokyo 3220. Digital National Security Archive, Japan and the United States: Diplomatic, Security, and Economic Relations, 1960 – 1976. ProQuest LLC., 2008. JU00463.

② Assistant Secretary for Far Eastern Affairs of State William P. Bundy to Secretary Rusk: Your Appointment with Ambassador Takeuchi at 4: 15 P. M. April 13, April 13, 1965. 石井修，我部政明，宫里政玄監修：《アメリカ合衆国対日政策文書集成，第 9 期——日米外交防衛問題：1965 年》，第 6 巻，東京：柏書房 2001 年版，第 261—263 頁。

③ Message to President Lyndon B. Johnson From Prime Minister Eisaku Sato, April 10, 1965. Digital National Security Archive, Japan and the United States: Diplomatic, Security, and Economic Relations, 1960 – 1976. ProQuest LLC., 2008. JU00464.

为了保持佐藤荣作政府在对东南亚国家进行经济援助方面已经表现出来的积极姿态，腊斯克国务卿借武内龙次大使向他转交佐藤首相致约翰逊总统的亲笔信之机，就佐藤首相在与赖肖尔大使会谈中所表达的对美国政策的担心进行了澄清。他向武内龙次大使强调，约翰逊总统提出的开发计划是严肃的，美国更希望将其资源用于和平目的而非军事目的。他希望日本能够找到在东南亚经济开发中发挥强有力的领导作用的方式，并影响该地区那些不愿意对美国的倡议作出反应的国家。① 在获得了美国政府的保证之后，佐藤首相指示外务省经济合作局按照赖肖尔大使的建议制定日本的东南亚开发计划。椎名悦三郎领导的日本外务省从维护亚洲的和平需要经济稳定为前提出发，希望能够通过经济开发缓和以越南为中心的东南亚紧张局势。同时，日本外务省对日本的经济实力十分自信，希望日本能够通过积极提供资金的方式主导东南亚的经济开发，最终实现提升日本国际地位的目的。② 在这一思路下，外务省经济合作局怀着极大的热情制订了日本的"亚洲和平计划"。

根据该计划，日本将宣布准备提供 5 亿美元援助基金与美国的 10 亿美元开发基金相配套，同时还会邀请包括加拿大和澳大利亚在内的国家作为捐资国再共同出资 5 亿美元，并邀请缅甸、泰国、马来西亚、柬埔寨、南越、菲律宾、中国台湾和韩国等共同参加区域合作，由这些国家（地区）创立一个区域性的合作机构来管理和实施区域内所有的经济开发活动。同时这一设想中的机构也会向北越、印度尼西亚以及中国和朝鲜等国敞开大门，等待它们的加入。日本外务省设想在这一区域性机构内设立三个工作组，分别负责区

---

① President's Johns Hopkings Adress, April 13, 1965. Digital National Security Archive, Japan and the United States: Diplomatic, Security, and Economic Relations, 1960—1976. ProQuest LLC., 2008. JU00466.

② 野添文彬：《東南アジア開発閣僚会議開催の政治経済過程：佐藤政権期における日本の東南アジア外交に関する一考察》，《一橋法学》，第 8 巻，第 1 号，2009 年 3 月。

域经济与开发和投资计划、科技合作、提高基本产品的产量三个方面。其开发计划将分为前后两个阶段，最初的五年将会把注意力放在政治不稳定地区的社会和经济基础设施建设上，以恢复和稳定当地人民的生活。下一个阶段将重点支持东南亚地区的工业和矿业建设，以建立亚洲各国之间的合作体制。① 4 月 21 日，经济合作局完成了"亚洲和平计划，2 天后该计划获得了外务省的一致通过，并由椎名外相于当天晚上亲自上交给佐藤首相。

椎名外相担心佐藤首相会对外务省提出的 5 亿美元这一数额感到恐惧，因此他在向佐藤首相陈述时也极为谨慎。他告诉佐藤首相，外务省这一计划的重点在于其政治性，在东南亚仅实施美国与这些国家之间的双边援助项目，对亚洲和平的作用不大。因此，佐藤首相当前在亚洲应当做的是给约翰逊总统一个激动人心的答案，在对东南亚国家的援助中作出实质性行动。外务省所提议的 5 亿美元捐款正是这些实质性行动中的一个重要因素，椎名希望佐藤首相能够正视这一计划，利用经济杠杆实现东南亚的政治稳定。

确如外务省所担心的那样，佐藤首相的确被外务省 5 亿美元的捐资计划所震惊，他不认为日本有进行如此规模的对外援助的能力。自1961—1964 年的四年间日本国际收支平衡中顺差极不稳定，分别为 10.14 亿美元、0.16 亿美元、10.71 亿美元和 0.29 亿美元，这种状况使日本时刻面临国际收支赤字的危险。② 考虑到同一时期日本官方和民间所有形式的对外援助总额一直徘徊在 3 亿美元左右，③ 外务省 5 亿美元的对外援助建议确实足够大胆。因此，被震

---

① Administrative Workings of Peace for Asia Program and Japanese Involvement, April 24, 1965, Tokyo 3431. Digital National Security Archive, Japan and the United States: Diplomatic, Security, and Economic Relations, 1960 – 1976. ProQuest LLC. , 2008. JU00470.

② 山本剛士：《戦後日本外交史Ⅵ：南北問題と日本》，東京：三省堂 1984 年版，第 86 頁。

③ 保城広至：《アジア地域主義外交の行方：1952—1966》，東京：木鐸社 2008 年版，第 244—245 頁。

惊的佐藤荣作首相直截了当地拒绝了椎名外相递交的"亚洲和平计划"。佐藤首相极力反对如此宏大的援助规模，他希望日本可以通过援助东南亚建设桥梁、大坝或道路等资金需求规模较小，同时又具体的项目来实现与美国的合作。

　　赖肖尔认为日本外务省的"亚洲和平计划"对美国在东南亚的目标很有价值，而佐藤首相将其拒绝，这给美国带来的问题是如何更多地刺激日本政府实施与东南亚相关的经济援助。日本外务省原本打算将"亚洲和平计划"交给前往西贡赴任的美国驻南越大使洛奇（Henry Cabot Lodge），以此作为日本积极支持美国在东南亚的行动的明证。由于该计划没有获得佐藤首相的认可，日本外务省不得不紧急请求赖肖尔大使，希望洛奇大使经停东京期间在与佐藤首相会见时不要提及外务省的"亚洲和平计划"，以免对外务省的努力产生不利影响。为了使佐藤政府尽快确定对东南亚的援助计划，赖肖尔一方面建议向他通报日本"亚洲和平计划"的外务省东亚局副局长吉野文六（Yoshino Bunroku）不要放弃该计划，希望日本外务省能够找到使佐藤首相接受这一计划的适当方式；[①]另一方面他认为佐藤荣作并没有将外务省的计划完全拍死。因此，他建议美国安排合适人选对日本政府的决策层进行游说。

　　作为这一行动的第一步，美国应当向联合国建议，负责联合国对外援助事务的纳拉辛汉（Narasimhan）在前往曼谷参加有关湄公河开发的会议时经停东京，并与日本民间及政府领导人会见，这将会对椎名外相劝说佐藤首相很有益处。第二步，赖肖尔认为就目前的形势而言，只有佐藤荣作首相被说服日本需要迅速地采取行动，日本的政策才会提升到足够重视当前形势需求的程度。如果没有日

　　① Peace for Asia Program, and the Japanese Government's Request that Henry Cabot Lodge Avoid Mentioning It during His Talk with Prime Minister Sato, April 24, 1965, Tokyo 3430. Digital National Security Archive, Japan and the United States: Diplomatic, Security, and Economic Relations, 1960 - 1976. ProQuest LLC., 2008. JU00469.

本的带动，亚洲就不可能出现对约翰逊总统的倡议有意义的回应。根据洛奇大使与佐藤荣作首相的会谈，赖肖尔判断日本政府对美国的东南亚开发计划进行大规模的经济支持并非没有可能。吴丹（UThant）作为联合国安全理事会秘书长，对东南亚经济和社会开发具有巨大的影响力，他有能力说服佐藤荣作采取东南亚开发所必需的行动。因此，美国应当向亚洲与远东经济委员会要求吴丹亲自出马前往东京对佐藤荣作进行劝说工作。赖肖尔大使认为，尽管日本外务省东南亚经济开发计划的设想在制度结构以及优先顺序上与美国的设想存在差异，但是鉴于日本的态度事关约翰逊总统的东南亚开发计划的成败，当前对美国来说最重要的事情，就是说服日本政府采取实际行动，因此赖肖尔要求华盛顿不要对日本的"亚洲和平计划"吹毛求疵。①

为了寻求日本的积极支持，亚洲与远东经济委员会秘书长吴纽（Un Nyun）按照美国政府的建议于1965年5月11日亲自前往东京进行游说。约翰逊总统10亿美元的大规模援助计划消除了日本参加亚洲开发银行的后顾之忧，虽然佐藤荣作拒绝了日本5亿美元的"亚洲和平计划"，但是在向亚洲开发银行捐款一事方面取得了积极的进展。在吴纽抵达东京的前一天，佐藤荣作召集外务省、大藏省、通产省、农林省以及经济企划厅等相关部门，召开了跨省联席会议商讨应对之策。日本决定劝说吴纽将非地区国家纳入亚洲开发银行之中。并且，如果亚洲国家作出与其各自的经济实力匹配的捐款，那么日本将会同意向亚洲开发银行捐款2亿美元。作为回报，日本应当寻求吴纽支持将亚洲开发银行的总部设在东京。吴纽在与佐藤首相的会见中要求日本向亚洲开发银行捐款2.04亿美元，佐

① Peace for Asia program, April 24, 1965, Tokyo 3432. Digital National Security Archive, Japan and the United States: Diplomatic, Security, and Economic Relations, 1960－1976. ProQuest LLC., 2008. JU00471.

藤荣作并没有向他透露日本内阁已经作出了向亚洲开发银行捐款 2 亿美元的决定，① 只是承诺日本的捐款会与其经济实力匹配，而且日本也会作为亚洲国家和西方国家间的协调者更多地参与到亚洲开发银行的创建工作之中。②

在日本外务省的"亚洲和平计划"提出之时，恰逢美国国务院政策设计委员会主席沃尔特·罗斯托率团在东京与日本外务省综合外交政策局局长小川平四郎（Ogawa Heishiro）举行第二次美日政策协商会议。利用这一机会，赖肖尔安排罗斯托与日本外务省就日本的"亚洲和平计划"进行了讨论。罗斯托向日本人详细解释了约翰逊总统东南亚开发计划的动机和进展情况。他告诉日本人，约翰逊总统有关大规模援助东南亚开发的霍普金斯演说不仅仅是为了经济开发，更是为了治愈东南亚地区长期遭受战火破坏的创伤。美国希望为此目的在东南亚地区建立某些组织，并使和平而非战争对这些地区的侵略者更具吸引力。因此约翰逊总统考虑的，不仅有作为东南亚形势当务之急的越南问题，同时也在考虑如何推动东南亚地区区域合作机制的长远发展。当前美国的研究领域包括寻找东南亚地区潜在的可行性活动、实施新的双边援助计划、支持湄公河开发计划以及亚洲开发银行和亚洲进步联盟的建立。美国的这些贡献都是出于良好的信念，因此美国将会把如何有效地利用美国的援助交由亚洲国家自己决定。正是因为这种善意，亚洲国家的积极配合也就成为约翰逊总统的东南亚开发计划成功实施的关键。罗斯托表示美国政府正在努力向亚洲各国的朋友传达这一信息，也热切期望日本政府能在这方面帮助美国，并且引领亚洲国家对约翰逊总统的计划作出积极回应。虽然

---

① 日本政府向亚洲开发银行捐款 2 亿美元的决定是由渡边武于 6 月 24 日在曼谷举行的协商会议上公开宣布的。

② Dennis T. Yasutomo, *Japan and the Asian Development Bank*, New York：Praeger, 1983. p. 58.

越南战争仍在继续，老挝的形势也在不断恶化，但是罗斯托认为现在已经有必要开始为这两个国家制订战后和平重建计划。只要亚洲国家对总统的霍普金斯演说作出回应，美国就会立即开始实施其 10 亿美元的东南亚开发计划，但是如果亚洲国家对此没有任何积极回应，那么美国对诸如湄公河开发这样的巨大工程的支持将不得不继续原来的双边援助模式。

罗斯托在会上肯定了日本对约翰逊总统演说的积极响应，鼓励日本在亚洲积极承担领导责任，他认为外务省制订的"亚洲和平计划"就是日本在承担亚洲责任方面迈出的重大一步，在这一方面日本外务省的态度最起码要比当前日本政府的官方政策有预见性。在罗斯托看来，社会进步工程和开发工程都需要有效的可行性研究和管理以及可获得银行贷款的项目，只有这样才会给联合国在东南亚地区的援助活动带来动力并促进东南亚国家的自立。罗斯托认为日本外务省制订的"亚洲和平计划"目前尚有与这一理念不符的地方，因此他希望日本能够根据东南亚的实际需要进行适当的修改。对此，日本外务省表示以前日本担心美国会因其国际收支平衡问题而削减对外经济援助的规模，从而增加日本的财政负担，但是约翰逊总统的演说使他们看到了美国对外政策的转变，现在日本已经完全理解美国的良好意愿并会依据美国提供的相关信息对其"亚洲和平计划"进行大幅度的修改。[①]

1965 年 3 月，惠灵顿会议讨论亚洲开发银行建立问题时，亚洲国家希望日本发挥领导角色，但是日本担心自己会被迫独自承担向亚洲开发银行捐款的责任。因此，日本当时对亚洲开发银行的态度

---

① Second Japan-U. S. Policy Planning Consultions (April 24 – 27, 1965), May 22, 1965. Digital National Security Archive, Japan and the United States：Diplomatic, Security, and Economic Relations, 1960 – 1976. ProQuest LLC., 2008. JU00476；石井修，我部政明，宮里政玄監修：《アメリカ合衆国対日政策文書集成，第 9 期——日米外交防衛問題：1965 年》，第 6 巻，東京：柏書房 2001 年版，第 119—151 頁。

并不积极。为了推动日本公众和政府对东南亚地区的重视，赖肖尔在美日政策协商会议之外还特意安排了罗斯托在日本多地就地区开发问题进行演讲。罗斯托的"经济发展阶段论"引起了日本经济团体的兴趣，结果引发了日本国内在日本与美国在亚洲进行合作问题上的争论，[①] 有效地推动了佐藤政府在对不发达国家经济援助方面的进展，为几天之后前来东京寻求支持的亚洲与远东经济委员会秘书长吴纽创造了良好的环境。

外务省的"亚洲和平计划"遭到佐藤首相的否决，反应的是双方在东南亚经济开发问题上的不同思路。外务省欲通过大规模的资金支持来实现东南亚经济开发的目的，而佐藤首相则希望日本能够在避免承担大规模财政负担的情况下实现这一目标。更为重要的是，美国海军陆战队在岘港登陆以后，美国增兵越南的趋势越来越明显[②]，而越南问题又是日本国内整治中极为敏感的问题，佐藤荣作不想使自己对东南亚的援助活动与美国在越南日益升级的军事行动产生关联，从而过早结束自己的政治生命。

与佐藤首相对"亚洲和平计划"的反应相类似，日本政府内其他省厅对外务省的东南亚开发构想也很冷淡，尤其是对日本的对外援助政策具有重大发言权的通商产业省和大藏省。这两个省的反应与亚洲国家缺乏对约翰逊总统的霍普金斯演说应有的响应有关。它们认为，既然日本已经决定加入亚洲开发银行这一多边区域性组织，那么就没有必要再考虑建立其他新机构。虽然它们也承认东南亚的稳定和繁荣事关日本工业出口事业的繁荣，但是在亚洲绝大部

---

① Ambassador Edwin O. Reischauer to Secretary Rusk, May 3, 1965, Tokyo 3542 (01324). 石井修，我部政明，宫里政玄监修：《アメリカ合衆国対日政策文書集成，第9期——日米外交防衛問題：1965年》，第8卷，东京：柏書房2001年版，第105—110页。罗斯托关于经济发展阶段论的论述见［美］罗斯托：《经济增长的阶段：非共产党宣言》，郭熙保、王松茂译，中国社会科学出版社2001年版。

② 时殷弘：《美国在越南的干涉和战争（1954—1968）》，世界知识出版社1993年版，第201—204页。

分国家消极应对约翰逊总统的东南亚开发计划之时，日本单独加入该计划不仅不会给日本带来任何经济上的收益，反而会给日本带来沉重的财政负担，最终影响日本国内经济的健康发展。[①] 由于得不到其他省厅，尤其是佐藤荣作首相的支持，椎名外相抱有极大热情的"亚洲和平计划"遭遇极大的挫折。在这种情况下，美国和日本不得不寻找日本参与东南亚开发的新形式。

随着佐藤荣作追求经济稳定平衡增长的新经济政策的实施，日本国内经济发展面临的问题日益显现出来。1965 年 3 月和 5 月，日本山阳特殊制钢厂和山一证券分别出现了危机，这使佐藤内阁担心日本政府接下来会面临财政收入不足的境况。因此，日本对财政支出特别警惕。日本国内经济的不景气带给佐藤荣作政府的是一个两难问题。财政税收的减少和国内经济所面临的问题是由日本国内市场的饱和而引起的，解决这一问题的出路就在于扩大国外市场。然而另一方面，虽然东南亚为日本的工业产品提供了潜在的巨大市场，但是佐藤政府因日本国际收支平衡面临赤字的危机，不愿意使自己承担援助东南亚的巨大责任。如何说服佐藤荣作配合美国在东南亚的行动，这既是赖肖尔作为美国驻日大使的重大使命，也是日本外务省为加强美日关系所面临的重大课题。

赖肖尔在美日政策协商委员会结束后，借向佐藤荣作转交约翰逊总统的亲笔信之机，与佐藤首相探讨了东南亚经济开发事宜。佐藤荣作关注的是日益升级的越南战争，对向东南亚援助问题则态度冷淡。佐藤荣作认为越南战争解决的前景比较暗淡，美国需要 3—10 年才能完成这一目标。因此他虽然表示理解美国在越南的行动，但是仍然希望美国能够暂时停止对越南的轰炸，以缓和东南亚的形

---

① 野添文彬：《東南アジア開発閣僚会議開催の政治経済過程：佐藤政権期における日本の東南アジア外交に関する一考察》，《一橋法学》，第 8 卷，第 1 号，2009 年 3 月。

势。而赖肖尔对此的认识则要比佐藤荣作乐观得多，他认为即使最终需要依靠武力解决，越南问题也会在未来两三年内就得到解决。出于这种判断，赖肖尔希望佐藤首相能够积极响应约翰逊总统的建议，为东南亚的和平稳定作出贡献。赖肖尔认为在当前阶段建立亚洲经济开发的组织机构要比援助资金重要得多，只有建立健全的机构，东南亚国家才能吸引包括美国在内的西方发达国家以及日本的资金援助，并将之有效利用。在东南亚经济开发方面，日本已经拥有了东南亚急需的先进技术，因此，赖肖尔认为日本尤为胜任在这一过程中的领导角色。为了实现日本的使命，赖肖尔劝说佐藤荣作，日本应当积极与联合国接触，参与到联合国为东南亚地区寻求和平的努力之中。对于与联合国密切合作这一建议，佐藤荣作欣然应允，当场指令外务省北美局局长安川壮负责安排联合国副秘书长纳拉辛汉在赴曼谷参会途中经停东京，与日本政府商讨日本如何配合联合国在东南亚地区的行动。[①]

佐藤荣作于6月3日进行了内阁改组。椎名悦三郎留任外务大臣。福田赳夫（Fukuda Takeo）出任大藏大臣。原自民党干事长三木武夫没有像佐藤荣作访问华盛顿时汉弗莱（Hubert H. Humphrey）副总统所期待的那样出任外务大臣，而是出任通商产业大臣。三木历来关注亚洲事务，其上任对日本的动向具有重要意义。佐藤荣作的新内阁成立后，首先扩大了对亚洲开发银行的支持，明确表示希望亚洲与远东委员会将亚洲开发银行的总部设在东京，并由日本人出任亚洲开发银行的总裁。为此，佐藤借世界银行年会以及为东京地方政府募集资金之机，派遣渡边武前往纽约并与布莱克会见，寻求美国的支持。渡边武与布莱克两人之

---

① Cable from Ambassador Edwin Reischauer to Secretary Rusk on a 5/6/65 Meeting with Japan's Prime Minister Sato on Economic Assistance to Southeast Asian, May 7, 1965. Declassified Documents Reference System, Farmington Hills, Mich.: Gale, 2011, Document Number: CK3100093608 – CK3100093611.

间并不陌生，布莱克担任世界银行行长之时，渡边武是世界银行的执行主任，因此他们之间有着颇为密切的私人关系。也正是因为这一点，他们的会谈地点定在了布莱克的家中，并持续了长达四小时三十分之久。渡边武向布莱克转达了日本政府希望通过亚洲开发银行响应约翰逊总统霍普金斯演说的设想，为了使日本能够最大限度地发挥作用，他希望美国支持日本对亚洲开发银行的诉求。布莱克虽然赞赏渡边武的计划，但是他对将亚洲开发银行的总部设在东京并不看好，他希望渡边武能够代表日本政府积极寻求出任亚洲开发银行的首任总裁，以便亚洲开发银行在建立之初能够更好地确立运行规范。①

　　日本在亚洲开发银行问题上表现出对参与东南亚经济开发的兴趣大增后，赖肖尔大使于 6 月 14 日再次面见佐藤荣作首相。由于日本大选以及第四次美日贸易和经济委员会即将举行，赖肖尔特意与佐藤荣作探讨了日本政策的转变与东南亚经济开发问题。当赖肖尔大使向佐藤荣作询问日本在东南亚经济开发中将会承担何种作用时，佐藤荣作依然反应消极。他告诉赖肖尔大使，由于受池田勇人首相过去采取的经济高速发展战略的误导，日本当前需要进行严肃的经济调整。这种转变给日本带来了巨大的财政困难，因此，日本当前没有能力扩大对外经济援助的规模。佐藤荣作向赖肖尔表示，他对日本左翼分子以及知识分子对越南战争的强烈反应感到不安。因此希望美国能够允许更多的记者前往越南实地考察，从而改善美国和日本的国内公共关系。当前日本应对越南战争的态度，已经严重影响到了日本的政治发展，因此，佐藤荣作要求美国对此要有耐心和毅力。赖肖尔据此判断，佐藤荣作为了在即将到来的大选中应对日本左翼的攻击，将会尽可能地使日本远离战争。赖肖尔大使预

---

① Dennis T. Yasutomo, *Japan and the Asian Development Bank*, New York: Praeger, 1983. p. 68.

计日本的大选结果将会对佐藤荣作有利，这会恢复佐藤荣作在与美国合作时应对政治压力的信心。[①] 鉴于佐藤自身面临的困境，赖肖尔大使建议华盛顿要对佐藤的态度予以谅解。

二　赖肖尔与东南亚经济开发计划的实现

在佐藤首相因"亚洲和平计划"规模过于庞大而以日本资金不足为理由将其拒绝后，日本外务省开始考虑响应约翰逊总统的东南亚开发计划的替代性措施。6月11日，外务省经济合作局决定研究"扩大东南亚经济社会开发计划"，放弃了"亚洲和平计划"中的宏大规划，将日本的援助对象限定于湄公河流域的四个国家（老挝、泰国、缅甸和越南）。印度尼西亚自1964年年底退出联合国后日益孤立并与中国接触的形势影响了外务省的判断，它担心印度尼西亚会与中国越走越近。日本外务省认为美国对湄公河流域四国，尤其是对越南的援助特别重视，其经济发展计划大部分都将会得到亚洲开发银行的资助，而在发展援助方面不受重视的其他东南亚国家则强烈希望获得资助，因此，日本有必要扩大在东南亚的援助规模。另外，外务省对外合作局也认为，只有湄公河流域的四个国家无法形成对约翰逊总统10亿美元的东南亚经济开发计划的积极响应，这样美国国会为支持东南亚建设而拨款的热情就会受到极大打击。日本作为在东南亚地区拥有关键利益的唯一地区性发达国家，最终将不得不承担美国从积极援助后退的代价。于是在6月25日，外务省国际合作局开始设想召开东南亚国家经济开发会议，将参与国家扩展至缅甸以东的所有东南亚国家，该会议将由各国涉及经济

① Cable from Ambassador Edwin Reischauer on His 6/14/65 Talk with Prime Minister Sato Concerning How Japanese Pulic Reaction to the Escalating Vietnam War has Affact Various Aspect of U. S. - Japanese Relationship, June 15, 1965. Foreign Relations of the United States, 1964 – 1968, Volume 29, pp. 97 – 98; Declassified Documents Reference System, Farmington Hills, Mich.: Gale, 2011, Document Number: CK3100093612 – CK3100093613. （DDRS 中为不完全解密，FRUS 为完全解密）

开发的部长参加，并邀请西方发达国家以及世界银行和亚洲与远东
经济委员会的代表与会。①

7月1日，在日本内阁为了准备即将召开的第四次美日贸易和
经济委员会而举行内阁会议上，外相椎名向其他阁员说明了外务省
召开东南亚国家经济开发会议的构想。椎名认为在美日联席会议
上，美国必定会要求日本配合约翰逊总统的东南亚援助计划，椎名
希望日本能够以此应对美国的施压。外务省的建议遭到了大藏省、
通商产业省以及经济企划厅的一致反对，它们反对为了配合约翰逊
总统的东南亚开发构想而设立新的机构，认为应当通过即将成立的
亚洲开发银行来行使地区开发机构的职能。令大藏省极为担忧的
是，日本已经对东南亚国家承担了赔偿和援助责任，而且在韩国也
即将承担同样的责任，日本承担的责任已经足够多。即使在这种情
况下，日本仍然决定向亚洲开发银行捐款2亿美元，如果日本政府
召集东南亚国家部长会议，主导建立新的多边援助机制，这意味着
日本将会作出新的承诺。大藏省担心日本的财力无法承担如此
重负。

外务省这一倡议的转机出现在7月2日，通商产业大臣三木武
夫不再与大藏大臣福田赳夫一起坚持反对召开东南亚经济开发会
议。结果日本内阁会议虽然没有就外务省的这一计划达成最终意
见，但是同意椎名外相在华盛顿参加美日贸易和经济委员会期间就
此单独向腊斯克国务卿进行说明。于是椎名悦三郎指令日本驻缅
甸、泰国、马来西亚、印度尼西亚、南越、柬埔寨、老挝以及菲律
宾的大使探寻各驻在国对召开东南亚部长会议的意见，并向美国、
澳大利亚、新西兰等潜在捐资国进行了通报。

三木武夫突然放弃对外务省召开东南亚经济开发会议的反对，

① 保城広至：《アジア地域主義外交の行方：1952—1966》，東京：木鐸社，2008 年版，第270—274 頁。

这与其对亚洲的关注并为此倡导的东南亚农业开发有关。在日本因佐藤荣作实施新经济政策而陷入经济不景气之时，日本经济界普遍感应到了因日本国内市场狭小所引发的生产过剩危机。为了解决这一问题，日本经济界主张日本政府以亚洲为中心积极实施合作，通过鼓励东南亚诸国生产初级产品和轻工业制品并由日本主动购买，解决与不发达国家的贸易平衡问题，进而实现日本向东南亚国家扩大出口重化工业产品，解决国内经济萧条问题。[1] 三木武夫作为通商产业大臣接受了日本财界的观点，决定通过支持东南亚初级产业的发展来解决日本经济发展所面临的困境。

尤金·布莱克参加完 6 月在曼谷召开的讨论亚洲开发银行的会议后，于 7 月 3—6 日访问东京并与日本政府高层商讨东南亚开发事宜。三木武夫认为，东南亚人口的增加和农业的落后所带来的粮食不足，引发了东南亚国家严重的社会问题，作为对东南亚经济开发的第一步，美日两国应当首先帮助东南亚国家解决影响政治和社会安定的贫困问题。因此，三木武夫向布莱克建议设立农业开发基金，用以减轻东南亚国家对进口粮食的需求压力，进而为刺激东南亚经济的发展创造良好的环境。布莱克认为这一倡议正是美国所准备在亚洲支持的开发类型，鉴于亚洲与远东经济委员会在农业开发这一领域贡献很少，日本必定能够在这一领域发挥领导作用。[2]

赖肖尔注意到了日本政府内的这种动向，他认为即将在华盛顿召开的第四次美日贸易和经济委员会为美国推动日本响应约翰逊总统的东南亚开发计划，并增加对东南亚的经济援助提供了天赐良

---

① 野添文彬：《東南アジア開発閣僚会議開催の政治経済過程：佐藤政権期における日本の東南アジア外交に関する一考察》，《一橋法学》，第 8 卷，第 1 号，2009 年 3 月。

② Background Summary of the Fourth Meeting of the Joint U. S. -Japan Committee on Trade and Economic Affairs: Cooperation in the Economic Develompent of Less Developed Areas of Southeast Asia, July 7, 1965. Declassified Documents Reference System, Farmington Hills, Mich.: Gale, 2011, Document Number: CK3100042922 - CK3100042928.

机，同时这也为创建日本与东南亚不发达国家间的新型国家关系提供了机会。这种机会正是美国一直以来所孜孜追求的。因此，赖肖尔多次向华盛顿强调，美国应当将约翰逊总统的东南亚开发计划列为此次会议最为重要的议题，以便将日本阁员的注意力集中到对东南亚援助问题上来，从而获得日本政府对美国援助计划的积极支持。他认为虽然佐藤政府已经决定从日本的财政预算中向亚洲开发银行捐款 2 亿美元，但是包括椎名外相、三木通产相以及福田藏相在内的佐藤内阁的关键官员，仍然担心日本会因过多涉入美国的东南亚经济开发设想而被卷入美国在越南的军事行动当中，从而影响到日本政局的平衡和稳定。①因此赖肖尔认为日本领导人并非不承认东南亚的需求，但是由于东南亚地区在日本政治中暗示的是战区，日本政府只是不想与美国在东南亚地区的任何军事行动联系在一起。这反映的是日本尚未完全理解约翰逊总统霍普金斯演说中所暗含的美国东南亚政策的转变。另外，日本的对外经济援助仍然停留在严格的商业行为基础之上，坚持条件苛刻的硬贷款以及附带限制性条件极多的援助，显然这已经不符合当前东南亚地区的需求，为此美国应当积极谋求改变日本的思路。为了消除日本的顾虑，赖肖尔提出，由包括苏联在内的所有发达国家共同参与东南亚经济开发计划而非由美国主导这一点至关重要，为此美国应当大力推动诸如亚洲开发银行、湄公河开发委员会以及亚洲高速公路委员会和通信委员会这样的多边性项目。②

由于日本政府内已经出现了积极响应美国东南亚援助计划的端

① The Joint U. S. -Japan Committee on Trade and Economic Affairs: the Southeast Asia Regional Development Program, July 3, 1965. Digital National Security Archive, Japan and the United States: Diplomatic, Security, and Economic Relations, 1960 – 1976. ProQuest LLC. , 2008. JU00486.

② Background Summary of the Fourth Meeting of the Joint U. S. -Japan Committee on Trade and Economic Affairs: Cooperation in the Economic Develompent of Less Developed Areas of Southeast Asia, July 7, 1965. Declassified Documents Reference System, Farmington Hills, Mich. : Gale, 2011, Document Number: CK3100042922 – CK3100042928.

倪，赖肖尔强烈建议国务院在与日本内阁成员的会谈中支持椎名外相的东南亚经济开发会议和三木通商产业相对东南亚农业开发的关注，以获得良好的会谈效果。布莱克与佐藤内阁要员的会见也证实了赖肖尔对日本的判断。布莱克在前往羽田机场返回美国之前向华盛顿汇报，他认为日本以美国所希望的规模和方式积极参与到东南亚开发中有很大阻力。尽管如此，日本的关键部门以及商界都理解美国的计划。因此，他建议利用美日贸易和经济委员会期间双方阁员会谈之机，使日本更多地了解美国的计划，并认为美国应当寻求西欧国家和苏联对开发计划的支持，这对打消日本政府的疑虑有积极作用。① 同时他也认识到了椎名悦三郎和三木武夫的积极动向，提出了与赖肖尔大使相同的建议，希望华盛顿对椎名和三木这两位日本内阁要员的设想予以积极的鼓励，从而增加他们对约翰逊总统东南亚开发计划的理解，并通过他们间接影响佐藤首相的认识。②

　　赖肖尔大使和布莱克的建议获得了华盛顿的赞许，腊斯克国务卿向约翰逊总统特别强调此次会议要将东南亚经济开发计划列为与越南问题并列的最重要问题，并重点做好通商产业大臣三木武夫、大藏大臣福田赳夫以及经济企划厅长官藤山爱一郎的说服工作。③ 在 7 月 12 日腊斯克国务卿和椎名悦三郎外相的会谈中，两人对美

① Discussion of Japanese Role in Southeast Asian Development Effort, July 6, 1965. Digital National Security Archive, Japan and the United States: Diplomatic, Security, and Economic Relations, 1960 – 1976. ProQuest LLC. , 2008. JU00487.

② SEA Economic Development-Joint Economic Committee, July 9, 1965. Digital National Security Archive, Japan and the United States: Diplomatic, Security, and Economic Relations, 1960 – 1976. ProQuest LLC. , 2008. JU00490.

③ Memorandum for the President: Your Lunch wit the Japanese Delegation to the Fourth Meeting of the Joint U. S. -Japan Committee on Trade and Economic Affairs, July 13, 1965. Digital National Security Archive, Japan and the United States: Diplomatic, Security, and Economic Relations, 1960 – 1976. ProQuest LLC. , 2008. JU00489.

国在东南亚影响力的局限性达成了共识。① 为了应对东南亚的不利
形势，椎名悦三郎告诉腊斯克，日本政府已经认识到东南亚的形势
严峻到了不能再被忽视的程度，因此与约翰逊总统对东南亚 10 亿
美元的经济援助计划相呼应，日本政府正在研究制订自己的东南亚
援助计划。目前印度和巴基斯坦已经得到了发达国家的有效援助，
日本与（中国）台湾和韩国也有特殊的关系，并且对他们的经济发
展有特殊的援助项目，但是大部分地区仍处于政治动荡中的东南亚
八国所获得的经济援助非常少，它们得到的人均援助规模甚至还不
足非洲国家的一半。因此，椎名悦三郎认为美日作为在东南亚地区
有重要利益的发达工业国，应当加大对这些国家的经济援助。但是
正如约翰逊总统所认为的那样，为了使经济援助得到最有效的利
用，受援国必需参与到援助过程之中，主动地自主管理和使用所得
到的援助。椎名认为亚洲国家过去在接受经济援助方面普遍感到自
卑。因此，他们既热切渴望得到发达国家的大规模援助，但同时他
们的自卑心理又使他们憎恨这些捐资国。美日两国的援助计划必须
克服东南亚国家的这种心理障碍。

　　同时日本政府考虑到当前为东南亚提供经济援助的湄公河委员
会地域范围过于狭窄，而亚洲与远东经济委员会的范围又过于广
泛，这两者都无法有效地满足东南亚的需求。因此，日本政府已经
拟议邀请东南亚八国共同参加一项特别针对它们的经济援助计划。
椎名外相进一步解释，他的设想是邀请东南亚八国政府参加一个东
南亚开发会议，该会议将会成为一个由各国外交部部长以及其他与
经济发展相关的部长参加的供东南亚国家就经济发展问题坦率交换
意见的长期论坛。因为该会议只是就如何实现各国更好的发展交换
意见而不作出强制性决定，其目的是鼓励各受援国更为积极主动地

---

　　① South and Southeast Asian Situation, July 12, 1965. Declassified Documents Reference System, Farmington Hills, Mich.: Gale, 2011, Document Number: CK3100357805 – CK3100357806.

参与自助，因此它将会消除引发它们憎恨捐资国的自卑情绪。椎名外相告诉腊斯克国务卿，外务省的这一设想已经得到了佐藤荣作首相的认可，而且除了印度尼西亚和柬埔寨两国外，东南亚国家对此也反应良好。他本打算在会议期间将这一计划作为一项具体的建议提出，但是受日韩关系的发展以及日本参议院大选的影响，加之日本内阁成员中也有人担心日本因此而被迫作出新的捐款承诺而极力反对，他现在只是将日本的初步设想提前向美国政府通报，希望能够获得美国政府的大力支持。[①] 腊斯克认为这一建议是日本对东南亚援助态度的建设性发展，他本人对此很有兴趣，并在与其他同僚商议后对椎名外相召开东南亚国家部长会议的倡议给予了明确支持。[②]

关于日本对东南亚的经济援助，椎名悦三郎外相表示，日本在联合国贸易和发展委员会上已经宣布将其国民生产总值的1%用于对外经济援助，但是由于日本自身面临诸多问题，很难在近期内实现这一目标，大藏省在放宽对外援助方面还很犹豫。日本政府正在为了实现这一目标而努力，椎名希望腊斯克国务卿对此予以谅解。为了推动日本作出更大的贡献，约翰逊总统按照赖肖尔的建议当面向福田赳夫施压，要求日本在向亚洲开发银行捐款之外再向东南亚开发基金捐款1亿美元。总统认为日本应当与美国捐献同样的资金，这样他才能够引领美国人民对东南亚作出更大贡献。考虑到日本的国情，约翰逊表示他不会要求日本向东南亚地区提供军队，但是日本应当在经济方面作出贡献。约翰逊认为现在两国援助东南亚

---

① Memorandum of Conversation between Foreign Minister Etsusaburo and Secretary Rusk on Japanese Economic Assistance to Southeast Asia, July 12, 1965. Declassified Documents Reference System, Farmington Hills, Mich.: Gale, 2011, Document Number: CK3100093614 - CK3100093617.

② Results of Meetings of the Joint U. S. -Japan Cabinet Committee on Economic Affairs, July 16, 1965. Digital National Security Archive, Japan and the United States: Diplomatic, Security, and Economic Relations, 1960 - 1976. ProQuest LLC., 2008. JU00497.

是在对和平投资，这在未来将会为两国节省数十亿美元的资金。因此，他希望日本能够作出更多的实质性支持。福田藏相表示当前日本正面临严重的经济萧条，税收急剧减少。因此他虽然理解并支持总统的立场，但是他不能对此作出任何承诺，他需要回国后与佐藤荣作首相进行讨论。[①] 约翰逊总统的劝说，对转变福田赳夫在日本增加对东南亚的经济援助的认识上起到了很好的作用。在福田赳夫回国后汇报华盛顿之行时，向佐藤首相表示他在白宫已经被约翰逊总统说服，认识到日本必须在东南亚经济开发中发挥重要作用。[②]

此次会议期间，赖肖尔大使向腊斯克国务卿递交了名为《我们与日本的关系》的备忘录。赖肖尔向国务卿强调，只有维持和加强良好的美日关系，才能使日本在东南亚开发中发挥美国所希望的作用。但是最近越南形势的恶化，使即使是对美国友好的日本保守势力也开始怀疑并批评美国的越南政策的明智性，这种状况导致美日间正在急剧丧失友好关系存在的基础。因此，赖肖尔强烈建议腊斯克国务卿迅速采取措施扭转这种不利趋势。为此美国除了要在冲绳问题上更为开明之外，还应当在东亚以及东南亚经济开发上与日本更全面地合作，以此实现美日两国经济与军事力量的平衡，并提升日本的国际地位，满足日本民族主义增长的需求。[③] 根据赖肖尔的

---

① President Johnson Meets with Japan's Minister of Finance Takeo Fukuda to Discuss a Japanese Contribution to the Southeast Asia Development Fund, July 14, 1965. Document Number: CK3100128673 – CK3100128674.

② Meeting between U. S. Embassy Official Emmersion and Japanese Prime Minister Sato, July 27, 1965. Digital National Security Archive, Japan and the United States: Diplomatic, Security, and Economic Relations, 1960 – 1976. ProQuest LLC. , 2008. JU00501.

③ Our Relations with Japan, July 14, 1965. Digital National Security Archive, Japan and the United States: Diplomatic, Security, and Economic Relations, 1960 – 1976. ProQuest LLC. , 2008. JU00492，JU00493；石井修，我部政明，宫里政玄监修：《アメリカ合众国对日政策文书集成，第 9 期——日米外交防卫问题：1965 年》，第 6 卷，东京：柏书房 2001 年版，第 232—238 页；Memorandum from the Ambassador to Japan (Reischauer) to Secretary of State Rusk: Our Relations with Japan, July 14, 1965. Foreign Relations of the United States, 1964 – 1968, Volume. 29, Part 2, Japan. pp. 104 – 110.

这一建议，华盛顿要求他返回任所后向日本政要进行试探，以查明他们是否也有发展新型美日关系的意愿。为了推动日本采取积极行动，赖肖尔不仅与佐藤荣作首相、福田赳夫藏相等日本政府要员进行了接触，同时也与日本经济界大佬即日本经济团体联合会的正、副会长石坂泰三（Ishizaka Taizo）和植村甲午郎（Uemura Kogoro）会见，向他们强调美日关系的强化需要日本对东南亚经济开发承担更为积极的责任。佐藤荣作首相面对赖肖尔大使时的公开回应是，他认为越南战争引发的当前日本国内的政治形势不允许双方讨论深化日美关系的未来，只有摆脱与越南战争的关系后，日本才能讨论增加对东南亚地区尤其是对越南的援助。[①]

正如赖肖尔向华盛顿汇报的那样，藏相福田赳夫在华盛顿之行后对扩大东南亚援助的积极态度明显，他计划再次前往华盛顿与美方秘密商讨。赖肖尔向华盛顿指出，福田赳夫是日本政治中的关键力量，虽然福田当前最主要的兴趣在于为日本寻找所需要的资金，但是他极有可能会利用佐藤荣作经济政策过渡期的不景气来稳步地增加日本政府对援助东南亚的兴趣，在制订具体的援助计划方面他将会发挥至关重要的作用。赖肖尔认为福田赳夫此次华盛顿之行将会为美国试探日本援助东南亚的诚意提供良好的机会。因此，他强烈建议财政部的福勒（Fowler）部长或者是鲍尔（Ball）副部长中的至少一位在华盛顿与他会谈。[②]

赖肖尔在东京与日本官方和民间的接触取得了显著的成果，日本政府对召开东南亚经济开发会议的决策进程明显加快。1965

---

① Telegram from the Embassy in Japan to the Department of State, September 4, 1965, Tokyo 818（03579）. Foreign Relations of the United States, 1964 – 1968, Volume 29, Part 2, Japan. pp. 124 – 126；石井修，我部政明，宫里政玄监修：《アメリカ合衆国対日政策文書集成，第9期——日米外交防衛問題：1965年》，第6卷，東京：柏書房2001年版，第42—45頁。

② Japanese Aid to Southeast Asia and Access to U. S Capital, September 15, 1965. Digital National Security Archive, Japan and the United States: Diplomatic, Security, and Economic Relations, 1960 – 1976. ProQuest LLC. , 2008. JU00518.

年 9 月 20 日，日本外务省就召开东南亚开发部长级会议向各省厅再次作了说明。三木武夫作为通产相支持了外务省的计划，而福田赳夫藏相则以外务省计划在会议上捐款 3 亿美元为由，仍然对召开会议持反对态度。尽管如此，这次沟通会还是从原则上决定召开东南亚开发部长级会议，其他问题日后再议。一个月以后，椎名外相和福田藏相从华盛顿返回东京，日本内阁最终正式决定召开东南亚开发部长级会议，并接受了三木通产相建立农业开发基金的构想。

　　日本外务省为响应约翰逊总统的东南亚大规模援助计划而提出的东南亚开发部长级会议最终于 1966 年 4 月 6—7 日在东京召开。会上日本阁员认为东南亚各国处于经济发展的不同阶段，并且也有各自的产业结构，希望东南亚各国关注农业和轻工业的发展，并借鉴日本经济发展的经验。日本虽然没有具体的援助计划，但是福田赳夫藏相代表日本政府向与会各国代表公开承诺，日本将会把其国民生产总值的 1% 用于对不发达国家的援助事业。有鉴于此，赖肖尔大使认为日本主持召开的这次会议取得了巨大成功，战后首次召集国际性会议并获得成功这将会使日本更加自信，这种自信将会推动日本在亚洲承担更大的责任。因此，美国可以期待在不久的将来日本会分担美国在亚洲地区的负担。根据赖肖尔的这一认识，美国于 1966 年 5 月 27 日制定的新的对日政策文件中推测日本将会逐步在亚洲地区寻求对其领导地位的认同，其承担的对亚洲国家的援助责任将会增加，虽然美国政府将会继续对亚洲进行大规模的经济援助，但是美国应当将主要责任逐步让位于日本。[1]

---

　　[1] The U. S. -Japan Overall Relationship, May 27, 1966. Digital National Security Archive, Japan and the United States: Diplomatic, Security, and Economic Relations, 1960 – 1976. ProQuest LLC., 2008. JU00570.

小　结

　　美国大力倡导对东南亚的开发援助，其实质就是在美国对独自承担西方国家在东南亚地区的责任力不从心之时，进行责任的交接转移，在日本逐步崛起的过程中将主要责任由美国向日本过渡。日本经济的发展需要东南亚地区的政治稳定和经济繁荣，而满足日本的民族主义感情，提升国际声望则需要日本扩大在东南亚的影响力，日本也希望通过自身的经济实力向东南亚国家展示其成就和"自由世界"的吸引力。因此从本质上来看，日美两国的目标和诉求是相同的。其分歧就在于日本如何以及在何种程度上承担在东南亚的责任。日本既不希望自己在美国主导的经济援助计划中处于被忽视的地位，也不想超出日本的承受能力在东南亚地区承担过多的责任。赖肖尔在这方面的贡献就在于他推动日本增加了对东南亚地区的关注，并使华盛顿接受日本在东南亚地区以自己的方式来具体地承担责任。越南形势的恶化是推动两国协调援助政策的催化剂，约翰逊总统对东南亚经济开发方面的倡议使日本感到了压力，它不得不寻找合适的方式应对东南亚开发。日本政府除了召集东南亚开发部长级会议协调各国的发展计划外，还积极参与了亚洲开发银行的建立，并在美国的压力下向亚洲开发银行捐款1亿美元设立特别基金，由此成为实际上亚洲开发银行最大的捐资国，逐步接替美国成为东南亚地区责任的主要承担者，并且这种转换也将东南亚各民族主义国家关注的重心成功地引向了经济发展。

结　语

　　研究赖肖尔作为大使的作用，本来极为尴尬，但是由于腊斯克以及邦迪等人对东亚地区的轻视，这为赖肖尔影响对日决策带来了巨大机遇。同样，在美国的既定政策之下，赖肖尔在如何发挥、如何处理美日关系上，也就有了更大的活动空间。

　　日本南方领土处理问题，涉及的是美国在远东的战略布局，其关键之处在于美国对冲绳军事基地的自由使用。虽然杜勒斯在对日和会上承认日本对这一地区的"潜在主权"，但是以冲绳为中心的日本南方领土的未来何去何从，这并不是一件确定的事情。这一点在艾森豪威尔总统的"晴空政策"中展露无遗。美国是冲绳的实际控制者，因而掌握着处理冲绳问题的主导权。

　　1952—1960年，美国方面无论是在华盛顿决策层，还是在东京大使馆执行层，对冲绳的命运有多种设想，但是其目标始终未走到"返还"这一最终解决之道上来。究其原因，一是美日两国实力悬殊，美国没有将日本放在与其平等的地位对待。因而面对冲绳出现的诸多状况，美国对冲绳政策考量中，日本的影响力有限，更多时候，美国是将之视为自己的问题加以处理。二是美国对冲绳的认识问题。在日本获得独立后的八年间，墨菲、艾利逊以及麦克阿瑟三任驻日大使，虽然逐步认识到冲绳问题将会成为美日关系中的不和谐因素，但是当时冲绳形势尚未严重恶化，因而这一时期，冲绳"返还"问题也不会被他们当作迫在眉睫的事情。

冲绳形势在赖肖尔任期内发生了变化。一是《新安保条约》确定了美日平等关系的理念，日本在美日关系中的地位上升。二是日本国际地位的提高。随着战后日本经济的恢复，尤其是 60 年代池田勇人执政后，大力推行"国民收入倍增计划"，日本的经济实力迅速提升。随之而来的是日本民族主义情绪的高涨，冲绳在这一方面意义尤为特殊。三是赖肖尔的理念，这是他与前任大使的区别之处。一方面，赖肖尔极力倡导美日伙伴关系。另一方面，他对冲绳问题的认识具有战略性和超前性，其着眼点已经超越了他的前任，不仅仅是在于处理当时所面临的危机，更意在为美日关系的长远发展奠定基础。赖肖尔认为日本与冲绳有着相同的历史和文化，这是联结两者的纽带，美国无法将之割断。他认为随着冲绳内部政治、经济的发展以及日本民族主义情绪的增长，冲绳问题的最终出路在于将之"返还"给日本。因此，赖肖尔一改前任在冲绳对日本的防范，主张同意日本加强与冲绳的联系。为了避免美国长期占领冲绳在日本引发反美情绪，他积极建言华盛顿重新研究美国的冲绳政策。这使约翰逊总统在 1967 年与佐藤荣作首相的首脑会谈中宣布放弃"晴空政策"，同意就"返还冲绳"进行谈判。美国在实际控制冲绳的情况下，在冲绳问题上逐步向日本让步，正是美国在处理双边关系中将日本平等对待的表现。

与冲绳问题相比较，在美国海军使用日本基地问题中，美日两国的关系更具平等性。前一课题更多的是一种政策导向问题，而后者则是在既定政策目标指导下，如何具体执行的问题。日本基地与冲绳基地，共同构成美国在远东的战略基础。根据《美日新安保条约》，美国有保护日本的义务；相应地，日本也有在远东地区为美国提供军事基地的义务。这样，日本的军事基地就具有了防御日本安全和支持美军的双重意义。美国海军核动力舰只驶入日本港口，是美国海军依据双边条约获得的权力。考虑到核动力的特殊性，华盛顿没有贸然行使这一权力，而是就具体实施问题与日本进行了协商。

美国核动力舰只对日本海军基地的需求，随着美国核潜艇的实际部署而变得日益迫切。因为有《美日新安保条约》为依据，所以，美日两国所面临的实际问题，是美国何时以及如何行使这一权力。这一任务就落在了身为美国驻日大使的赖肖尔身上。赖肖尔在实际处理过程中，遇到了两个必须解决的问题。其一，与美国核动力舰只有可能搭载的核武器有关；其二，涉及美国核动力舰只的安全性问题。在实际操作中，赖肖尔对这两个问题采取了截然不同的处理方式。

其中第一个问题，涉及《美日新安保条约》中的"事前协商"条款以及由此而来的美日"核密约"问题。美国的核潜艇是其战略核力量的重要组成部分，所以核潜艇搭载的核武器问题在谈判伊始就显现出来。日本政府考虑到国民对核武器的特殊感情，在《新安保条约》中加入了"事前协商"条款，对驻日美军的装备进行了限制。但是美日双方对此还有秘密谅解，即搭载核武器的美军舰只过境日本不属于"事前协商"。鉴于这一问题的敏感性，赖肖尔选择了利用他与大平外相的私交，对此进行了低调处理。他秘密约见了大平外相，确认了搭载核武器的美国海军舰只在日本拥有过境权，将原本属于两国间的外交问题变为日本政府的问题。结果终其大使任期，美国海军舰只上是否搭载核武器，始终没有成为他与日本政府讨论核舰只行程时的限制性因素。赖肖尔的继任者尤·约翰逊大使虽然也注意到了美日间"核密约"的存在，但他在这一问题上远没有赖肖尔成功。在尤·约翰逊大使任期内，日本曾一度质疑搭载核武器的美国舰只过境日本的合法性。

由于第一个问题的顺利解决，美国核动力舰只的安全性问题就成为美日谈判的关键。在克服日本的阻力方面，赖肖尔的特点在于积极利用舆论攻势。除了通过外交途径对日本官方进行劝说工作外，赖肖尔还说服美国海军邀请日本媒体以及专栏作家对核潜艇进行实地考察，从而引导了日本国民对核动力舰只安全性的认识。此外，赖肖尔也准确把握住了日本国内政治的动向，趁佐藤荣作初掌政权之机，成功地将核潜艇驶入日本港口，并逐步实现了核潜艇停靠日本港口的常规化，为美国核动力水面舰只的访问奠定了基础。

美国军方自 1953 年起就在寻求将核武器秘密部署在日本，为此，军方曾设想通过"高速运转计划"将冲绳的核武器运往日本本土。美国核动力舰只停靠日本港口的实现，为驻日美军获得核武器提供了新的保障，美日安保体制也随之得到强化。

冲绳和驻日美军基地使美日平等伙伴关系具有了实质性内容，而两国在东南亚开发援助方面的合作，则是两国伙伴关系的进一步升华，由双边关系上升到在国际事务上的合作。美日两国在东南亚地区互有所求。美国军事介入东南亚地区，不仅未解决这一地区的危机，反而造成了自身负担的急剧增加。同时，随着日本经济的迅速发展，东南亚地区在日本经济发展中的意义日益重要。因此，美国希望日本能够在东南亚地区承担"自由世界"更多的责任，为美国分忧。

实际上，美日两国在东南亚地区进行合作，美国对日本的需求相对更迫切些。因此，美国在推动日本与其合作方面并没有优势，这方面的进展也不顺利。赖肖尔依据美日间的现实情况和东南亚的实际需求，对两国在东南亚的合作方式进行了灵活处理。他从美日战后经济处理问题入手，既解决了长期困扰两国关系正常发展的遗留问题，又将日本成功地引入到对东南亚的经济援助之中，缓解了肯尼迪政府在国际收支平衡上所面临的压力。

越南战争升级后，为了减轻美国的财政负担并适应东南亚民族主义兴起的新形势，美国对东南亚的援助政策由双边援助转变为多边援助。为此，约翰逊总统在霍普金斯演说中推出了目标宏伟的东南亚开发计划。赖肖尔劝说佐藤荣作推出相应的配套计划，以响应美国在东南亚地区的努力。其结果是日本外务省提出了"亚洲和平计划"，但是因其规模过大而未被佐藤荣作采纳。日本政府虽然不想因对东南亚地区实施大规模经济援助而增加自己的财政负担，但是日本政府高层也认识到，东南亚地区不仅可以维持日本经济的高速发展，而且也是提升日本国际地位的重要场所。因此，日本人不会放弃在东南亚扩大自己影响的机会。赖肖尔正是意识到了这一点，建议华盛顿游说日本政府中的关键人物大平正芳和福田赳夫，以此方式间接影响佐藤荣作对东南亚开发合作问题的认识。华盛顿按照赖肖尔的建议，支持了大平和福田对东南亚的诉求。结果，日本不仅积极支持了亚洲开发银行的创立，而且也带来了东南亚开发部长级会议的召开和东南亚农业开发基金的设立。在这些多边合作框架内，日本积极配合美国对东南亚实施经济开发，逐步代替美国承担西方国家在远东地区的主要责任。

无论是冲绳，还是驻日美军基地和东南亚开发问题，其实质都是为了维护美国在远东的战略地位，这三者是一个有机的整体。这一点，华盛顿的认识远没有赖肖尔深刻。美国对东南亚的关注与重视，其目标是将日本留在"自由世界"阵营之内，以保护美国在远东的利益。而美国在东南亚的行动，又需要远东基地的支持。赖肖尔成功地解决了日本基地的使用问题，使美国的核武器可以秘密运入日本，这就实现了当时美国冲绳基地的功能。这种转变为日后美国"返还冲绳"解除了后顾之忧。同时，通过东南亚经济开发，美日两国在东南亚地区实现了军事与经济负担的平衡，随着东南亚地区形势的稳定，美国在远东地区对冲绳基地的需求也随之弱化，这就为冲绳的最终返还提供了可能性。

参考文献

一　档案、资料集

Confidential U. S. State Department Central Files, Japan: 1960 – 1963, Internal and Foreign Affairs, University Publications of America, Inc. , 1997.

Confidential U. S. State Department Central Files, Japan: 1963 – 1966, Internal and Foreign Affairs, University Publications of America, Inc. , 1997.

Digital National Security Archive, Japan and the United States: Diplomatic, Security, and Economic Relations, 1960 – 1976. ProQuest LLC. , 2008.

Digital National Security Archive, Japan and the United States: PartⅢ, 1960 – 2000. ProQuest LLC. , 2013.

Declassified Documents Reference System, Farmington Hills, Mich. : Gale, 2011.

Department of State: Foreign Relations of the United States, 1947, Volume 6.

Department of State: Foreign Relations of the United States, 1952 – 1954, Volume 14.

Department of State: Foreign Relations of the United States, 1955 –

1957, Volume 23.

Department of State: Foreign Relations of the United States, 1958 –
1960, Volume 18.

Department of State: Foreign Relations of the United States, 1961 –
1963, Volume 22.

Department of State: Foreign Relations of the United States, 1964 –
1968, Volume 29, Japan.

The John F. Kennedy National Security Files: Asia and the Pacific: Na-
tional Security Files 1961 – 1963. University Publications of America,
Inc. , 1987.

石井修，我部政明，宮里政玄監修：《アメリカ合衆国対日政策文
書集成，第 8 期——日米外交防衛問題：1964 年》，東京：柏書
房，2001 年版。

石井修，我部政明，宮里政玄監修：《アメリカ合衆国対日政策文
書集成，第 9 期——日米外交防衛問題：1965 年》，東京：柏書
房，2001 年版。

石井修，我部政明，宮里政玄監修：《アメリカ合衆国対日政策文
書集成，第 10 期——日米外交防衛問題：1966 年》，東京：柏
書房，2002 年版。

鹿島和平研究所編：《日本外交主要文書・年表，第 2 卷 1961—
1970》，東京：原書房，1984 年版。

佐藤榮作著，伊藤隆監修：《佐藤榮作日記》第二卷，東京：朝日
新聞社，1998 年版。

日本外務省：いわゆる「密約」問題に関する調査その他関連文書
（1.1960 年 1 月の安保条約改定時の核持込みに関する「密約」
問題関連）。

細谷千博，有賀貞，石井修，佐々木卓也：《日米関係資料集：

1945—97》，東京：東京大学出版会，1999 年版。

中华人民共和国外交部编：《中华人民共和国条约集 第九集（1960）》，法律出版社 1961 年版。

中华人民共和国外交部编：《中华人民共和国条约集 第十集（1961）》，法律出版社 1962 年版。

法律出版社编：《中华人民共和国和缅甸联邦边界条约文件集》，法律出版社 1960 年版。

世界知识出版社编：《中华人民共和国对外关系文件集 第 7 集 1960》，世界知识出版社 1962 年版。

二 专著、论文

（一）英文专著、论文

Akira Iriye & Cohen, Warren I. ed. , *The United States and Japan in the Postwar World*, Lexingtong, The University Press of Kentucky, 1989.

Akira Iriye & Wampler, Robert A, ed. , *Partnership：The United States and Japan* 1951 – 2001, Tokyo；Lodon, Kodansha Internatioanl, 2001.

Black, Eugene R. , *Alternative in Southeast Asia*, New York, Praeger, 1969.

Bowles, Chester, *Promise to Keep：My Years in Public Life*, 1941 – 1969, New York, Harper & Row, 1971.

Buckley, Roger, *U. S. -Japan Alliance Diplomacy* 1945 – 1990, Cambridge, Cambridge University Press, 1992.

Buckley, Roger, *The United States in the Asia-Pacific since* 1945, Cambridge；New York, Cambridge University Press, 2002.

Buckley, Roger, *Occupation diplomacy：Britain, the United States, and Japan*, 1945 – 1952, Cambridge；New York, Cambridge University Press, 1982.

Calder, Kent E. , *Pacific Alliance*: *Reviving U. S. -Japan Relations*, New Haven, Yale University Press, 2009.

Cohen, Warren I. , *Dean Rusk*, Totowa, New Jersey, 1980.

Cohen, Warren I. ed. , *Pacific Passage*: *The Study of American-East Asian Relations on the Eve of the Twenty-First Century*, New York, Columbia University Press, 1996.

Conroy, Hilary, *West across the Pacific*: *American involvement in East Asia from 1898 to the Vietnam War*, Youngstown, N. Y. , Cambria Press, 2008.

Dingman, Roger, *Alliance in crisis*: *The lucky Dragon Incident and Japanese-American Relations.* In Cohen, Warren & Akira Iriye ed. , *The Great Powers in Asia*, 1953 – 1960, New York; Oxford, Columbia University Press, 1990.

Eldridge, Robert D. , T*he return of the Amami Islands*: *the reversion movement and U. S. -Japan relations*, Lanham, Md. Lexington Books, 2004.

Eldridge, Robert D. , *The origins of the bilateral Okinawa problem*: *Okinawa in postwar U. S. -Japan relations*, 1945 – 1952. NewYorK, Garland Publishing, Inc. , 2001.

Hara Kimie, *Cold War Frontiers in the Asia Pacific*: *Divided Territories in the San Francisco System*, London; New York , Routledge, 2007.

Hilsman, Roger, *To Move A Nation*: *The Politics of Foreign Policy in the Administration of John F. Kennedy*, New York, A Delta Book, 1964.

Johnson, U. Alexis & *Packard*, *George R.* , *The Common Security Interests of Japan*, *the United States*, *and NATO*, Cambridge, Mass. ,

Ballinger Pub. Co. , 1981.

LaFeber, Walter, *The Clash: A History of U. S. -Japan Relations throughout History*, New York, 1997.

Maga, Timothy P. , *John F. Kennedy and New Frontier Diplomacy, 1961 - 1963*, Malabar, Florida, Krieger Publishing Company, 1994.

Maga, Timothy P. , *Hands across the sea?: U. S. -Japan relations*, 1961 -1981, Athens, Ohio University Press, 1997.

Makoto Iokibe & Eldridge, Robert D. , *The diplomatic History of postwar Japan*, London; New York, Routledge, 2011.

Masaya Shiraishi, *Japanese Relations with Vietnam: 1951 - 1987*, Southeast Asia Program, Cornell University, 1990.

Matsukata Haru, *Samurai and silk: a Japanese and American heritage*, Cambridge, Mass, Belknap Press of Harvard University Press, 1986.

Midori Yoshii, *Reducing the American Burden: Kennedy's Policy toward Northeast Asian*, Dissertation of Boston University, 2003.

Packard, George R. , *Protest in Tokyo: The Security Treaty Crisis of 1960*, Greenwood, Princeton University Press, 1978.

Packard, George R. , *Edwin O. Reischauer and the American discovery of Japan*, New York, Columbia University Press, 2010.

Reischauer, Edwin O. , *My Life between Japan and America*, New York, Harper & Row, 1986.

Reischauer, Edwin O. , *The Broken Dialogue with Japan*, Foreign Affairs, Vol. 39, No. 1, October, 1960.

Reischauer, Edwin O. , *Our Dialogue with Japan*, Foreign Affairs, Vol. 45, No. 2, Jan. 1967.

Rostow, Walt W. , *The Stages of Economic Growth*: *A Non-Communist Manifesto*, Cambridge, England University Press, 1960.

Rostow, Walt W. , *Eisenhowel, Kennedy, and Foreign Aid*, Austin, University of Texas Press, 1985.

Rostow, Walt W. , *The United States and the Regional Orgnization of Asia and the Pacific*, 1965 – 1985, Austin, University of Texas Press, 1986.

Rusk, Dean, *As I Saw It*: *Dean Rusk as Told to Richard Rusk*, New York; London, Norton Company, 1990.

Sarantakes, Nicholas Evan, *Keystone*: *The American Ocupation of Okinawa and U. S. -Japanese Relations*, College Station, Texas A & M University Press, 2000.

Schaller, Michael, *Altered States*: *The United States and Japan since the Occupation*, New York; London, Oxford University Press, 1997.

Schaller, Michael, *The American Occupation of Japan*: *the origins of the Cold War in Asia*, New York, Oxford University, 1985.

Schaffer, Howard B. , *Chester Bowles*: *New Dealer in the Cold War*, Cambridge, Mass. Harvard University Press, 1993.

Wakaizumi Kei, *The Best Course Available*: *A Personal Account of the Secret U. S. -Japan Okinawa Reversion Negotiations*, Honolulu, University of Hawai' i Press, 2002.

Westad, Odd Arne, *The Global Cold War*: *Third World Interventions and the Making of Our Times*, New York, Cambridge University Press, 2005.

Wright, John Swenson, *Unequal Alliance?*: *United States Security and Alliance Policy toward Japan*, 1945 – 1960, California, Stanford University Press，2005.

Yasutomo，Dennis T.，*Japan and the Asian Development Bank*，New York，Praeger，1983.

（二）日文著作、论文

浅野一弘：《日米首脳会談と戦後政治》，東京：同文舘出版，2009 年版。

五百旗頭真編：《戦後日本外交史》，東京：有斐閣，2010 年版。

五百旗頭真編：《日美関係史》，東京：有斐閣，2008 年版。

池井優：《アメリカの対日政策——ライシャワー大使の役割を中心として》，《法学研究》，1970 年 7 月号。

池井優：《駐日アメリカ大使》，東京：文藝春秋 2001 年版。

石井修：《ゼロからわかる核密約》，東京：柏書房，2010 年版。

入江昭：《日米戦後関係史：1951—2001》，東京：講談社インターナショナル2001 年版。

エドウィン・O. ライシャワー、ハル・ライシャウィー：《ライシャウィー大使日録》，入江昭監修，東京：講談社 1995 年版。

小川裕子：《国際開発協力の政治過程：国際規範の制度化とアメリカ対外援助政策の変容》，東京：東信堂，2011 年版。

大蔵省財政史室編：《昭和財政史：昭和 27—48 年度．第 1 巻，総説》，東京：東洋経済新報社，2000 年版。

大蔵省財政史室編：《昭和財政史：昭和 27—48 年度．第 11 巻，国際金融・対外関係事項．（1）》，東京：東洋経済新報社，1999 年版。

大蔵省財政史室編：《昭和財政史：昭和 27—48 年度．第 12 巻，国際金融・対外関係事項．（2）》，東京：東洋経済新報社，1992 年版。

小野直樹：《戦後日米関係の国際政治経済分析》，東京：慶應義塾大学出版会，2002 年版。

川田稔，伊藤之雄：《二〇世紀日米関係と東アジア》，名古屋：風媒社，2003 年版。

我部政明：《日米関係のなかの沖縄》，東京：三一書房，1996 年版。

我部政明：《沖縄返還とは何だったのか——日米戦後交渉史の中で》，東京：日本放送出版協会 2000 年版。

我部政明：《戦後日米関係と安全保障》，東京：吉川弘文館，2007 年版。

栗山尚一：《沖縄返還・日中国交正常化・日米「密約」：外交証言録》，東京：岩波書店，2010 年版。

河野康子：《沖縄返還をめぐる政治と外交》，東京：東京大学出版会，1994 年版。

黒崎輝：《核兵器と日米関係：アメリカの核不拡散外交と日本の選択 1960—1976》，東京：有志舎，2006 年版。

佐々木隆爾：《新安保体制下の日米関係》，東京：山川山版社，2007 年版。

佐瀬隆夫：《覇権国アメリカの対日経済政策：日米関係 1945—2005 年》，東京：千倉書房，2005 年版。

坂元一哉：《安保改定における相互性の模索》，日本国際政治協商会編：《国際政治》第 115 号。

坂元一哉：《日米同盟の絆——安保条約と相互性の模索》，東京：有斐閣，2000 年版。

菅原和子：《ライシャワーの"日米イコール・パートナーシップ"論の論理と実際》，《法学新報》，2002 年第 4 号。

ジョージ・R. バッカード著，森山尚美訳：《ライシャワーの昭和史》，東京：講談社 2009 年版。

東郷文彦：《日米外交三十年：安保・沖縄とその後》，東京：世界
の動き社，1982 年版。

西部邁，宮崎正弘：《日米安保 50 年》，東京：海竜社，2010 年版。

西山太吉：《機密を開示せよ：裁かれる沖縄密約》，東京：岩波書
店，2010 年版。

野添文彬：《東南アジア開発閣僚会議開催の政治経済過程：佐藤
政権期における日本の東南アジア外交に関する一考察》，《一橋
法学》，第 8 巻，第 1 号，2009 年 3 月。

波多野澄雄，佐藤晋：《現代日本の東南アジア政策：1950—2005》，
東京：早稲田大学出版部 2007 年版。

波多野澄雄編著：《池田・佐藤政権期の日本外交》，京都：ミネル
ヴァ書房，2004 年版。

波多野澄雄：《歴史としての日米安保条約：機密外交記録が明か
す 「 密約」の虚実》，東京：岩波書店，2010 年版。

原貴美惠：《サンフランシスコ平和条約の盲点：アジア太平洋地
域の冷戦と" 戦後未解決の諸問題"》，広島：溪水社，2005
年版。

不破哲三：《日米核密約歴史と真実》，東京：新日本出版社 2010
年版。

保城広至：《アジア地域主義外交の行方：1952—1966》，東京：木
鐸社，2008 年版。

細谷千博編：《日米関係通史》，東京：東京大学出版会，1995
年版。

細谷千博監修，A50 日米戦後史編集委員会編：《日本とアメリカ
パートナーシップの50 年》，東京：ジャパンタイムズ，2002
年版。

マイケル・シャラー：《日米関係》とは何だったのか：占領期か

ら冷戦終結後まで》，東京：草思社，2004 年版。

宮里正弦：《日米関係と沖縄 1945—1975》，東京：岩波書店，2000
年版。

村田晃嗣：《アメリカ知日派の系譜③1960 年代：ライシャワーか
らジョンソンへ》，《外交論壇》，2001 年 6 月号。

山本剛士：《戦後日本外交史 6：南北問題と日本》，東京：三省
堂，1984 年版。

ライシャワー：《ライシャワーの遺言》，東京：講談社 1993 年版。

ロバート・D. エルドリッヂ：《硫黄島と小笠原をめぐる日米関
係》，鹿児島：南方新社，2008 年版。

吉次公介：《池田・ケネヂ時代の日米安保体制》，《国際政治》第
126 号。

吉次公介：《池田政権期の日本外交と冷戦：戦後日本外交の座標
軸 1960—1964》，東京：岩波書店，2009 年版。

（三）中文译著

［美］戴维・斯泰格沃德：《六十年代与现代美国的终结》，周朗、
新港译，商务印书馆 2002 年版。

［美］雷迅马：《作为意识形态的现代化——社会科学与美国对第
三世界的政策》，牛可译，中央编译出版社 2003 年版。

［美］劳伦斯・奥尔森：《日本在战后亚洲》，伍成山译，上海人民
出版社 1974 年版。

［美］罗斯托：《经济增长的阶段：非共产党宣言》，郭熙保、王松
茂译，中国社会科学出版社 2001 年版。

［美］迈克尔・H. 亨特：《意识形态与美国外交政策》，褚律元译，
世界知识出版社 1999 年版。

［日］冈本文夫：《佐藤政权》，复旦大学历史系日本史组译，上海
人民出版社 1975 年版。

［日］宫泽喜一：《东京—华盛顿会谈秘录》，谷耀清译，世界知识
出版社 1965 年版。

［日］通商产业政策史编纂委员会：《日本通商产业政策史》第 10
卷，日本通商产业政策史编译委员会译，中国青年出版社 2003
年版。

［日］入江昭：《20 世纪的战争与和平》，李静阁译，世界知识出版
社 2005 年版。

［日］升味准之辅：《日本政治史》，第四册，董国良译，商务印书
馆 1997 年版。

［美］施莱辛格：《一千天：约翰·菲·肯尼迪在白宫》，仲宜译，
三联书店 1981 年版。

［挪］文安立：《全球冷战：美苏对第三世界的干涉与当代世界的
形成》，牛可译，世界图书出版公司 2012 年版。

［日］五百旗头真：《战后日本外交史》，吴万虹译，世界知识出版
社 2007 年版。

［日］五百旗头真：《日美关系史》，周永生译，世界知识出版社
2012 年版。

［日］信夫清三郎：《日本外交史》，天津社会科学院日本问题研究
所译，商务印书馆 1980 年版。

［日］御厨贵、中村隆英编：《宫泽喜一回忆录》，姜春洁译，东方
出版社 2009 年版。

［美］约瑟夫·奈：《理解国际冲突：理论与历史》，张小明译，上
海人民出版社 2005 年版。

（四）中文著作、论文

安成日：《论佐藤内阁时期的日美关系——从依附走向相互依存》，
《史学集刊》1998 年第 3 期。

陈卫：《日美同盟关系历史研究》，博士学位论文，复旦大学，

1999 年。

崔丕：《肯尼迪政府的"中国威胁论"与日美关系的演进》，《日本
　　学刊》2004 年第 4 期。

崔丕：《〈日美相互合作及安全保障条约〉新论》，《历史研究》
　　2005 年第 1 期。

崔丕：《〈美日返还冲绳协定〉形成史论》，《历史研究》2008 年第
　　2 期。

崔丕：《冷战时期美日关系史研究》，中央编译出版社 2013 年版。

戴超武：《肯尼迪—约翰逊时期的外交与第三世界》，《美国研究》
　　2006 年第 2 期。

冯昭奎、刘世龙等著：《战后日本外交：1945—1995》，中国社会科
　　学出版社 1996 年版。

归泳涛：《现代化论的传教士——赖肖尔与美国对日外交》，博士学
　　位论文，北京大学，2005 年。

归泳涛：《赖肖尔与美国对日本的意识形态外交》，《美国研究》
　　2005 年第 4 期。

归泳涛：《赖肖尔与美国对日政策——战后日本历史观中的美国因
　　素》，重庆出版社 2008 年版。

郭培清：《福龙丸事件与美国对日政策的调整》，《东北师大学报》
　　（哲学社会科学版）2001 年第 3 期。

孔晨旭：《冷战时期驻日美军与美日同盟研究（1945—1972）》，博
　　士学位论文，华东师范大学，2006 年。

孔晨旭：《战后美国对日长期驻军政策的确定》，《美国研究》2007
　　年第 4 期。

刘世龙：《美日关系（1791—2001）》，世界知识出版社 2003 年版。

刘绪贻、杨生茂主编：《美国通史：战后美国史 1945—2000》，人
　　民出版社 2008 年版。

米庆余：《琉球历史研究》，天津人民出版社 1998 年版。

齐秀丽：《肯尼迪政府调节国际收支逆差的政策》，《史学月刊》
2007 年第 5 期。

时殷弘：《美国在越南的干涉和战争（1954—1968）》，世界知识出
版社 1993 年版。

宋成有、李寒梅：《战后日本外交史：1945—1994》，世界知识出版
社 1995 年版。

王立新：《意识形态与美国外交政策：以 20 世纪美国对华政策为个
案的研究》，北京大学出版社 2007 年版。

王新生：《佐藤政权时期"冲绳返还"的政治过程》，《日本学刊》
2012 年第 3 期。

王玮、戴超武：《美国外交思想史：1775—2005》，人民出版社
2007 年版。

汪伟民：《联盟理论与美国的联盟战略：以美日、美韩联盟研究为
例》，博士学位论文，复旦大学，2005 年。

吴学文：《日本外交的轨迹》，时事出版社 1990 年版。

肖伟：《战后日本国家安全战略》，新华出版社 2009 年版。

谢华：《冷战时期美国对第三世界国家经济外交研究》，博士学位论
文，陕西师范大学，2008 年。

徐建华：《美国东亚遏制战略与日本对东南亚经济外交研究》，博士
学位论文，武汉大学，2004 年。

亚洲开发银行编写组：《亚洲开发银行》，中国金融出版社 1989
年版。

于群：《美对日政策研究（1945—1972）》，东北师范大学出版社
1996 年版。

臧扬勤：《日左翼反美核潜艇入日运动（1964）缘何失败》，《中南
大学学报》（社会科学版）2013 年第 6 期。

臧扬勤：《美国、日本于亚洲开发银行的建立》，载徐蓝主编：《近现代国际关系史研究》，第五辑，世界知识出版社 2013 年版。

张德明：《东亚经济中的美日关系研究：1945—2000》，人民出版社 2003 年版。

张素菊：《肯尼迪政府对日本的跨文化外交——赖肖尔出任驻日大使原因探析》，《吉林师范大学学报》（人文社会科学版）2010 年第 4 期。

张素菊：《简析赖肖尔的跨文化身份》，《长春大学学报》2010 年第 9 期。

张素菊：《跨文化视角下的赖肖尔与美日关系》，博士学位论文，吉林大学，2011 年。

张杨：《试论冲绳返还得以实现的原因》，《社会科学战线》2004 年第 1 期。

中国人民银行国际司：《亚洲开发银行的创立和发展》，中国金融出版社 1997 年版。

资中筠主编：《战后美国外交史：从杜鲁门到里根》，世界知识出版社 1994 年版。

后　记

　　本书是在我博士论文的基础上修改而成。我的博士论文得以完成，首先要感谢我的老师崔丕先生。2007 年我从泉城济南前往羊城广州，由崔老师领入学习美日关系之路，后又到申城上海，继续聆听崔老师教诲。多年间，老师言传身教。除专业知识之外，我从崔老师那里也学到不少做人做事的道理，这些会让我受用终生。在崔老师悉心指导下，我最终选择以驻日大使赖肖尔为切入点对 20 世纪 60 年代转变中的美日关系进行研究。只是学生愚钝，虽然领会了老师的用意，但没能够将之完全展现出来。唯望勤能补拙，期以日后之努力弥补当前之不足。

　　我的博士论文的完成还要感谢华东师范大学沈志华教授、余伟民教授、戴超武教授、邓峰教授、徐显芬教授、孟钟捷教授以及上海交通大学的翟新教授和上海大学的张勇安教授。诸位老师在我完成博士论文的过程中提出了许多建议，使我受益匪浅。

　　我还要感谢帮我收集资料的诸位师友。首先是首都师范大学姚百慧教授和当时正在首都师范大学读博的王若茜博士，他们二人不仅向我提供了各种会议信息，更是热情地向我提供了首都师范大学历史学院收藏的《アメリカ合衆国对日政策文书集成》，使我不出国门便能利用来自美国国家档案馆的完整档案，弥补了我未前往美国查阅档案的不足。华东师范大学历史系的韩长青老师，为我提供了许多档案信息和会议信息，并介绍了众多师友给我认识。北京大学历史系张德明博士，不辞辛苦，多次为我复制北大图书馆的资料。我的好友华东师范大学的刘本森博士和张建伟博士，他们在英国和美国期间，帮我收集了不少资料。感谢华东师范大学日语系的黄象汝，她在日本立教大学访学期间，帮我查阅了急需的日文资料；还有华东师范大学图书馆文献传递中心的老师，她热心地帮我借阅了国家图书馆和上海图书馆的许多图书。

此外，我还要感谢好友华东师范大学冷战国际史研究中心博士后赵继珂博士以及我的硕士同学岳程楠，他们帮我校对了论文的部分章节，不仅为我节省了很多时间，而且还提出了许多有益的修改建议。

读博之路，最大的挑战莫过于孤独，所幸一路走来有不少好友陪伴。感谢同学王玉来博士、王会豪博士、李玉峰博士、陈癹博士、周国长博士、赵晋博士、蒋华杰博士、曾辉博士的一路相伴。不同的研究方向为大家开拓了不同的视野，不失为紧张学习之余的一种调节。此外，还要感谢曾经在冷战国际史研究中心一起上自习的李继高博士、蔺晓林博士、赵文杰博士、宋良博士以及何南南、梁慧、张玲玲，还有我的师妹刘洋和张可妹，学习之余，大家结队浩浩荡荡前往河西餐厅吃饭，偶或前往大学生活动中心打打羽毛球，为平淡无奇的读书生涯增添了不少乐趣。时光流逝，若干年后再回首，这必将会成为一段难忘的回忆。

我能完成学业，最应该感谢的是我的家人，没有他们的支持，我实难完成如此艰巨之事。对于大部分农村孩子来说，初中毕业就外出打工养家，这是一件再正常不过的事情。像我这样一直读书到博士毕业的人，反而是少之又少。我那个年代，读书返贫，并不是虚幻，而是确确实实存在。此次我的博士论文得以出版，仍然离不开家人的鼎力支持，尤其是我妻子的理解与支持。妻子的支持，使我又多了一个强大的后方。

我博士毕业后来到中南财经政法大学工作，算来已经两年有余。在这里，我从学生到老师，完成了人生中最重要的一次身份转变。感谢两年多来诸位领导和同事的帮助与关怀。

记得崔老师曾经跟我们说过，苏联以一己之力抗衡的是整个西方世界。最终拖垮苏联的不是军事，而是经济。东西方对抗中，为什么东方阵营中是苏联一国独力承担对抗的经济负担，而资本主义阵营却可以实现多国分担？这是一个值得深思的问题。崔老师引领我走上探索这一奥妙的旅途，只是学生惭愧，虽能理解老师的用意，自身实力却不足以实现这一目标。

"路漫漫其修远兮，吾将上下而求索"。在老师指明的这条道路上，希望将来的某一天，能不负老师的期待。

臧扬勤

2017 年 12 月 6 日

于中南财经政法大学南湖

N